KULINARISCHES BRANDENBURG

Über 100 Ausflüge zu Manufakturen und Hofläden

Julia Schoon

TRESCHER VERLAG

1. Auflage 2018

Trescher Verlag
Reinhardtstr. 9
10117 Berlin
www.trescher-verlag.de

ISBN 978-3-89794-429-9

Herausgegeben von Bernd Schwenkros und
Detlev von Oppeln

Reihenentwurf und Gesamtgestaltung:
Bernd Chill

Lektorat: Sabine Fach, Christian Blees
Stadtpläne und Karten: Johann Maria Just,
Martin Kapp, Bernd Chill

Gedruckt auf chlorfrei gebleichtem Papier

Printed in Germany

Alle Angaben in diesem Reiseführer wurden
sorgfältig recherchiert und überprüft. Dennoch
können Entwicklungen vor Ort dazu führen,
dass einzelne Informationen nicht mehr aktuell
sind. Gerne nehmen wir dazu Ihre Hinweise und
Anregungen entgegen. Bitte schreiben Sie an
post@trescher-verlag.de.

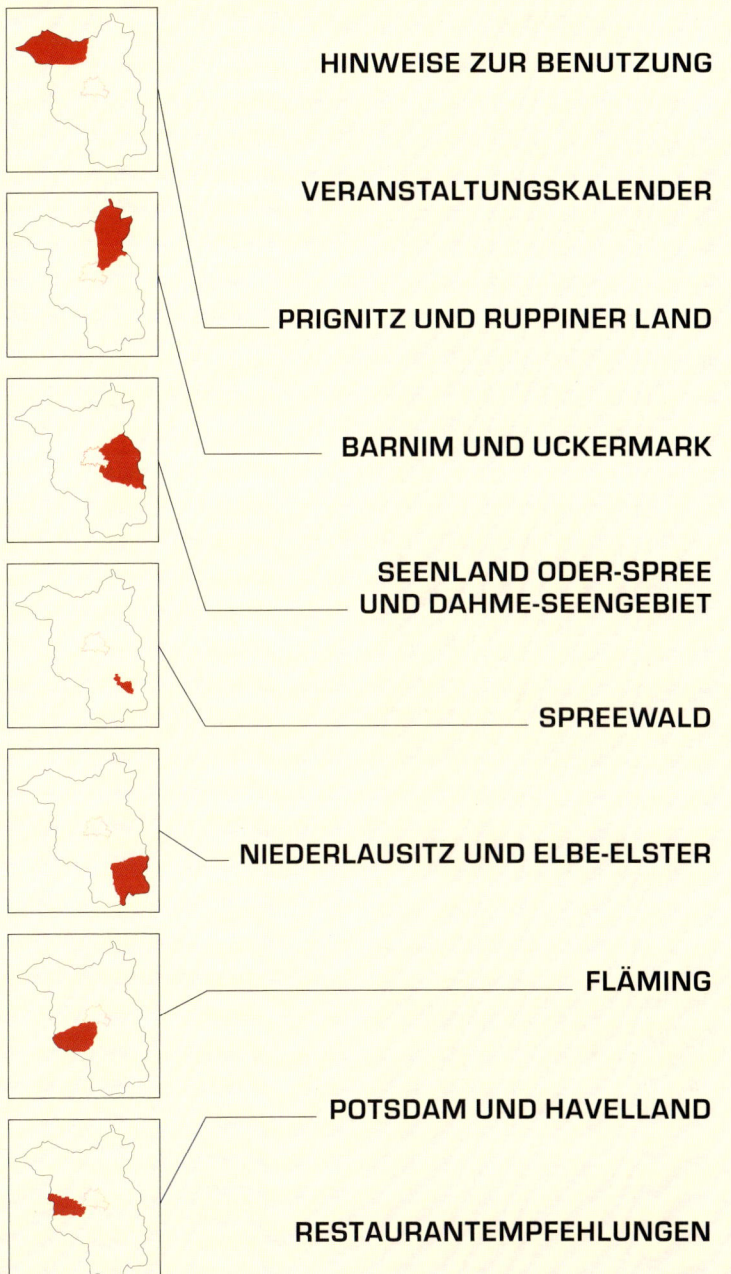

Vorwort

Ja, es gibt sie noch, jene Gegenden in Brandenburg, die man nur mit ausreichend Proviant im Rucksack besuchen sollte – so wie Rainald Grebe es in seiner ironischen Bundesland-Hymne besang. Jene Orte, in denen es mit viel Glück noch einen Bäcker gibt (der dann, wenn Ausflügler vorbeikommen, natürlich geschlossen hat), meist aber nur einen Discounter an der Hauptstraße.

Wer, wie die Autorin dieses Buches, seit vielen Jahren und mit offenen Augen in Brandenburg unterwegs ist, wird jedoch feststellen, dass sich viel getan hat. Inzwischen gibt es kulinarisch allerhand zu entdecken: Kleine Manufakturen, die erstklassigen Senf, ungewöhnlichen Whisky oder Apfeldelikatessen von der Streuobstwiese herstellen. Landwirte, die zugleich Genusshandwerker sind. Die mit ihrem von Hand geformten Ziegenkäse, ihrer luftgetrockneten Wurst nach altem Familienrezept und ihrem Fleisch von glücklichen Freiland-Schweinen die Berliner Spitzengastronomie beliefern und interessierte Ausflügler gerne auf ihrem Hof begrüßen. Nicht zu vergessen die alt eingesessenen Betriebe, die es schon zu DDR-Zeiten oder davor gab und deren Produkte sich (wieder) großer Beliebtheit erfreuen. Man denke an köstliches, gesundes Leinöl aus dem Spreewald. Frisch geräucherten Fisch aus den zahlreichen Seen des Landes. Spargel. Sanddorn. Säfte und Brände aus Werderaner Obst. Zwar muss man noch immer wissen, wo man nach den guten Restaurants in Brandenburg suchen sollte (auch dabei hilft dieses Buch), aber immerhin gibt es sie, und auch immer mehr davon.

Den Käse vom Capriolenhof an der Schleuse Regow lieben auch Sterneköche

Nicht nur in Brandenburg tut sich viel. Auch bei uns selbst. Wochenmärkte, Markthallen und Streetfood-Märkte haben regen Zulauf. Wir wollen wieder wissen, wo unser Essen herkommt. Es ist fast schon Mainstream, nur noch selten, aber dafür gutes Fleisch zu essen. Lebensmittel, die wie zu Omas Zeiten mit Muße und von Hand gemacht werden, erleben eine ungeahnte Renaissance – und die Bereitschaft, dafür mehr zu zahlen, wächst. Inzwischen kann man Lebensmittel von Brandenburger Bauern und Manufakturen sogar online bestellen.

Dieser Ausflugsführer könnte genau das Richtige für Sie sein, wenn Sie:

Neue Freundschaften schließen im Ökodorf Brodowin

- ▶ gerne Ausflüge nach Brandenburg unternehmen und diese mit Kulinarik verbinden möchten.
- ▶ gerne kochen, und zwar mit gutem Fleisch und Gemüse direkt vom Bauern.
- ▶ sich selbst als GenusshandwerkerIn versuchen und zum Beispiel lernen möchten, Fisch selbst zu räuchern, Ihre Gerichte mit Wildkräutern zu verfeinern oder Bier zu brauen.
- ▶ sich für Slow Food interessieren.
- ▶ zwar gerne in der Stadt leben, aber immer wieder Landlust verspüren und dann am liebsten die Hände in die Erde, die Nase in eine Apfelblüte oder den Kopf in einen Gewölbekeller voller Wein stecken.
- ▶ möchten, dass ihre Kinder nicht nur durch die Sendung mit der Maus erfahren, wo Milch, Kartoffeln oder Schnitzel herkommen.

Mit diesem Buch halten Sie eine Schatzkarte für eine kulinarische Entdeckungsreise in den Händen: Ein Buch, das von der ersten bis zur letzten Seite Appetit macht auf Brandenburg mit Ausflugszielen, Veranstaltungstipps und Entdeckungen links und rechts des Wegesrandes. Das jedoch keinen Anspruch auf Vollständigkeit erhebt! Denn es gibt inzwischen glücklicherweise mehr in Brandenburg zu entdecken und probieren, als in einem Buch Platz findet – und es kommen ständig neue Adressen hinzu. Alle Angaben wurden gründlich recherchiert, aber natürlich können sie sich jederzeit ändern. Aktuelle Hinweise unserer Leser sowie Empfehlungen, wo sich der Geschmack Brandenburgs noch erleben lässt, sind uns deshalb sehr willkommen.

Jetzt müssen Sie nur noch dieses Buch und eine Tasche einpacken. Und zwar eine leere – damit Sie genug Platz haben für all die Leckereien, die da draußen auf Sie warten!

Hinweise zur Benutzung

Dieses Buch ist als Inspirationsquelle für Ausflüge nach Brandenburg gedacht. Mit konkreten Ausflugszielen und Veranstaltungen, ergänzt um Hinweise auf Sehenswertes in der Nähe, möchten wir es Ihnen so leicht wie möglich machen, ›einfach mal wieder raus‹ zu fahren. Sie haben mehrere Möglichkeiten, das jeweils passende Ausflugsziel zu finden:

Suche in einer bestimmten Region

Das Buch ist in sieben Regionen unterteilt. Jede dieser Rubriken beginnt mit einer Überblickskarte, auf der alle Ausflugsziele eingezeichnet sind. Außerdem zeigen die Karten die Hauptstraßen, gut ausgebaute Radwege, Bahnlinien und Bahnhöfe.

Suche nach Termin

Im Veranstaltungskalender ab → Seite 10 können Sie nach den Orten suchen, die an ganz konkreten Terminen einen Ausflug lohnen.

Suche nach Art des Ausflugs

Alle Ausflugsziele wurden mit Pictogrammen einer oder mehreren der folgenden Rubriken zugeordnet, so dass Sie gezielt entsprechend Ihren Vorstellungen suchen können. Zum Beispiel ›Ich möchte einen Ausflug mit Kind machen‹ oder ›Ich möchte mit öffentlichen Verkehrsmitteln anreisen‹ oder ›Ich möchte auch übernachten‹. Für Eilige empfiehlt sich ein Blick ins thematische Register ab → Seite 166.

Zeichenlegende

! Hier muss man sich vor dem Besuch anmelden

🏊 Der Ausflug führt auf bzw. ans Wasser oder lässt sich damit verbinden

👪 Ausflug mit Kind

📖 Hier werden Kurse und Workshops angeboten

🏛 Hier lässt sich Geschichte erleben

🛒 Hofladen

🎵 Kunst, Kultur, Tradition

🚜 Landwirtschaft erleben

🚲 Der Ausflug kann mit dem Rad gemacht oder mit einer Radtour verbunden werden

🔍 Sport- und Spielmöglichkeiten

◎ Der Ausflug kann mit einer Wanderung verbunden werden

〰 Am Ausflugsort gibt es ein Wellnessangebot

⛺ Hier kann gezeltet werden

🛏 Übernachtung am Ausflugsort möglich (Zimmer oder Ferienwohnung)

🚌 Gut mit öffentlichen Verkehrsmitteln zu erreichen

Anreise

Wie komme ich dort hin? Und vor allem: Wie schnell und stressfrei komme ich dort hin? Das sind essentielle Fragen, wenn man einen Ausflug nach Brandenburg plant. Allerdings ist es individuell sehr unterschiedlich, welche Art der Anreise man sich wünscht; dies hängt sowohl von einem selbst, als auch von Jahreszeit und Wetter ab. Wir haben uns bei der Recherche dieses Buches viele Gedanken darüber gemacht, in welcher Form wir die benötigten Informationen anbieten können, ohne den Rahmen zu sprengen.

Wir haben uns für folgende Variante entschieden: Im Infokasten werden Sie immer sowohl die Anreise mit dem Auto, als auch mit öffentlichen Verkehrsmitteln beschrieben finden, und zwar in knapper Form. Dies gibt Ihnen eine erste Idee davon, auf welchen Wegen und wie schnell Sie das Ziel erreichen können. Gerade weil die Vorlieben und Bedürfnisse hier so weit auseinandergehen, möchten wir die unterschiedlichen Optionen zumindest benennen.

Wir haben uns gegen eine ausführlichere Wegbeschreibung entschieden, weil eine Anreise mit dem Auto dank Navi oder Google Maps ohnehin kein Problem ist, und weil wir bei einer Anreise mit Bus und Bahn in jedem Fall empfehlen, die Wunsch-Verbindung aktuell unter www.vbb.de beziehungsweise unter www.reiseauskunft. bahn.de abzurufen. Denn oft ist die Anbindung während der Saison (in der Regel von April bis Oktober) gut, im Winter sehr viel schlechter und auch an den Wochenenden gibt es oft Einschränkungen. Auf manchen Strecken gibt es dann statt regelmäßigem Linienverkehr einen Rufbus. Davon sollte man sich jedoch nicht abschrecken lassen, denn dieser stellt eine recht komfortable Alternative dar – man muss ihn nur (rechtzeitig!) bestellen. Auf manchen Strecken, gerade Richtung Ostsee, sind die Züge an Ferien- oder Schönwetter-Wochenenden oft sehr voll, so dass es mit dem Fahrrad unter Umständen eng wird. Zum Zeitpunkt der Recherche wurde außerdem auf der Bahnlinie zwischen Oranienburg und Löwenberg gebaut. Bis Sommer 2018 sollen die entsprechenden Bauarbeiten jedoch abgeschlossen sein.

App-Empfehlung

Die App ›Outdooractive‹ ist eine echte Empfehlung für alle, die die Ausflüge gerne mit einer Wanderung, Radtour oder Wasserwanderung verbinden möchten und ein Smartphone besitzen. In der App kann man die gewünschte Tour samt detaillierter Karte herunterladen und unterwegs offline nutzen; dazu liefert die App eine Wegbeschreibung, Hinweise zum Schwierigkeitsgrad und teilweise Kommentare/Tipps anderer Nutzer.

Noch einige Hinweise zur Aktualität

Im Veranstaltungskalender empfehlen wir zum Teil regelmäßig wiederkehrende Events, die immer im ungefähr selben Zeitraum stattfinden. Die genauen Daten standen teilweise zum Zeitpunkt der Recherche noch nicht fest; deshalb bitten wir Sie darum, aktuell auf der jeweiligen Webseite nachzuschauen oder unter der angegebenen Telefonnummer nachzufragen.

Die Preise wurden Anfang 2018 recherchiert und können sich seitdem geändert haben. Das Gleiche gilt für die Öffnungszeiten: Hier empfiehlt es sich, zur Sicherheit noch einmal nachzuschauen, bevor man möglicherweise vergebens anreist.

Und nun noch ein allerletzter Hinweis: Sollten Sie zu jenen Menschen gehören, die es gewohnt sind, auch unterwegs schnell noch übers Smartphone Dinge zu recherchieren, zum Beispiel wann der nächste Zug abfährt, dann machen Sie sich auf das eine oder andere Funkloch in Brandenburg gefasst. Das kann man lästig finden oder man nimmt es einfach als willkommene Entschleunigung an.

In diesem Sinne: Viel Spaß und köstliche Entdeckungen in Brandenburg!

Veranstaltungskalender

Kulinarische Ausflüge durch das Jahr

Soweit nicht anders angegeben, ist der Eintritt frei.

⊙ Januar

Schokoladenworkshop und Pralinenkurs der Chocolaterie Hammelspring (Barnim und Uckermark → S. 55)

Zwei Stunden lang werden sechs bis zwölf Choc-a-holics mit Wissenswertem gefüttert und dürfen ihr handwerkliches Geschick bei der Herstellung einer Dessertschale aus Schokolade sowie beim Anfertigen und Verzieren von Pralinen und/oder Trüffeln erproben. Die erworbenen Kenntnisse lassen sich auch zuhause, mit haushaltsüblichen Gerätschaften, anwenden.

Ganzjährig, an jedem 3. Sa im Monat um 13 Uhr. 45 € p. P. Details und Buchung auf www.chocolaterie-hammelspring.de

⊙ Februar

Schlachtfest in Blankensee (Fläming → S. 123)

Die Museumsschänke befindet sich im Blankenseer Bauernmuseum, einem 1649 erbauten Mittelflurhaus, und bietet rund ums Jahr moderne deutsche und internationale Küche (Ausflug → S. 126). Zwei

Schaubrauen im Erlebnispark Paaren

Mal im Jahr wird hier ein Wochenende lang Schlachtfest gefeiert, dann biegt sich das Büffet unter Bergen von Fleisch: Wurstsuppe, warme und kalte Schlachteplatte, Wellfleisch, Backschweinschinken, Schweinshaxe, frische Wurst und vieles mehr.

Jeweils im Februar und im Oktober/November, Samstagabend sowie Sonntagmittag. Rechtzeitige Reservierung empfohlen unter Tel. 033731/12496, Genauer Termin und Details auf www.bauernmuseum-blankensee.de

⊙ April

Historisches Schaubrauen im MAFZ Erlebnispark Paaren (Havelland und Potsdam → S. 137)

Das landwirtschaftliche Messe- und Schaugelände in Paaren/Glien ist seit April 2017 um eine Attraktion reicher: Eine historische Brauerei wurde dort nachgebaut, mit einer eingemauerten Braupfanne aus dem Jahr 1834, die mit Holz befeuert wird und worin der Brausud von Hand gerührt wird, sowie einer historischen Mühle, um das Getreide zu schroten. ›501‹ heißt das Bier, das dort von den Profis der Braumanufaktur Potsdam (Ausflug → S. 140) im Schweiße ihres Angesichts hergestellt wird – benannt nicht etwa nach der berühmten Jeans, sondern wegen des seinerzeit 501. Jubiläums des Deutschen Reinheitsgebotes. Viermal im Jahr wird die historische Brauerei zum Leben erweckt, und nachdem das angesetzte Bier (jeweils um die 1000 Liter) einige Wochen reifen durfte, können Besucher des MAFZ es dort auch kaufen und probieren. Wer sichergehen möchte, eine Flasche des limitierten Bieres abzubekommen, kann während des Schaubrauens bereits einen Optionsschein erwerben.

Am 23.4.2018 wird das einjährige Bestehen mit dem Brauen eines besonderen Bieres gefeiert. Weitere Termine sind 9.–10.6., 30.6.–1.7., 8.–9.9. und 27.–28.10.2018. Details auf www.erlebnispark-paaren.de

Spargelfeld bei Beelitz

Speisepilzen an. Die Treffpunkte (meist in der Nähe von Caputh) werden kurz vorher bekannt gegeben. Sie sind immer auch per Bus und Bahn erreichbar. Hutter bietet auch zu anderen Jahreszeiten Pilzwanderungen an (z. B. Pfifferlinge im Sommer und natürlich im Herbst zur Pilz-Hauptsaison) sowie ganzjährig geführte Wildkräuter- und Wildpflanzen-Spaziergänge.
Im April und/oder Mai. Details und Anmeldung unter 0173/8735132 und auf www.pilzreich.de

Spargel-Führung auf dem Vielfruchthof Domstiftsgut Mötzow (Havelland und Potsdam → S. 137)
Wann genau der erste Spargel gestochen werden kann, hängt von der Witterung ab – üblicherweise irgendwann im April. Wann sie endet, steht jedoch fest, nämlich traditionell am 24. Juni; danach dürfen (und müssen) sich die Pflanzen für die nächste Saison erholen. Viele, viele Erntehelfer holen den Spargel aus dem Acker, denn das Stechen der Stangen ist noch immer Handarbeit. Wie genau das Gemüse auf unsere Teller gelangt, kann man bei einer Betriebsbesichtigung auf dem Vielfruchthof erleben, bei der man auch einen Blick in die Spargelsortierhalle werfen darf.
Ab April bis 24.6., für Gruppen ab zehn Personen, Terminanfrage unter Tel. 033836/20810. Gutshof 1, 14778 Beetzseeheide, www.vielfruchthof.de

Baumblütenfest Werder (Havelland und Potsdam → S. 137)
Eine gute Woche dauert das größte Volksfest der neuen Bundesländer, das 2018 bereits zum 139. Mal gefeiert wird. Dann laden die Obstbauern der Region wieder zu Weinverkostungen und man kann in privaten Gärten unter blühenden Obstbäumen Kaffee und Kuchen genießen. Dazu gibt es ein großes Rahmenprogramm mit Wahl der Baumblütenkönigin am Abend des Baumblütenballs, Live-Musik auf mehreren Bühnen, Festumzug, Baumblütenlauf, Rummel mit verschiedenen Fahrgeschäften und einem abschließenden Höhenfeuerwerk am Sonntagabend. Für viele Berliner und Brandenburger ist der Ausflug nach Werder fest für den 1. Mai eingeplant.
Ende April bis Anfang Mai, täglich 12–22 Uhr. Anreise am besten per Bahn (es gibt Sonderzüge), Fahrrad oder Schiff (alle 30 Minuten mit der Weißen Flotte ab Potsdam-Lange Brücke). Aktuelle Informationen und Programm auf www.baumbluetenfest.com

Geführte Pilzwanderung zu den Morcheln (Havelland und Potsdam → S. 137)
Nicht nur im Herbst kann man Pilze sammeln: Im Frühjahr beispielsweise, je nach Witterung im April oder auch erst im Mai, wachsen Morcheln. Dr. Sylvia Hutter bietet geführte Spaziergänge zu den köstlichen

➲ Mai
Tag der offenen Höfe in der Nuthe-Nieplitz-Region (Fläming → S. 123)
Immer am 1. Sonntag im Mai und November laden die Betriebe zum Blick hinter die Kulissen. Mit dabei sind zum Beispiel der Spargel- und Kürbishof Syring, die Galloway Zucht Löwenbruch, Brauße's Fischräucherei, die Backschwein-Tenne Gömnigk und der Sanddorn-Garten in Petzow. Die Nuthe-Nieplitz-Region erstreckt sich zwischen Beelitz, Ludwigsfelde und Luckenwalde.
1. So im Mai. Programm auf www.offenehoefe.de

Veranstaltungskalender

Veranstaltungen für Groß und Klein bietet das Festival Solanum

Beelitzer Spargelfest (Fläming → S. 123)
Es ist der Höhepunkt der etwa zwei Monate dauernden Spargelsaison: das große Beelitzer Spargelfest am langen Pfingstwochenende, das in den letzten Jahren jeweils rund 30 000 Besucher in die Kleinstadt lockte. In der gesamten Innenstadt und auf vielen Höfen kann man sich das Stangengemüse schmecken lassen, dazu gibt es einen Jahrmarkt mit Bühnenprogramm, Live-Musik, Schlager-Nachmittag, Spargel-Festumzug und Spieleangebot für die Kinder. Ihre Majestät, die Spargelkönigin, die traditionell beim Spargelanstich im April gekrönt wird, feiert natürlich mit.
Pfingstfreitag bis -montag. Programm unter www.beelitzer-spargelfest.de

Neuzeller Klostermarkt – Handwerk trifft Kultur (Oder-Spree und Dahme-Seengebiet → S. 81)
Himmelfahrt wird zwar in Brandenburg auch ›Herrentag‹ genannt, dieses ausgelassene Fest ist jedoch eines für die ganze Familie und ein schöner Anlass, einmal ›Brandenburgs Barockwunder‹ zu besuchen. In Neuzelle gibt es gleich zwei Barockkirchen, einen spätgotischen Kreuzgang, einen barocken Klostergarten und eine Klosterbrauerei, in der Mönche bereits Anfang des 15. Jahr-

hunderts mit der Kunst des Bierbrauens begannen. Auf dem Klostergelände werden zu Himmelfahrt Stände aufgebaut, an denen Kinder und Erwachsene altes und modernes Kunsthandwerk kennenlernen und selbst ausprobieren können, z. B. Keramik bemalen, Steinmetzarbeiten oder aus Getränkekartons Körbe flechten; dazu gibt es an verschiedenen Orten Live-Musik. Im Klosterladen gibt es alle (rund 40!) Biere der Brauerei sowie nicht-alkoholische Getränke wie z. B. die kultige DDR-Brause ›Himmelspforte‹ (die inzwischen jedoch mit schwarzer Karotte und Fäberdiestel statt mit künstlichen Aromastoffen gebraut wird). Außerdem handverlesene Produkte von brandenburgischen Manufakturen, wie z. B. Bier-Ketchup aus Werder, Bier-Schokolade der Confiserie Felicitas, Bier-Senf, Bier-Käse, Gelee aus Kirschbier und Bier-Brände. Verkostet werden können die Biere im Rahmen einer Führung durch die Klosterbrauerei. Damit dürften dann auch die Erwartungen an einen klassischen Herrentag erfüllt werden.
Himmelfahrt, 10–18 Uhr, Eintritt frei, www.stift-neuzelle.de, www.klosterbrauerei.com

Solanum – das kulinarische Festival im Norden Brandenburgs (Prignitz und Ruppiner Land → S. 29)
Mit Lesungen, Filmpräsentationen, Diskussionen, Konzerten, Führungen, WissensGärten und Pflanzenkreativhof für Kinder sowie einem Händler- und Produzentenmarkt der Köstlichkeiten möchten die Initiatorinnen des Festivals, Cornelia Lambriev-Soost und Katrin Wagner, Produzenten und Konsumenten miteinander ins Gespräch bringen, Wissen vermitteln und vor allem Appetit machen auf gute Lebensmittel. Der Name des Festivals leitet sich übrigens ab vom lateinischen Namen der Kartoffel (solanum tuberosum), die eine so wichtige Rolle in der Region spielte: Friedrich II. befahl den Anbau des Erdapfels in der preußischen Provinz und bewahrte sein Volk dadurch vor Hungersnöten. Das 1. Solanum-Festival

fand im Mai 2016 statt; für Mai 2018 ist die Fortsetzung geplant.
Genauer Termin und Programm auf
www.solanum-festival.de

Hoffest auf dem Straußenhof Weideblick
(Oder-Spree und Dahme-Seengebiet → S. 81)
Im Mai, wenn die Straußenküken schlüpfen, beginnt die neue Hofsaison. Der Auftakt wird immer am Pfingstsonntag gefeiert, dann gibt es Leckeres vom Grill, wie zum Beispiel Straußenbratwurst oder -steak, und die Gäste dürfen einen Blick in die Stallungen werfen: auf die Straußen-Minis und die (in der Maschine bebrüteten) Eier.
Pfingstsonntag, Details unter Tel.
033474/38155 oder auf
www.straussenhof-weideblick.de

Tag der offenen Mühle in der Kanower Mühle (Spreewald → S. 99)
Am Ufer der Dahme, wo Eisvogel und Bachstelze brüten, befindet sich seit 1527 eine Mühle. Einst wurde hier Mehl gemahlen, bis die historische durch moderne Technik in einem Neubau ersetzt wurde. Dort werden nun 17 verschiedene Öle gepresst. Wie das funktioniert, können Besucher durch ein großes Fenster vom Hofladen aus beobachten. Führungen werden für Gruppen ab zehn Personen zum vorher vereinbarten Termin angeboten. Einmal im Jahr jedoch, zum Mühlentag am Pfingstmontag, führen die Betreiber den ganzen Tag über Interessierte durch die alte und die neue Mühle. Teilnahme ohne Anmeldung möglich.
Immer am Pfingstmontag, 11–16 Uhr,
1 € Eintritt, Kanow-Mühle 1,
15938 Golßen, Tel. 035452/507,
www.blog.kanow-muehle.de

➲ Juni
Zur Mohnblüte in die Ölmühle Gut Blankensee (Barnim und Uckermark → S. 55)
Mohnöl ist eine echte Rarität, denn der Anbau der Pflanzen mit den großen, poppig-bunten Blütenblättern ist in Deutschland streng reglementiert. Genauer gesagt: der Anbau von Schlafmohn, denn seine Blüten enthalten – im Gegensatz zum roten Klatschmohn, den man im Sommer oft am Wegesrand und in Getreidefeldern sieht – Morphin, aus dem Heroin hergestellt werden kann. Der Schlafmohn, der in der Uckermark angebaut und zu kostbarem, äußerst gesundem Öl kalt gepresst wird, hat nur einen sehr geringen Morphin-Gehalt – dafür umso mehr Geschmack. Im Juni blühen die Pflanzen für eine kurze Zeit. Ein wunderschöner Anblick, der sich bei einem Spaziergang oder einer Radtour zum nicht minder hübschen Gut Blankensee genießen lässt. Auf dem Gut kann man zu Kaffee und Kuchen einkehren, bei schönem Wetter sitzt man dort im Garten zwischen Obstbäumchen und freilaufenden Hühnern. Im Hofladen sind Speiseöle aus der eigenen Ölmühle, Eier und Wurst aus eigener Herstellung sowie eine Auswahl regionaler Produkte erhältlich.
Hofladen geöffnet Sa/So und feiertags
von 11–17 Uhr. Im Juni gibt es mehrere
Veranstaltungen, Details auf
www.gut-blankensee.de

Kräuterfest in der Kräutergärtnerei Helenion (Barnim und Uckermark → S. 55)
Rund 1000 verschiedene Pflanzen in zertifizierter Bio-Qualität finden sich im Sorti-

Die Kanower Mühle am Rande des Spreewalds

ment der Gärtnerei. Ein Schwerpunkt liegt auf essbaren Wildkräutern. Ein Großteil der Pflanzen lässt sich im Schaugarten mit allen Sinnen erleben. Beim zweitägigen Kräuterfest werden Führungen durch den Schaugarten und Verkostungen angeboten, zudem eine pflanzenkundliche Beratung und ein vergünstigter Pflanzenverkauf sowie Kaffee (oder Kräutertee!) und Kuchen, Wildkräutersuppe und Gegrilltes.
Am zweiten Juni-Wochenende, Sa + So von 10–18 Uhr, Details auf www.helenion.de

Historisches Schaubrauen im MAFZ Erlebnispark Paaren (Havelland und Potsdam → S. 137)

Gleich zweimal wird im Sommer 2018 die historische Museums-Brauerei im MAFZ zum Leben erweckt: Am 9. und 10. Juni (im Rahmen des Festivals ›Kultur, die schmeckt‹) sowie am 30. Juni und 1. Juli. Beide Male wird vor den Augen der Zuschauer Getreide geschrotet und ein Sud in der historischen Braupfanne angesetzt (mehr Informationen zum Schaubrauen: siehe Termin im April).
9.–10.6. und 30.6.–1.7.2018, genaues Programm auf www.erlebnispark-paaren.de

Brandenburger Landpartie (alle Regionen)

Wie arbeitet eine Mosterei? Wo werden Schweine artgerecht gehalten und welchen Unterschied macht das beim Geschmack von Wurst und Fleisch? Wie wird eigentlich Saatgut gewonnen? Bei der Brandenburger Landpartie gibt es ein Wochenende lang Landwirtschaft zum Anfassen: Weit über 200 Betriebe öffnen ihre Türen und geben Einblicke in ihre Arbeit, bieten Führungen und Kutschfahrten über ihre Höfe an, ermöglichen Kostproben ihrer Erzeugnisse. Manchmal dürfen die Besucher für einen Tag (oder eine Stunde) sogar selbst zu Landwirten werden. Oft wird der Samstag der Landpartie zum Anlass für ein Hofoder Dorffest genommen.
Am zweiten Juni-Wochenende. Übersichtskarte und Programm der teilnehmenden Höfe auf www.brandenburger-landpartie.de

Brodowiner Hoffest (Barnim und Uckermark → S. 55)

Das Hoffest ist jedes Jahr ein großes Spektakel, denn dann öffnet das Ökodorf Brodowin seine Pforten für Besucher und lädt zahlreiche Aussteller ein (2017 waren es über 70), die ihr Handwerk und ihre Produkte präsentieren. Dazu gibt es ein buntes

Offene Stalltüren im Ökodorf Brodowin

Programm mit Live-Musik, Treckerfahren, Ponyreiten, Streichelzoo, Armbrustschießen, Wett-Melken und natürlich verschiedenen Essensständen.
Ein Samstag Ende Juni ab 11 Uhr.
Kostenloser Bus-Shuttle ab Bahnhof Chorin. Details auf www.brodowin.de

⊃ Juli

Seddiner Fischerfest (Fläming → S. 123)
Der Fischerhof am Großen Seddiner See lädt zur großen Schlemmerpartie: Neben Räucherfisch frisch aus dem Ofen gibt es Fischsuppe, Fischbouletten und Forellen vom Grill. Und damit Familienmitglieder, die den Schuppentieren nichts abgewinnen können, ebenfalls satt und glücklich werden, werden auch Bratwurst und Steak offeriert. Ein buntes Markt- und Schaustellerangebot auf der Wiese rundet das Angebot ab. Und am Abend funkelt ein Höhenfeuerwerk über den See.
Fischergasse 1, 14554 Seddiner See, Tel. 033205/45520. Genauer Termin und Programm auf www.seddinersee.com

Traditionelle Roggenernte (Fläming → S. 123)
Das Blankenseer Bauernmuseum zeigt, wie anno dazumal Roggen geerntet wurde. Ein Erlebnis für Jung und Alt.
Der Termin ist wetterabhängig und wird kurzfristig festgelegt. Infos unter Tel. 033731/80011 oder auf www.bauernmuseum-blankensee.de

⊃ August

Prignitzer Honigmarkt (Prignitz und Ruppiner Land → S. 29)
Kerstin Wernicke beschäftigt sich erst seit 2012 mit der Imkerei, das jedoch mit so viel Engagement, dass sie inzwischen als Patin Neu-Imkern zur Seite steht. Es ist ihr außerdem ein Herzensanliegen, die Bedeutung der Bienen interessierten Laien näher zu bringen – zum Beispiel bei einem Besuch in ihrem Hofladen. Gemeinsam mit einigen Kollegen organisiert sie im Sommer den

Spreewaldgurken

Prignitzer Honigmarkt, auf dem Besucher Einblicke in die Welt der Imkerei erhalten und die geschmackliche Vielfalt regionaler Honige probieren können.
25.8.2018 von 10–17 Uhr, der Ort wird noch bekannt gegeben auf www.prignitzer-landhonig.de.
Hofladen: geöffnet Fr 16–20 Uhr, Sa/So/Feiertage 8–20 Uhr, Ellershagener Straße 11–11a, 16945 Halenbeck-Rohlsdorf

Spreewälder Gurkentag in Golßen (Spreewald → S. 99)
Eigentlich sind es zwei Tage, nämlich Samstag und Sonntag, an denen Golßen die berühmte Spezialität der Region mit einem Erlebnismarkt feiert. An weit über 100 Ständen kann man Produkte aus dem Spreewald und ganz Brandenburg kennenlernen, probieren und teilweise auch bei ihrer Herstellung zuschauen. Allem voran natürlich Spreewaldgurken in vielfältigen Zubereitungsarten: Die ›Spreewaldkonserve Golßen‹ wird an diesem Tag mit Betriebsführungen zur gläsernen Produktion. Und beim Gurkenseminar von ›Spreewald-Christl‹ lernt man auf vergnügliche Art und Weise allerlei rund um Geschichte, Anbau und Verarbeitung des Traditionsgemüses. Auf zwei Festbühnen gibt es nonstop Musik, Show und Unterhaltung, von der nostalgischen Modenschau bis hin

Veranstaltungskalender

Im Spreewald dreht sich im August alles um die Gurke

zum singenden Spreewaldwirt. Offizieller Beginn ist am Samstagvormittag mit der Krönung des Gurkenkönigspaares samt anschließendem ›Fassanstich‹ und Verkostung der darin eingelegten Gurken.
Sa 10–22 Uhr, So 10–18 Uhr.
Genauer Termin und Programm auf
www.spreewaldverein.de

Peitzer Fischerfest (Spreewald → S. 99)
Mitte des 16. Jahrhunderts ließ Markgraf Johann von Küstrin im nordöstlichen Teil des Spreewaldes auf etwa 1000 Hektar Fläche Fischteiche anlegen. Die ersten Aufzeichnungen über Karpfenfischerei in der Region gehen bis ins Jahr 1577 zurück. Heute besteht das größte zusammenhängenden Teichgebiet Deutschlands aus insgesamt 33 terrassenförmig angelegten Teichen unterschiedlicher Größe, die über einen Kanal mit Frischwasser von der Spree versorgt werden. Alljährlich wird der Auftakt der Karpfenernte – die Peitzer Fischer spannen ihre Netze in den Teichen – mit einem viertägigen Volksfest gefeiert. Auf dem Programm stehen zum Beispiel die Krönung der Teichnixe, Fischerstechen mit lustig kostümierten Mannschaften, Angeln für Jedermann im Volkspark und ein Schätzwettbewerb, dessen Sieger einen kapitalen Karpfen mit nach Hause nehmen darf. Außerdem gibt es allerlei Unterhaltsames wie Akrobatik, Kindershow und Live-Musik auf

der Bühne. Damit werden die Karpfenwochen mit kulinarischen Angeboten sowie geführten Wanderungen und Radtouren ins Teichgebiet eingeläutet, deren krönender Abschluss der Große Fischzug ist (siehe Oktober).
Immer Freitagabend bis Montagabend,
Termin und Programm auf www.peitz.de

Brandenburger Brauereitreffen (diverse Regionen)
Für zwei Tage, meist im August, kommen Handwerks- und Gasthaus-Brauer aus Brandenburg zusammen und bringen eine Auswahl ihrer Biere zur Verkostung mit. Die Teilnehmer sind allesamt Kleinbrauereien etwa aus Lübbenau, Wriezen, Wandlitz, Potsdam oder Finsterwalde, die sich zu einem recht umtriebigen Verein zusammengeschlossen haben. Da wäre zum einen das Brauereitreffen, das sie jedes Jahr auf die Beine stellen. In Jahren mit ungerader Zahl findet es in Finsterwalde statt: Dann rollen die Brauereiwagen auf den Marktplatz und bilden einen großen Biergarten, in dem das frisch Gezapfte in kleine und große Gläser fließt. Für eine deftige Grundlage sorgen diverse Essensstände. In den Jahren dazwischen wandert die Veranstaltung von Ort zu Ort, wo es entweder auf dem Gelände der jeweils dort ansässigen Brauerei oder im Stadtzentrum stattfindet. Eine Bierkönigin gibt es auch –und mit Ex-Boxer Axel

Schulz sogar den ersten Brandenburger Bier-Botschafter. 2016, im 500. Jubiläumsjahr des Deutschen Reinheitsgebotes, hat der Verein außerdem die Brandenburger Bierstraße ins Leben gerufen. Derzeit verfügt diese über 17 Stationen – und jede für sich ist einen eigenen Ausflug wert.
Freitag ab etwa 18.30 Uhr, Samstag ab etwa 13 Uhr; Details werden einige Wochen vorher bekannt gegeben.
Auf der Internet-Seite kann auch der Flyer der Brandenburger Bierstraße samt Karte heruntergeladen werden: www.brandenburger-kleinbrauereien.de

Sommerfest im VERN-Schaugarten

Greiffenberg (Barnim und Uckermark → S. 55)
Der gemeinnützige Verein VERN (Verein zur Erhaltung und Rekultivierung von Nutzpflanzen in Brandenburg e.V) hat es sich zum Ziel gesetzt, alte und seltene Kulturpflanzen zu erhalten. Er betreibt mehrere Demonstrations- und Vermehrungsgärten in Brandenburg, unterhält ein Saatgutarchiv und gibt Samen und Pflanzen an private Gärtner ab. Beim Sommerfest werden Besucher durch Garten und Gewächshaus geführt, wo sie Tomaten verkosten dürfen – kein schnittfestes Wasser, wie man es aus Supermärkten kennt, sondern einige der rund 120 Sorten, die VERN kultiviert und die mit allerlei Farben und Aromen überraschen. Außerdem gibt es frisch gebackenen Kuchen, Saatgut für den eigenen Garten und Tipps für die heimische Saatgutgewinnung.
An einem Samstag im August, Details auf www.vern.de

⊙ September

48 Stunden Fläming (Fläming → S. 123)
Ein Wochenende lang präsentieren sich zahlreiche Dörfer und Städte der Region auf vielfältigste Weise, zum Beispiel mit Kostproben im Regional-Laden am ›Flämingbahnhof‹ Bad Belzig, einem leckeren Backschwein von der Backschwein-Tenne Gömnigk oder dem Flämingmarkt im histo-

rischen Ortskern von Fredersdorf mit allerlei regionalen Spezialitäten. Ab Bahnhof Bad Belzig fahren zwischen 9 Uhr 30 und 17 Uhr (abgestimmt auf den RE7) Shuttlebusse auf festen Rundkursen einige der teilnehmenden Dörfer an; manche Ortschaften sind auch direkt per Zug zu erreichen.
Anfang/Mitte September, Sa + So 11–18 Uhr, Details auf www.flaeming-havel.de

Drebkauer Oldtimertreffen (Niederlausitz, Elbe-Elster → S. 113)

Diese Veranstaltung ist ein wunderbarer Anlass, die 1870 gegründete Brauerei zu besuchen, das europaweit einmalige Gurken- oder Gurken-Rhabarber-Radler zu probieren (oder auch einfach ein gutes Bier) und auf ein deftiges Mittagessen aus der Brauhausküche einzukehren. Gebraut wird hier mit regionalen Rohstoffen, zum Beispiel Hopfen aus Deutschlands nördlichstem Anbaugebiet Elbe-Saale. Jedes Jahr Anfang September füllt sich das beschauliche Drebkau mit unzähligen Oldtimer-Fahrzeugen, die am Samstag und Sonntag nach dem Mittagessen zur gemeinsamen Ausfahrt aufbrechen. Das Brauhaus samt Restaurant ist nur für Veranstaltungen (Termine siehe Webseite) sowie für Gruppen ab 40 Personen (nach vorheriger telefonischer Absprache) geöffnet. Saisonauftakt ist zum Herrentag (Christi Himmelfahrt).
Immer am 1. September-Wochenende (Sa + So), Details auf www.kircher-brauhaus.de

Historisches Schaubrauen im MAFZ Erlebnispark Paaren (Havelland und Potsdam → S. 137)

Nach einer längeren Sommerpause wird im September die Museums-Brauerei im MAFZ wieder zum Leben erweckt: Die Profis der Braumanufaktur Potsdam setzen im historischen Brau-Museum im MAFZ vor den Augen der Zuschauer einen Sud an (mehr Informationen zum Schaubrauen: siehe Termin im April).
8.–9.9.2018, genaues Programm auf www.erlebnispark-paaren.de

Veranstaltungskalender

Geführte Pilzwanderung (Havelland und Potsdam → S. 137)

Welche Pilze sind essbar und wo findet man sie? Dr. Sylvia Hutter kennt sich aus und bietet geführte Pilzwanderungen in die Wälder rings um Caputh an. Wann genau im Herbst die Hauptsaison der Pilze beginnt, ist von der Witterung abhängig, meist jedoch im September; sie dauert dann bis in den Oktober hinein. In dieser Zeit finden die drei- bis vierstündigen Führungen jeden Sonntag statt sowie zu individuell vereinbarten Terminen. Die Treffpunkte werden kurz vorher bekannt gegeben. Sie liegen meist in der Nähe von Caputh und sind immer auch per Bus und Bahn erreichbar. Hutter bietet auch zu anderen Jahreszeiten Pilzwanderungen an sowie fast ganzjährig geführte Spaziergänge, in denen essbare Wildkräuter und -pflanzen bestimmt und gesammelt werden.

Im Sept/Okt jeden So. Details und Anmeldung unter 0173/8735132 und auf www.pilzreich.de

Hof- und Countryfest auf dem Ziegenhof Pusack (Niederlausitz, Elbe-Elster → S. 113)

Ein bisschen wie im Wilden Westen fühlt man sich auf dem jährlichen Countryfest: Da gibt es ein Camp mit Planwagen, wie sie die Siedler einst nutzten, Country-Live-

Frisch aus dem Wald

musik und Linedance, außerdem Spiele für die Kinder, Hof- und Stallführungen. Es kann Ziegenkäse in allerlei Varianten probiert werden, dazu gibt es warmes Essen vom Grill, Kaffee und Kuchen. Campen/ Zelten ist auf dem Hof möglich.

Immer am ersten Wochenende im September. Das Programm wird vorher auf www.ziegenhof-pusack.de bekannt gegeben

Sanddorn-Erntefest (Havelland und Potsdam → S. 137)

Zu DDR-Zeiten erfreute sich der Sanddorn größter Beliebtheit, da diese Frucht ebenso viel Vitamin C enthält wie Zitrusfrüchte. Welche traditionellen Handwerkstechniken in der Verarbeitung zum Einsatz kommen und welche Spezialitäten aus Sanddorn hergestellt werden, lässt sich beim größten Sanddorn-Erntefest Deutschlands erleben. Auf dem Programm stehen außerdem Sanddorn-Erlebnis-Wandertouren, Fahrten auf die Sanddornfelder mit einem Oldtimerbus und Sanddorn-Showkochen. Darüber hinaus gibt es einen regionalen Handwerkermarkt auf dem Hof, eine Bühne mit Live-Musik und Kinderprogramm sowie jede Menge Probierstände, etwa mit Sanddorn-Federweißer oder Sanddorn-Eis.

Samstag und Sonntag 10–18 Uhr, Fercher Str. 60, 14542 Werder/Havel, OT Petzow. Genauer Termin und Programm auf www.sanddorn-garten-petzow.de

Ribbecker Birnenfest (Havelland und Potsdam → S. 137)

›Herr von Ribbeck auf Ribbeck im Havelland, Ein Birnbaum in seinem Garten stand, Und kam die goldene Herbsteszeit, Und die Birnen leuchteten weit und breit‹ Dann, ja dann, wird auf dem Schloss alljährlich das Birnenfest gefeiert – zu Ehren der saftigschmackhaften Früchte und natürlich in Gedenken an die Geschichte des Hauses, dem Theodor Fontane mit seinem berühmten Gedicht aus dem Jahr 1889 ein Denkmal setzte. Heute gibt es im Schloss ein Fontane-Museum, ein gehobenes Restau-

Apfelverkostung

rant mit regionaler Küche, einen Bier- und Cafégarten sowie den Deutschen Birnengarten, in dem 16 Birnbäume – für jedes Bundesland einen – an den Tag der deutschen Einheit erinnern. Das Volksfest feiert sowohl das kulturelle Erbe des Ortes als auch die Frucht an sich – mit Bühnenprogramm, Mitmachaktionen und fruchtigen Leckereien, vom Birnenkuchen über leckeren Saft bis hin zum Obstbrand.
An einem Samstag Ende September/Anfang Oktober von 11–17 Uhr, Ribbecker Birnengarten, Theodor-Fontane-Straße 10, 14641 Ribbeck. Termin und Programm auf www.schlossribbeck.de

Rabener Apfeltage (Fläming → S. 123)
Ein Wochenende ganz im Zeichen des Apfels mit Leckereien, Spielen und Wissenswertem veranstaltet das Naturparkzentrum Hoher Fläming am Fuß der Burg Rabenstein. Kinder dürfen sich zum Beispiel mit einer kleinen Handpresse selbst als Keltermeister versuchen und den frisch gepressten Saft direkt genießen, für die Erwachsenen gibt es Apfel-Federweißer. Ein Pomologe stellt verschiedene Apfelsorten vor, gibt Tipps zur Baumpflege und bestimmt mitgebrachte Sorten. Und beim Wettschälen gewinnt derjenige, der die längste Apfelschale schneidet.

Am selben Wochenende findet auf der Burg ein Mittelalterfest mit Gauklern, Rittern, Handwerkern, Speis & Trank statt. *Sa/So 11–18 Uhr, der genaue Termin wird auf www.flaeming.net bekannt gegeben. Naturparkzentrum Hoher Fläming, Brennereiweg 45, 14823 Raben, Tel. 033848/60004. Die Anreise ist auch mit dem Burgenbus möglich, der von Bad Belzig eine Runde dreht über Niemegk, Raben, Schloss Wiesenburg und Burg Eisenhardt, und abgestimmt ist auf die Züge aus Berlin.*

Niederlausitzer Apfeltag in Döllingen
(Niederlausitz, Elbe-Elster → S. 113)
Warum ein Apfel am Tag den Gang zum Doktor erspart und viele weitere spannende Dinge rund um das beliebteste Obst der Deutschen erfährt man an diesem Tag im Pomologischen Schau- und Lehrgarten in Döllingen. Neben allen nur erdenklichen Leckereien, die aus Äpfeln hergestellt werden, kann man dort auch regionale Wild-, Wasserbüffel- und Fischspezialitäten probieren. Dazu gibt es Musik, Seminare und Unterhaltung. *Sonntag 10–17 Uhr, Kahlaer Str. 1, 04928 Plessa. Genauer Termin und Programm auf www.niederlausitzer-heide landschaft-naturpark.de*

Veranstaltungskalender

Apfelfest im Naturpark Märkische Schweiz (Oder-Spree und Dahme-Seen-gebiet → S. 81)

Verkostung alter und neuer Apfelsorten, Apfel-Mosten, Sortenschau und Bestimmung, Infos zur Pflege der eigenen Apfelbäume und zum Thema ›Wieviel Gesundheit steckt tatsächlich im Apfel?‹ Dazu regionale Spezialitäten und Kinderprogramm mit Klettern und Bogenschießen.

An einem Samstag Mitte September, 12–17 Uhr, Lindenstraße 33, 15377 Buckow, Details unter Tel. 033433/15848 oder auf www.maerkische-schweiz-naturpark.de

Gubener Apfelfest (Niederlausitz, Elbe-Elster → S. 113)

Seit 1995 feiert die Stadt immer im September ein Wochenende lang ihre Obstbau-Tradition mit einem Fest für die ganze Familie. Höhepunkt ist dabei stets die Wahl der Apfelkönigin.

Programmdetails auf www.touristinformation-guben.de

Weinbergfest in Grano (Niederlausitz, Elbe-Elster → S. 113)

Es sind Wein-Enthusiasten, die seit 2004 den Weinberg in Grano aufbauen und auf einem guten Hektar Fläche rund 4500 Rebstöcke gepflanzt haben. Alle Arbeiten werden von Ehrenamtlichen geleistet, größtenteils in Handarbeit. Aus Anfangs 600 Litern Wein sind inzwischen an die 8000 Liter pro Jahr geworden. Jedes Jahr im September feiert der Verein mit Unterstützern und Gästen sein Weinbergfest, bei dem mit Federweißem und -rotem angestoßen wird, während Zwiebelkuchen, Schmalzstullen, selbst gebackener Kuchen und Herzhaftes vom Grill für eine gute Grundlage sorgen.

Am letzten Tag im September ab 14 Uhr, Details auf www.weinbau-guben.de

Federweißer-Fest auf dem Bestenseer Weinberg (Oder-Spree und Dahme-Seen-gebiet → S. 81)

Federweißer, Flammkuchen, Straußwirtschaft auf dem Weinberg – das klingt ei-gentlich eher nach Österreich oder Süddeutschland. Dabei befindet sich der 34 Meter hohe Mühlenberg, an dessen Südhang die Mitglieder des Bestenseer Weinbauvereins e.V. 3500 Rebstöcke gepflanzt haben, un der Region Dahme-Spreewald. Die Weinbautradition in der Gegend reicht tatsächlich bis ins 14. Jahrhundert zurück und wird seit 2010 von den Vereinsmitgliedern wiederbelebt. Jedes Jahr im September kann man etwa zwei Wochen lang in der Straußwirtschaft verkosten, was die Bestenseer aus den geernteten Trauben – Cabernet Cortis, Cabernet Blanc, Pinotin, Johanniter und Solaris – gekeltert haben.

Termine und Öffnungszeiten der Strauß-wirtschaft auf www.bestenseer-weinbau.de/termine

Großräschener Federweißerfest (Niederlausitz, Elbe-Elster → S. 113)

Vor nicht allzu langer Zeit war der Großräschener See noch eine Tagebaugrube und an Stelle der Victoriahöhe stand eine Brikettfabrik. Von den IBA-Terrassen aus genießt man einen Panoramablick über die entstehende Seenlandschaft und den etwa einen Hektar großen Weinberg, der sich am Hang gleich unterhalb erstreckt. Er wurde 2012/13 angelegt, seit 2014 wird im Spätsommer auf den IBA-Terrassen ein Federweißerfest gefeiert. Neben Kostproben des neuen Weins gibt es auch frischen Zwiebelkuchen aus dem Holzbackofen. Die sortenreinen Weine stehen ganzjährig im Café an den IBA-Terrassen auf der Karte.

An einem Samstag im September, Seestr. 100a, 01983 Großräschen, Details auf www.weinbauwobar.de

Spreewaldfest in Lübben (Spreewald → S. 99)

Es ist das größte Fest, das die Lübbener im Laufe des Jahres feiern. Ein September-Wochenende lang herrscht Ausnahmezustand in der kleinen Stadt, die sich in eine große Festmeile verwandelt – zu Lande wie auch auf dem Wasser. Wer eine Tracht besitzt, der trägt sie an diesem Wochenende. Ge-

ballt sind sie am Sonntag, beim traditionellen Kahn-Korso, zu bewundern sowie
auf dem Marktplatz, wo lokale Handwer-
ker, Produzenten und Künstler den Spreewald in all seinen Facetten zeigen. Neben
den bekannten eingelegten Gurken gibt
es auch andere Spezialitäten zu entdecken und probieren. Sogar die wendische
Liebesgöttin Liuba schaut vorbei und lässt
sich für ein Wochenende den Stadtschlüs-
sel aushändigen.
*Von Freitagnachmittag bis Sonntag-
abend, genauer Termin und Programm
auf www.luebben.de*

Frisch gebackenes Brot

Backofenfest in Blankensee (Fläming →
S. 123)
Buntes Treiben auf dem Museumshof
mit zahlreichen Ständen, Blasmusik und
Schauschmieden in der historischen Schmie-
de sowie einem kulinarischen Angebot der
Betriebe vor Ort – von der märkischen Fischsuppe bis zum frisch gebackenen Brot und
Kuchen aus dem historischen Lehmbackofen.
*3. Sonntag im September ab 12 Uhr,
www.bauernmuseum-blankensee.de*

Naturparkfest im Wildgehege Glauer Tal
(Fläming → S. 123)
Herbstlich-bunter Regional- und Handwerkermarkt mit Musik und Gaukelei,
Bogenschießen, Mitmach-Werkstätten,
Kutschfahrten, Eselreiten, einem geführten Spaziergang durch die Streuobstwiesen
und Glauer Felder, einer Wanderung ins
Wildgehege, Theater und Naturbeobach-
tungsspielen für Kinder und vielem mehr.
*4. Sonntag im September, Details unter
www.naturpark-nuthe-nieplitz.de*

Regionalmarkt der Uckermark (Barnim
und Uckermark → S. 55)
Auf diesem Markt lässt sich einmal im Jahr
die Vielfalt uckermärkischer Produkte an
einem Ort erleben. Das kulinarische Spek-
trum reicht dabei vom Bäcker über Gemü-
sebauern und Imker bis hin zu Mostereien.
Es gibt warme Gerichte wie etwa Kürbis-
suppe, Ochse vom Grill oder Fisch und na-

türlich Kaffee und Kuchen. Live-Musik und
Musikinstrumente-Bauen, Kremserfahrten
und Ponyreiten, die Wahl des Kürbiskönigs,
ein Uckermark-Quiz und allerlei bunte Stände weiterer Akteure aus der Region runden
das Spektakel ab.
*Ende September/Anfang Oktober, Blum-
berger Mühle 2, 16278 Angermünde,
Details unter Tel. 03331/26040 oder auf
auf www.blumberger-muehle.nabu.de*

Regionalmarkt Brandenburg (Havelland
und Potsdam → S. 137)
Rund 70 Händler, bäuerliche Kleinbetriebe
und Manufakturen präsentieren sich ein
Wochenende lang auf dem Gelände des
Pauliklosters in Brandenburg an der Havel.
Besucher können hier alte Sorten und Rezepte, die Verarbeitung und Veredelung von
Produkten, traditionelle Tierhaltung und die
kulinarische Vielfalt der Region kennenernen.
*An einem Wochenende im September,
10–17 Uhr, Eintritt 3 €, ermäßigt
1,50 €, Kinder unter 10 J. frei. Details
auf www.landesmuseum-brandenburg.de*

❍ Oktober
Niederlausitzer Alm-Abtrieb in Lieskau
(Niederlausitz, Elbe-Elster → S. 113)
Um einen traditionellen Alm-Abtrieb mitzu-
erleben, müssen Berliner nicht in die Alpen

fahren: Auch in Lieskau endet der Sommer damit, dass die Tiere von ihren Weiden in die Ställe getrieben werden, wo sie die kalte Jahreszeit verbringen. Allerdings handelt es sich bei dem ›Gebirge‹ eher um einen Hügel von 153 Metern Höhe. Das tut dem Spaß jedoch keinen Abbruch: Auch hier wird der Alm-Abtrieb festlich begangen, die Bauersleut tragen Trachten, die Tiere werden mit Blumen geschmückt. Auf dem Programm stehen Alphornbläser, der ›Lieskauer Flachlandbubenplattler‹, Kettensägenschnitzen und Baumkletterer-Vorführungen, dazu gibt es unter anderem deftige Schlachteplatten vom Fleischer im Ort, original Lieskauer Schaschlik, Kaffee und Kuchen und, falls es Anfang Oktober schon richtig kalt ist, Glühwein und Grog.

An einem Sonntag Anfang Oktober, Eintritt 4 €, Kinder und Jugendliche bis 16 Jahre frei. Genauer Termin und Programm auf www.niederlausitzer-almabtrieb.de

Hoffest auf dem Ziegenhof Zollbrücke

(Oder-Spree und Dahme-Seengebiet → S. 81)

Auf dem Weg nach Zollbrücke werden die Straßen immer schmaler und leerer, bis man schließlich – kurz vor dem Oderdeich, am Ende einer Sackgasse – den Ziegenhof erreicht. Am 3. Oktober allerdings geht es auf dem Hof deutlich weniger beschaulich zu: Zum Tag der deutschen Einheit stellt

Frischkäse vom Ziegenhof Zollbrücke

Inhaber Michael Rubin nämlich, inzwischen schon seit 20 Jahren, ein kleines kulinarisches Volksfest auf die Beine. Da gibt es zum einen natürlich seine eigenen Produkte vom Hof: köstlich verfeinerte Ziegenfrischkäse, Salami und Leberwurst sowie Kaffee zum sagenhaft guten Ziegenkäsekuchen (der meist schnell ausverkauft ist). Außerdem warme Gerichte mit Ziegenfleisch wie zum Beispiel Bauernsuppe, Lungenwürste, Geschnetzeltes oder Bouletten, die ein befreundeter Koch vor Ort zubereitet. Rubin lädt aber auch immer Produzenten aus der Region ein: Da gibt es naturbelassenen Looser Senf ›von furchtbarer Schärfe‹, Brot und Kuchen aus dem Holzbackofen, Honig vom Wriezener Imker, einen Stand mit 199 Biersorten, aber auch Stände mit Schmuck und Kunsthandwerk. Außerdem: Kremserfahrten durchs Dorf, Bogenschießen, Ponyreiten und Quadfahren für Kinder und sogar ein kleines Kettenkarrussel.

3.10., 10–16 Uhr, Details unter www. ziegenhof-zollbruecke.de

Historisches Schaubrauen im MAFZ Erlebnispark Paaren

(Havelland und Potsdam → S. 137)

Zum letzten Mal in diesem Jahr setzen die Profis der Braumanufaktur Potsdam im historischen Brau-Museum im MAFZ vor den Augen der Zuschauer einen Sud an. Genauer gesagt: den Sud für ein Weihnachtsbier, das dann etwa vier bis sechs Wochen später in Flaschen abgefüllt auch im MAFZ erhältlich sein wird. Wer sichergehen will, erwirbt sich am Wochenende des historischen Schaubrauens bereits einen Optionsschein auf seinen Anteil an den rund 1000 Litern historischen Weihnachtsbieres. Mehr Informationen zum historisches Schaubrauen: siehe Termin im April.

27.–28.10.18, genaues Programm auf www.erlebnispark-paaren.de

Grünheider Mostereifest

(Barnim und Uckermark → S. 55)

UMBio ist ein kleiner Betrieb in der Uckermark, der Apfelsaft von Streuobstwiesen aus

Apfelernte in der Prignitz

der Region herstellt und auch eine Lohnmosterei betreibt. Zum Sortiment gehören außerdem Honig, Bio-Lammfleisch und Wild. Im Herbst lädt der Betrieb zum Hoffest: Ab 10 Uhr sind Erntehelfer herzlich willkommen, ab 17 Uhr läuft dann die Schaupresse, werden die geernteten Obstsorten bestimmt und darf der Saft verkostet werden. Dazu gibt es Wildschwein vom Spieß.
An einem Samstag im Oktober, Details unter Tel. 039863/639075 oder unter ›Dienstleistungen‹ auf www.umbio.de.

Brandenburger Schlachtfest im Erlebnispark Paaren (Havelland und Potsdam → S. 137)
Wenn die Bauern die Ernte eingebracht haben, beginnt die Zeit der Schlachtfeste. Im MAFZ Erlebnispark präsentieren sich gleich 50 Brandenburger Unternehmen gemeinsam. Denn das MAFZ ist eine Art Messe- und Schaugelände, auf dem man Landwirtschaft in ihren unterschiedlichen Facetten erleben kann. So gibt es einen Arche-Haustierpark, in dem alte und selten gewordene Rassen leben. Ein Gehege zur landwirtschaftlichen Wildhaltung. Ein grünes Klassenzimmer, in dem unter anderem vermittelt wird, woher Eier, Milch und Wolle kommen. Einen Schau- und Demonstrationsgarten und einen Wildobst-

Lehrgarten. Ein Brandenburg-Wäldchen mit Waldlehrpfad. Und verschiedene Räumlichkeiten für Veranstaltungen. Zum Schlachtfest präsentieren sich die teilnehmenden Landwirte und Fleischer in der großen Brandenburghalle wie auf einem Marktplatz, bieten Einblicke in ihre Arbeit und Möglichkeiten zur Verkostung. Es gibt ein ›gläsernes Wurststudio‹, ein mobiles Kochstudio und zahlreiche Verkaufsstände mit Wurstspezialitäten, Spanferkel und mehr.
Ein Wochenende Ende Oktober, MAFZ, Gartenstraße 1–3, 14621 Schönwalde Glien, Tel. 033230/74-0. Genauer Termin und Programm auf www.erlebnispark-paaren.de

Apfelmarkt in Wittenberge (Prignitz und Ruppiner Land → S. 29)
Vom Apfelkuchen-Backwettbewerb über das Apfel-Rallye-Quiz bis hin zur Bestimmung von Apfelsorten dreht sich bei diesem Fest alles um das Lieblingsobst der Deutschen. Dazu gibt es Live-Musik und Puppentheater. Die Geschäfte haben ebenfalls geöffnet.
An einem Sonntag Anfang Oktober, 13–18 Uhr, im Kultur- und Festspielhaus Wittenberge, Paul-Lincke-Platz, 19322 Wittenberge, Details unter Tel. 038791/98023 oder auf auf www.elbe-brandenburg-biosphaerenreservat.de

Großer Fischzug an der Blumberger Mühle (Barnim und Uckermark → S. 55)
An diesem Tag kann man den Fischern bei ihrem alten Handwerk über die Schulter schauen: Ende Oktober wird traditionell das Wasser in den Karpfenteichen abgelassen und werden die Fische mit großen Keschern und Netzen eingesammelt und zu den Fischhändlern der Region gebracht. Wer möchte, kann auch direkt vor Ort seinen Weihnachts- oder Silvesterkarpfen kaufen.
Ende Oktober, 9–15 Uhr, Blumberger Mühle 2, 16278 Angermünde, Eintritt frei. Details unter Tel. 03331/26040 oder auf www.blumberger-muehle.nabu.de

Großer Fischzug in Peitz (Spreewald → S. 99)

Der traditionelle Höhepunkt der Karpfenwochen ist das Abfischen am Peitzer Hälterteich: Besucher können den Fischern bei ihrem Handwerk zuschauen und natürlich gibt es Kulinarisches vom Fisch aus Topf und Pfanne. Auch das Abfischen wird von einem bunten Rahmenprogramm begleitet.
An einem Wochenende Ende Oktober/ Anfang November. Details auf www.peitz.de

⊙ November

Tag der offenen Höfe in der Nuthe-Nieplitz-Region (Fläming → S. 123)

Immer am 1. Sonntag im November und im Mai laden die Betriebe zum Blick hinter die Kulissen. Mit dabei sind zum Beispiel der Spargel- und Kürbishof Syring, die Galloway-Zucht Löwenbruch, Brauße's Fischräucherei und die Landbäckerei Röhrig in Blankensee, die Backschwein-Tenne Gömnigk, die Mühle Steinmeyer in Luckenwalde und der Sanddorn-Garten in Petzow bei Werder. Die Nuthe-Nieplitz-Region erstreckt sich zwischen Beelitz, Ludwigsfelde und Luckenwalde.
1. So im November. Programm auf www.offenehoefe.de

Tag der offenen Kelterei beim Weinbau Dr. Lindicke (Havelland und Potsdam → S. 137)

Am ersten Sonntag im November können die ersten jungen Weine des Jahres genossen werden. Bei einer Führung bekommt man zudem einen Einblick in die Produktion einer noch jungen Kelterei – bis 2012 wurden die in Werder angebauten Trauben nämlich noch in Sachsen-Anhalt gekeltert.
Erster So im November, Details unter Tel. 03327/741410 oder auf www.weinbau-lindicke.de/kelterei

Knieperkohl-Saisoneröffnung (Prignitz und Ruppiner Land → S. 29)

Das Prignitzer ›Nationalgericht‹ wird aus Weißkohl, Markstammkohl und Grünkohl hergestellt, die zerkleinert, vermischt und sauer eingelegt werden und dann vier bis zehn Wochen gären dürfen. Anschließend wird das Kohlgericht traditionell geschmort und mit Speck, Eisbein oder Kohlwurst serviert; es gibt aber auch modernere Varianten zum Beispiel mit Nudeln. Als Knieper-Hauptstadt gilt Pritzwalk, wo man das Gericht ganzjährig probieren kann. Der Saisonauftakt wird im November, wenn es kalt und ungemütlich wird und deftiges Essen so richtig gut schmeckt, mit einem Bauernmarkt, Unterhaltungsprogramm und reichlich Knieper gefeiert.
An einem Samstag Mitte November ab 10 Uhr, genauer Termin und Programm auf www.pritzwalk.de

Großer Schlepziger Fischzug (Spreewald → S. 99)

Beim jährlichen Schaufischen kann man dabei zuschauen, wie starke Männer große Netze voller Zander, Karpfen, Welse, Barsche, Schleien und viele andere Fischarten aus dem eiskalten Wasser ziehen. Mehrere Tonnen Fisch werden an diesem Tag geerntet, wie es im Fachjargon heißt, sortiert, gewogen, verladen und zum Teil an Ort und Stelle verkauft. Oder direkt für die hungrigen Besucher zubereitet. Dazu gibt es Markttreiben und Blasmusik. Achtung: Meist strömen an diesem Tag mehrere tausend Besucher in den ansonsten eher beschaulichen Ort.
An einem Samstag Anfang November ab 9 Uhr. Details auf www.schlepzig.de

Wildnaturtag auf dem Wildhof Müncheberg (Oder-Spree und Dahme-Seengebiet → S. 81)

Unter kundiger Führung geht man als Gruppe in den Wald und versucht sich am Fährtenlesen. Anschließend gibt es ein Barbeque auf dem Hof. Der Hofladen verkauft küchenfertig zerlegte Stücke von Reh, Hirsch und Wildschwein sowie hausgemachte Wurstspezialitäten.
Im November, Details und Anmeldung unter Tel. 033432/999955 und auf www.wildhof-muencheberg.de. Hofladen: Fr 10–16 Uhr, Sa 9.30–14 Uhr.

Schaufischen in der Fischerei Altfried-land (Oder-Spree und Dahme-Seengebiet → S. 81)

Schon vor 700 Jahren wurden in Altfried-land, einem hübschen Dorf am Rande des Naturparks Märkische Schweiz, Fischteiche angelegt. Heute wird dort eine Karpfen-teich-Wirtschaft betrieben und jedes Jahr im November werden die Teiche beim gro-ßen Schaufischen abgeerntet. Los geht es morgens um 9 Uhr. Wer einen guten Platz ergattern möchte, sollte schon etwas früher auf den Hof kommen – und sich unbedingt mollig warm anziehen! Zwei bis drei Stun-den lang sind die Fischer damit beschäftigt, die Teiche zu leeren. Die Karpfen werden direkt ab Hof verkauft, allerdings nicht le-bend (das ist nicht erlaubt), aus dem Weih-nachtskarpfen in der Badewanne wird daher leider nichts. Am Hofimbiss kann man sich mit Räucherfisch, Bratkartoffeln, Kaffee und Glühwein stärken. Die Fischerei betreibt auch zwei sehr große Angelteiche, in de-nen unter anderem Hechte, Plötze, Barsch und Schleie schwimmen.

Ein Sa im November, ab 9 Uhr.
Genauer Termin und Details auf
www.fischerei-altfriedland.de

Hoffest auf dem Apfelhof Wähnert
(Prignitz und Ruppiner Land → S. 29)
Aufmerksame Zuschauer der Sendung ›Kö-che und Moor‹ im RBB kennen den Hof bereits: Für die Zubereitung einer Weih-nachtsente mit süßen Äpfeln lieferte der Hof die Früchte. Gäste sind auf dem bereits 1946 gegründeten und seit 2008 ökolo-gisch bewirtschafteten Apfelhof herzlich willkommen. Ein schöner Anlass ist das jährliche Hoffest, bei dem die eingebrach-te Ernte präsentiert wird: Streuobstsorten von Äpfeln, Birnen und Quitten, Beratung durch einen Pomologen sowie Schaupres-sen mit Saftverkostung (nach vorheriger Absprache kann auch mitgebrachtes Obst gepresst werden). Veronika Wähnert bie-tet an diesem Tag außerdem eine geführ-te Pilzexkursion an (bitte vorher anmelden unter 033084/507195).

An einem Sa im November, 11–17 Uhr,
Gartenweg 1, 16775 Löwenberger Land,
OT Hoppenrade. Hofladen: geöffnet
Fr 10–18, Sa 10–16 Uhr. Details auf
www.apfelhof-waehnert.de

Plätzchenbacken im Weihnachtshaus Himmelpfort (Prignitz und Ruppiner Land → S. 29)
In Himmelpfort wohnt der Weihnachts-mann! Selbst im Sommer kann man seine festlich geschmückte gute Stube besuchen, die sich in einem Häuschen auf dem Kloster-gelände befindet. Besonders stimmungsvoll und ein Erlebnis für Kinder ist ein Besuch in Himmelpfort natürlich in der Adventszeit, wenn der Weihnachtsmann selbst mitsamt seinen Engelchen und Helferlein da ist und die Briefe und Wunschzettel der Kinder be-antwortet (die man übrigens ganzjährig in den Briefkasten am Weihnachtshaus einwer-fen kann). Das Tüpfelchen auf dem i ist die Weihnachtsbäckerei im Weihnachtshaus, während draußen der Weihnachtsmarkt stattfindet. An dem Tisch in der guten Stu-be finden sechs bis acht Kinder Platz, die Mürbeteig ausrollen, Plätzchen stechen und in den historischen Ofen schieben dürfen. Für Gruppen von sechs bis acht Kindern auch individuell buchbar (80 € pauschal). Auf dem Klostergelände gibt es außerdem ein Café/Bistro mit Regionalladen (Mo-So 8–17 Uhr), in dem allerlei Kulinarisches und Handwerkliches verkauft wird.

An den Adventswochenenden (Sa +
So) gibt es meist vormittags und nach-
mittags je einen Termin fürs Plätzchen-
backen. Details und Anmeldung einige
Wochen vorher unter 033089/41888,
www.weihnachtshaus-himmelpfort.de

❷ Dezember
Waldweihnacht an der Oberförsterei
(Oder-Spree und Dahme-Seengebiet →
S. 81)
Sogar ohne Schnee ist die historische Ober-försterei, von wo aus einst die Preußischen Könige und Hohenzollern-Kaiser auf Jagd gingen, ein sehr stimmungsvoller Ort: Auf

dem von Wald umgebenen Gelände prasselt ein großes Lagerfeuer, eine Gruppe Bläser spielt weihnachtliche Lieder und an den Ständen wird Weihnachtsschmuck und Kulinarisches verkauft – von selbstgemachter Marmelade und Plätzchen bis zum Weihnachtsbier. Die längste Schlange führt meist zum Verkaufsstand mit dem Wildschweinbraten, der langsam bei 80°C im Ofen gebacken wurde und fein gewürzt, butterzart und saftig ist. Fünf Wildschweine gehen jedes Jahr in üppigen Portionen über den Tresen, das sind rund 250 Kilogramm Fleisch. Einen festen Platz hat auch die Naturbäckerei Bergzog aus Zeesen mit ihren Kuchen. Außerdem gibt es in den Wirtschaftsgebäuden der Försterei ein paar schöne Bastelangebote, zum Beispiel kann man sich für einen Obolus selbst ein Vogelhäuschen zimmern, der Weihnachtsmann kommt vorbei und es gibt eine Märchenstunde für Kinder. Wer möchte, kann sich im Wald selbst seinen Weihnachtsbaum schlagen – oder einfach einen aus den bereits gefällten aussuchen, die auf dem Markt verkauft werden.
Immer am 2. Samstag im Dezember, 12– 18 Uhr. Die Oberförsterei liegt an der B 179, 15746 Groß Köris, OT Hammer.

Spreewaldweihnacht (Spreewald → S. 99)
Auf einer Kahnfahrt lässt sich im Spreewald eine ganz besondere Adventsstimmung erleben. Los gehts mit Budenzauber, Räucherfisch, Weihnachtsplinsen und weiteren Leckereien auf dem Weihnachtsmarkt am Großen Spreewaldhafen in Lübbenau. Dann geht es auf den Kahn, wo sich alle schön in Decken einmummeln und mit einem Glühwein die Kälte vertreiben können. Mit an Bord sind fröhliche Wichtel, die ›Lutken‹, die Geschichten aus der Spreewälder Sagenwelt erzählen, während der Kahn über die winterlichen Fließe gleitet, bis er schließlich im Freilandmuseum in Lehde anlegt. Dort lässt sich Weihnachten wie vor 150 Jahren erleben: mit Backen, Basteln, Schmücken des originalen Drehbaumes und natürlich mit dem Spreewälder Weihnachtsmann Rumpodich.

Am 1. und 2. Adventswochenende. Programmdetails und Anmeldung auf www.spreewald-weihnacht.de

Angermünder Gänsemarkt (Barnim und Uckermark → S. 55)
Der Weihnachtsmarkt im historischen Stadtkern steht ganz im Zeichen uckermärkischer Kulinarik: Es gibt Gänsebrust in Honigkruste, Wildschwein am Spieß, frischer Fisch, Schorfheider Wildspezialitäten, Glühwein, Obstbrände, Lebkuchen, Süßigkeiten und vieles mehr. Der Weihnachtsmann kommt mit seinen Engeln auf einer Kutsche, die Märchen-Eisenbahn dreht ihre Runden und auf der Bühne wird ein weihnachtliches Programm von Musik bis Kindertheater gespielt. Auch außerhalb des Marktes bietet Angermünde ein kulturelles Rahmenprogramm mit Kunst, Handwerk, Konzerten und Ausstellungen.
Anfang Dezember, Fr–Mo jeweils ab 12 Uhr, genauer Termin und Programm unter Tel. 03331/297660 oder auf www.angermuende-tourismus.de

Adventsmarkt auf dem Landgut Stober (Spreewald → S. 99)
Die historische Backsteinvilla am Ufer des Groß Behnitzer Sees, welche heute ein Hotel beherbergt, bildet die Kulisse für diesen Weihnachtsmarkt. Ein Wochenende lang präsentieren sich Kunsthandwerk und regionale Produzenten, dazu gibt es Leckereien aus der Landgutküche, Ponyreiten, Kindertheater und mehr.
Anfang/Mitte Dezember, Sa–So 13– 18 Uhr. Behnitzer Dorfstr. 27-31, 14641 Groß Behnitz, Details unter Tel. 033239/208060 oder auf www.landgut-stober.de

Weihnachtsmarkt im Museumsdorf Glashütte (Oder-Spree und Dahme-Seengebiet → S. 81)
Rund 50 Stände verkaufen auf dem historischen Gelände kreative Weihnachtsgeschenke, süße und deftige Leckereien, der Weihnachtsmann schaut vorbei, für Kinder

gibt es Bastelangebote und allerlei Überraschungen. Am Sonntagnachmittag findet dort außerdem die Bergmanns-Weihnacht statt; dann ziehen die Bergleute samt Blaskapelle durchs Dorf und präsentieren im Festzelt Gedichte und Geschichten.
Am 1. Adventswochenende,
Sa + So 11–18 Uhr, Details auf
www.museumsdorf-glashuette.de

Weihnachtsmarkt an der Alten Ziegelei Klein Kölzig (Niederlausitz, Elbe-Elster → S. 113)

Glühweinduft liegt über dem Gelände, Buden verkaufen Stollen, Quarkspitzen und Gegrilltes, die historische Ziegelei öffnet ihre Türen und auf den Gleisen fährt eine kleine Feldbahn, die gerne Passagiere mit an Bord nimmt. Wenn es dämmert, schaut der Weihnachtsmann mit einem prall gefüllten Geschenkesack vorbei.
An einem Samstag Mitte Dezember, ab 12.30 Uhr, An der Ziegelei 1, 03159 Nei-
ße-Malxetal, OT Klein Kölzig, Details auf
www.ziegeleibahn-klein-koelzig.de

Liebenberger Weihnachtsmarkt (Prignitz und Ruppiner Land → S. 29)

An allen vier Adventswochenenden findet auf Schloss Liebenberg ein besinnlicher Weihnachtsmarkt statt mit Handwerks- und Marktständen, wärmenden Feuerstellen, Chor und Bläserklängen, Märchenwald und Weihnachtsengeln. Den Auftakt des Weihnachtsspektakels bildet am Freitag vor dem 1. Advent die ›Nachtwächterstunde‹ im Schlosshof, eine nur mit Fackeln, Feuerkörben, Öllampen und Kerzen beleuchtete Theaterinszenierung. Verkauft werden auf dem Weihnachtsmarkt Freiland-Gänse und -Enten aus eigener Aufzucht für den heimischen Weihnachtsbraten (Vorbestellung unter Tel. 033094/700900 erwünscht). Außerdem hat der wunderschöne Hofladen auch an den Adventswochenenden geöffnet (Sa und So 10–19 Uhr, sonst Mi-So 11–18 Uhr). Verkauft werden hofeigene Produkte (z.B. Brot, Wurstspezialitäten, Wild) und weitere Delikatessen regionaler Manufakturen. Eine wahre Fundgrube für Gourmets!
Alle Adventswochenenden, 12–19 Uhr, 2,50 € Eintritt. Details sowie alle Aufführungstermine der ›Nachtwächterstunde‹ auf www.schloss-liebenberg.de

Romantisches Weihnachtsdorf auf dem Krongut Bornstedt (Havelland und Potsdam → S. 137)

Nur 400 Meter von Schloss Sanssouci entfernt, liegt das UNESCO-Weltkulturerbe-Ensemble Krongut Bornstedt, welches sich an allen vier Adventswochenenden in ein romantisches Weihnachtsdorf verwandelt. Spezialitäten-Hütten verkaufen Produkte des Hofgutes, zum Beispiel ›Bornstedter Büffel‹-Bier, Händler der Region bieten Kunsthandwerk und Kulinarisches feil, der Weihnachtsmann schaut vorbei, und für die kleinen Besucher gibt es eine Märchenhütte und Puppentheater. Außerdem können Plätzchen gebacken und Geschenke gebastelt werden. Feuerkörbe und stimmungsvolle Musik machen die Stimmung perfekt.
Alle Adventswochenenden, 12–18 Uhr.
2 € (ermäßigt 1 €) Kulturbeitrag für Programm und Künstler. Details auf www.krongut-bornstedt.de

Weihnachtsmarkt in der Oberförsterei in Groß Köris

Veranstaltungskalender

Die im äußersten Nordwesten Brandenburgs gelegene Prignitz ist so menschenleer, wie man es dem Bundesland immer nachsagt. Ein Paradies für Naturliebhaber, das vielen, teils seltenen Tieren einen Lebensraum bietet. Landschaftlich wird die Region geprägt durch das UNESCO-Biosphärenreservat der Flusslandschaft Elbe, aber auch durch landwirtschaftlich genutzte Fläche.

Das Ruppiner Land lockt mit über 170 Seen, dem Rhinluch, den Havelgewässern und einem 2000 Kilometer langen Labyrinth geheimnisvoll verschlungener Kanäle und Flüsse nicht nur Wassersportler. Hier begibt man sich auf die Spuren Theodor Fontanes, der Gründerzeit mit ihren historischen Ziegeleien - und des Weihnachtsmannes.

PRIGNITZ
UND
RUPPINER LAND

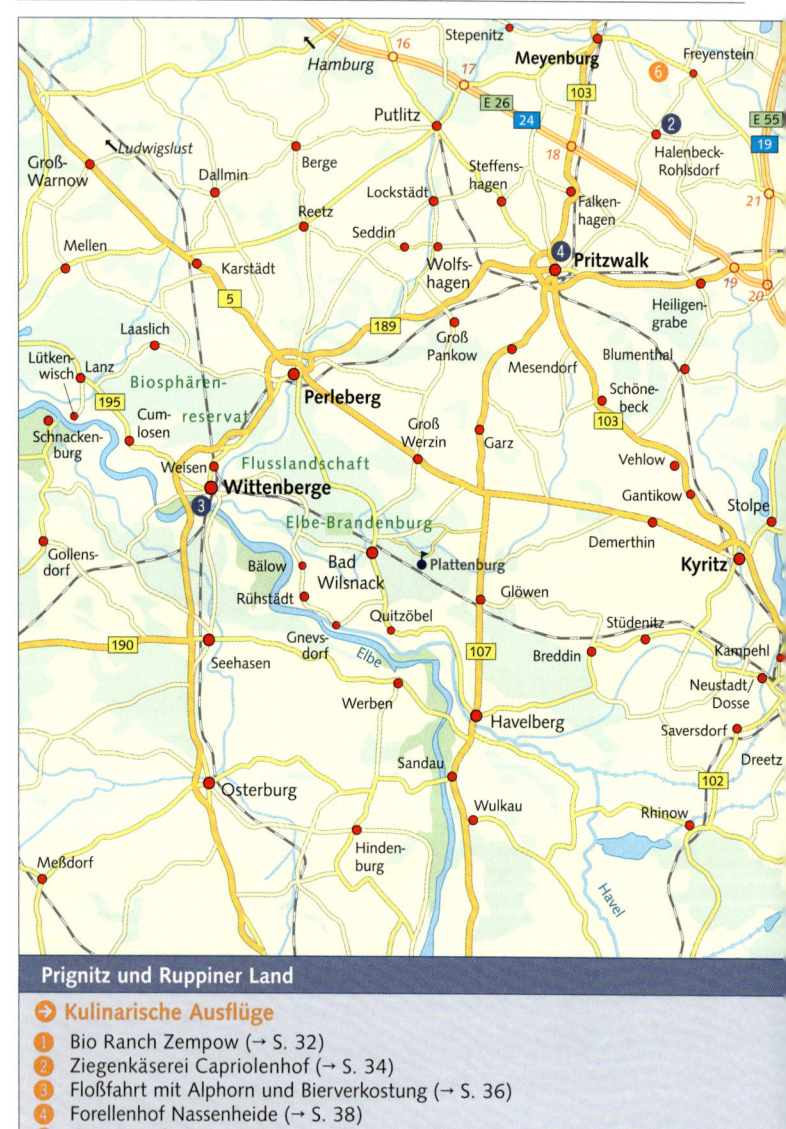

Prignitz und Ruppiner Land

➔ Kulinarische Ausflüge

1. Bio Ranch Zempow (→ S. 32)
2. Ziegenkäserei Capriolenhof (→ S. 34)
3. Floßfahrt mit Alphorn und Bierverkostung (→ S. 36)
4. Forellenhof Nassenheide (→ S. 38)
5. Gut Hesterberg (→ S. 40)
6. Hirschhof Hildebrandt (→ S. 42)
7. Ziegenkäserei Karolinenhof (→ S. 44)
8. Ökohof Kuhhorst (→ S. 46)
9. marmelo Manufaktur Rheinsberg (→ S. 48)
10. Straußenfarm Winkler Löwenberg (→ S. 50)
11. Gläserne Waldimkerei Zehdenick (→ S. 52)

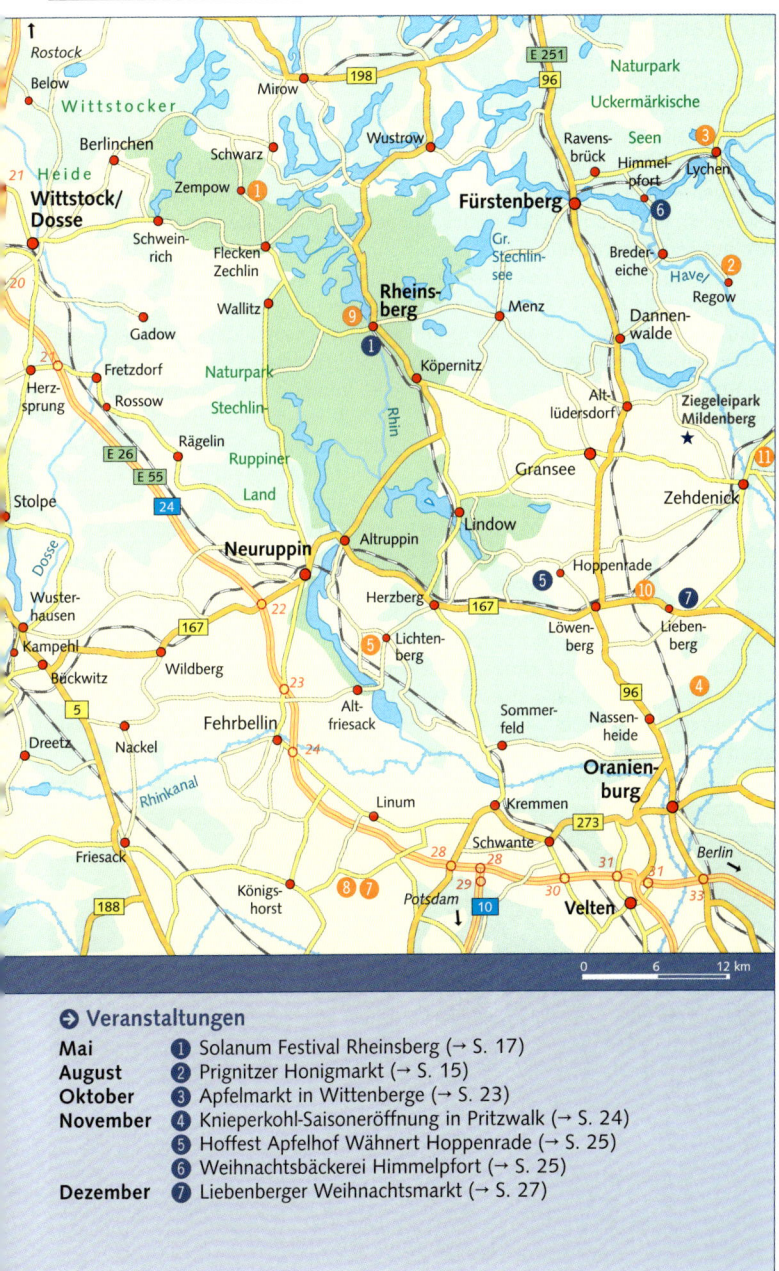

Prignitz und Ruppiner Land

❯ Veranstaltungen

Mai	❶ Solanum Festival Rheinsberg (→ S. 17)
August	❷ Prignitzer Honigmarkt (→ S. 15)
Oktober	❸ Apfelmarkt in Wittenberge (→ S. 23)
November	❹ Knieperkohl-Saisoneröffnung in Pritzwalk (→ S. 24)
	❺ Hoffest Apfelhof Wähnert Hoppenrade (→ S. 25)
	❻ Weihnachtsbäckerei Himmelpfort (→ S. 25)
Dezember	❼ Liebenberger Weihnachtsmarkt (→ S. 27)

Bio Ranch Zempow

Die Ranch versteht sich als Erlebnisort, an dem sich Mensch, Tier und Natur begegnen können. Das Angebot ist vielseitig und spricht Besucher jeden Alters an. Beginnen wir mit der Kulinarik: Wem es wichtig ist, dass das Fleisch, welches er isst, aus ökologischer und artgerechter Haltung stammt, ist auf der Bio Ranch Zempow richtig. Rund 130 Angus-Mutterkühe leben hier fast ganzjährig im Herdenverband auf der Weide. Nur im Winter, wenn die Kälbchen geboren werden, ziehen sie in den Stall um. Ab April ist der Nachwuchs dann im Freiland zu bewundern, ein gutes halbes Jahr lang darf er bei den Müttern bleiben (in der konventionellen Zucht sind wenige Stunden bis Tage normal). Und noch eine Besonderheit gibt es auf der Ranch: Die Tiere werden nach der Methode des Low Stress Stockmanship gehalten. Das heißt, der Umgang mit ihnen ist wesensgemäß, stress- und gewaltfrei. Das hat zum einen zur Folge, dass man im Hofladen (neben Eis, Getränken, Naturkost sowie Biopro-

dukten vom Gotland-Schaf) besonders zartes und fein marmoriertes ›Bio Angus Beef‹ bekommt – einmal im Monat frisch geschlachtet, ansonsten tiefgefroren. Außerdem kann man auf der Bio Ranch Zempow auch selbst zum ›Kuhflüsterer‹ werden. Wenn Sie sich jetzt fragen, warum Sie als Nicht-Landwirt und womöglich in der Stadt lebender Mensch das interessieren sollte: Sie trainieren damit Ihre Körpersprache, Intuition und Kommunikationsfähigkeit – also jene gern zitierten Soft Skills, die im Job, aber auch privat, sehr nützlich sind. Außerdem macht es Spaß. Das Training findet auf der Koppel und im Seminarraum statt, ähnlich wie beim etwas bekannteren ›Pferdeflüstern‹, das auf dem Hof ebenfalls vermittelt wird. Kinder können in den Ferien einen Bioerlebnistag auf der Ranch verbringen: mit Ponyreiten, gemeinsamem Kochen, Trecker-Surfen, Besuch bei den Kühen auf der Koppel und viel Zeit und Platz zum Spielen in der Natur; das Angebot ist auch von Kitas (außerhalb der

Mit diesen Rindern können Sie reden

Ferien) und als Kindergeburtstag (Termin und genaues Programm nach Absprache) buchbar. Und falls Sie sich jetzt gar nicht entscheiden können, was davon Sie zuerst machen möchten: Es gibt auf der Ranch auch Ferienwohnungen und -häuser sowie eine Wiese zum Zelten. Nach Einbruch der Dunkelheit sitzt es sich dann nochmal so schön rund ums Lagerfeuer.

Erlebnistag für Kinder

Damit lässt sich der Ausflug verbinden

➲ Im einLADEN, direkt in Zempow, werden regionale Produkte wie Honig, Wildfruchtgelees, Käse, Milchprodukte, Wurst und Fleisch verkauft sowie hausgemachter Kuchen, der im Sommer unter dem großen Fliederbaum ebenso gut schmeckt wie im Winter drinnen am Lehmofen, www.einladen-zempow.de
➲ Der als Permakultur angelegte Heil-Kunst-Garten samt Energiewirbelhaus, Glöckchenwald, Hexenhäuschen, kleinem Pool, wechselnden Workshops (z.B. Kochen mit Wildkräutern) und Ausstellungen lohnt bei jedem Wetter einen Besuch; auch Übernachten ist möglich. Geöffnet Di 14–18 Uhr und nach Vereinbarung, um Anmeldung unter Tel. 033923/70303 wird gebeten.
➲ Die historische Altstadt von Wittstock an der Dosse ist von einer zweieinhalb Kilometer langen Backsteinmauer komplett umschlossen – das ist deutschlandweit einmalig. Bei einem Spaziergang durch die rund eintausend Jahre alte Bischofsstadt lässt sich das Mittelalter deutlich spüren.
➲ Mit einem Besuch im Autokino Zempow (1,4 Kilometer entfernt): Für die einen ein ›Kultkino mit DDR-Feeling‹, andere schwärmen von der romantischen Stimmung. Gezeigt werden aktuelle Filme, www.autokino-zempow.com

Prignitz und Ruppiger Land

ℹ Bio Ranch Zempow

Adresse: Birkenallee 12, 16909 Wittstock/Dosse, Tel. 033923/76915, www.zempow-bio-ranch.de
Öffnungszeiten: Hofladen: Mo–Fr 10–12 Uhr, Sa 11–12 Uhr und nach telefonischer Vereinbarung. Der Kinder-Bioerlebnistag für 4–13-Jährige findet in den Ferien immer Di 10–17 Uhr statt, Anmeldung erforderlich unter pferde@bioranch.net bzw. für Kitas/Kindergeburtstag unter landurlaub@zempow.de oder telefonisch.
Preise: Bioerlebnistag: 25 € pro Kind, Geschwisterkinder 15 €. Pferdeflüstern ab 15 € (45 Min), Kuhflüstern ab 40 € p. P. (Halbtagesseminar). Für das Treckersurfen inkl. Besuch bei den Kühen, Kuhflüstern und BBQ am Lagerfeuer fällt nur ein Kostenbeitrag für Essen und Trinken an. Ferienwohnung bzw. -haus je nach Größe ab 42 € (2 Pers). Zelten: 4 € p. P./Nacht plus Obolus fürs Duschen.
Anreise: Mit dem RE nach Wittstock/Dosse (ca. 1,5h ab Berlin-Spandau) und weiter mit Bus 746 nach Zempow (Bedarfshaltestelle, wird nur Mai-Ende Okt. bedient) oder weiter per Fahrrad auf dem Fernradweg Tour Brandenburg (ca. 20 km). Alternativ mit der Bahn bis Neustrelitz und weiter mit der Kleinseenbahn nach Mirow (2h ab Berlin), von dort kann mit dem Hof eine Abholung vereinbart werden. Mit dem Auto über die A10 und A24 bis Abfahrt Neuruppin und weiter über die B167, L16 und L15 (Fahrstrecke ab Berlin-Alexanderplatz: 123 km).

Ziegenkäserei Capriolenhof

Den Namen Capriolenhof verbinden Feinschmecker und Sternegastronomen aus Berlin inzwischen mit ausgezeichnetem Käse, beliefert der Betrieb derzeit doch immerhin elf der 20 besten Restaurants in Berlin, darunter vier mit Michelin-Sternen ausgezeichnete. Die Ziegenkäserei ist das Kerngeschäft des Hofes, der idyllisch im Naturpark Uckermärkische Seen am Ufer der Havel liegt, und zwar direkt an der Regower Schleuse. Während man in der Einkehr – dem überdachten, aber zum Wasser hin offenen Hofcafé – sitzt, kann man dabei zuschauen, wie Kanuten und kleine Motorboote durch die Schleuse navigieren. Oft nutzen die Freizeitkapitäne den Stopp für eine kleine Pause im Café oder sie holen sich ein hausgemachtes Ziegenmilcheis auf der Waffel im Hofladen, um es mit an Bord zu nehmen.

Rund 180 zu melkende Ziegen der Rasse Toggenburger leben zwischen Fluss, Wald und Wiesen auf dem schönen Capriolenhof. Ihre Milch wird roh zu fromage blanc geschöpft und von Hand zu Havelspatzen, Hirtenknöppen und anderen Käsespezialitäten geformt und affiniert. Im Hofladen kann man sich einmal quer durch das Sortiment schnabulieren, wenn man eine ›Käseuhr‹ bestellt.

Dass der Käse zu etwas Besonderem wird, ist natürlich eine Frage des Handwerks – auf dem Capriolenhof aber auch eine Frage der art- und wesensgerechten Haltung der Tiere. Davon überzeugen kann man sich am besten bei einem Besuch des Hofes, der sich aufgrund seiner Lage wunderbar mit einem (sportlichen) Ausflug verbinden lässt. Ab Bredereiche sind es rund sechs Kilometer, die man auf einem unbefestigten Weg durch den Wald zurücklegt, immer dicht an der Havel entlang. Das geht auch per Auto, nach starken Regenfällen oder im Winter sollte man aber lieber vorher auf dem Hof anrufen und nachfragen, ob der Weg befahrbar ist. Am schönsten ist die Anreise aber wahrscheinlich auf dem Wasser. Ein Stück weiter im Süden liegt die Tonstichlandschaft rund um Zehdenick und den Ziegeleipark Mildenberg, Richtung Norden erreicht man Himmelpfort und Lychen. Auf einer Wiese neben dem Hof dürfen (Wasser-)Wanderer übrigens auch ihr Zelt aufschlagen!

Die Gästesaison auf dem Capriolenhof beginnt traditionell mit dem Osterfeuer am Abend des Ostersamstags, am Sonntagvormittag öffnen erstmals Hofladen und Café. Das zweite große Fest im Jahr wird in der Mittsommernacht begangen, wenn alle ums offene Feuer sitzen und Geschichten erzählen, während darüber der angesetzte braune Ziegenkäse (›brun geitost‹, eine nordische Spezialität) köchelt, der schließlich am Morgen gemeinsam ausgeschöpft wird. Ab Mittsommer bis zum Saisonende wird jeden Mittwochnachmittag Fleisch vom Hof gegrillt und im Smoker gegart. Und

Glückliche Toggenburger Ziegen

Karte S. 30/31

schließlich steigt im August ein Wochenende lang das Heideblütenfest mit Käseverkostung und Schaukäseaktionen, Zickenfleisch vom Grill, Kremserfahrten über die Heide und äußerst tanzbarer Swing-Livemusik. Diese Tänze voller Kapriolen, vor allem der Lindyhop, passen übrigens vortrefflich zum Hof: Er wurde nämlich nach den Luftsprüngen benannt, welche für die Ziegen so typisch sind.

Damit lässt sich der Ausflug verbinden

➔ Im Ziegeleipark Mildenberg lässt sich in Ausstellungen und Führungen ein Stück Industriegeschichte der Region erleben. Hier wurden jene Ziegel gebrannt, mit denen die Gründerzeithäuser in Berlin und anderen märkischen Städten einst erbaut wurden – und wer mag, darf das Ziegelformen auch selbst einmal von Hand ausprobieren! Außerdem gibt es eine Ziegeleibahn, einen historischen und zwei noch in Betrieb befindliche Häfen samt Bootsverleih, eine Badestelle mit Picknickwiese, einen Abenteuerspielplatz, Go-Kart-Touren, einen Radverleih und eine Gaststätte mit regionaler Küche (im Sommer täglich 7.30–23 Uhr geöffnet), Ferienwohnung, Radlerhütten und Campingplatz, www.ziegeleipark.de

➔ In Himmelpfort, in einem Häuschen neben der Ruine des Zisterzienserklosters, wohnt der Weihnachtsmann. Sein Haus kann das ganze Jahr über besichtigt werden und man kann auch ganzjährig einen Wunschzettel in den Briefkasten werfen – er selbst ist allerdings nur in der Adventszeit anzutreffen. Himmelpfort liegt eingebettet zwischen vier Seen mit zahlreichen Badestellen. Termine & Events siehe www.weihnachtsmann-in-himmelpfort.de

---

ℹ Ziegenkäserei Capriolenhof

Adresse: Schleusenhof Regow 1, 16798 Fürstenberg OT Bredereiche, Tel. 033087/51183, www.capriolenhof.de
Öffnungszeiten: Hofladen und Einkehr: von Ostersonntag bis Mittsommer Sa–So sowie Himmelfahrt und Pfingstmontag von 11–17 Uhr geöffnet. 21.6.–4.9. tägl. 11–19 Uhr, jeden Mi 16–19 Uhr Grillnachmittag.
Preise: Käseuhr: Je nach Größe, ab 13 €. Grillmittwoch: Tellergerichte mit Käse und Salatbeilage 15–18 €, all you can eat 25 € (begrenzte Plätze, bitte voranmelden).
Anreise: Mit dem Auto über Stadtautobahn/Berliner Ring bis Kreuz Oranienburg bzw. direkt über die B96 gen Norden fahren, Richtung Fürstenberg (Havel). In Bredereiche am Ortseingang rechts über die Havel fahren, kurz dahinter, an der Kreuzung, ist der Ziegenhof nach rechts ausgeschildert. Dieser Straße immer weiter folgen, aus dem Ort heraus und etwa 6 km auf einem unbefestigten Weg durch den Wald (Fahrstrecke ab Berlin-Alexanderplatz: ca. 95 km). Mit der Bahn nach Fürstenberg/Havel (1,5 h ab Berlin, mit Umstieg in Neustrelitz oder Oranienburg) und weitere 20 Min. mit Bus 839 bis Bredereiche/Dorfstraße (teilweise nur Rufbus, Anmeldung unter Tel. 03306/2307 rund um die Uhr möglich, mindestens jedoch 90 Min. vorher!), von dort 6 km zu Fuß durch den Wald. Wer etwas Zeit mitbringt, kann auch auf dem Wasserweg anreisen!
Bootsverleihe
In **Fürstenberg**:
www.bootsverleih-fuerstenberg.de,
www.flossverleih-treibgut.de
www.nordlicht-kanu.de
www.reviercharter.de
In **Zehdenick** (1 h 9 Min. ab Berlin Hbf., mit Umstieg in Löwenberg/Mark) ist der Bootsverleih am nächsten zum Bahnhof gelegen (1,7 km)
www.marina-zehdenick.de
Im **Ziegeleipark Mildenberg**, den man besser per Auto erreicht:
www.marina-alter-hafen.de,
www.wallapoint.de

Floßfahrt mit Alphorn und Bierverkostung

An einem ganz unerwarteten Ort, nämlich an Bord eines Floßes, lassen sich bei diesem Ausflug Geschichte und Tradition, Kultur und Kulinarik erleben. Dass das überraschende Potpurri dieser zweistündigen Bootstour so stimmig ist, liegt an Henning Storch. Bevor der gebürtige Lychener bei Treibholz als Floßführer anheuerte, spielte der studierte Musiker in einem Orchester Horn. Irgendwann fiel ihm auf, dass der lange und schmale, wie eingefräst in der Landschaft daliegende Zenssee über eine unglaubliche Akustik verfügt und an einigen Stellen sogar ein Echo ermöglicht. In diesem ungewöhnlichen Konzertsaal spielt er für sein Publikum, das sich auf dem Floß befindet verschiedene Naturinstrumente – neben dem Alphorn etwa Kuh- und Muschelhörner – und taucht die Landschaft in Klang ein. Während der ruhigen Fahrt dorthin, auf der sich interessierte Passagiere auch gerne selbst einmal im Staken versuchen dürfen, taucht man ganz automatisch ein in die Tradition dieser Region, die über Jahrhunderte von der Flößerei lebte. Berlins Gründerzeit-Boom wäre ohne die Ziegel und Hölzer, die über die Havel verschifft wurden, nicht denkbar gewesen, und noch bis Mitte des vergangenen Jahrhunderts wurde in Lychen professionell geflößt. Noch mehr über Geschichte und Brauchtum erfährt man im Flößereimuseum des Ortes. Und wie passt da nun das Bier ins Bild? Die Idee entstand ebenfalls auf dem Wasser! An Bord der Flöße, die jeweils Platz für 30 Personen bieten, gibt es auch eine Kombüse, in der kleine Gerichte (Suppe, Brotzeit, Gegrilltes) zubereitet und Getränke ausgeschenkt werden. Dabei erlebte Flößer Henning Storch ein wachsendes Interesse seiner Passagiere an regionalen Produkten: ›Ich wurde immer wieder gefragt, ob wir denn nicht auch Bier hier aus der Gegend hätten‹, erinnert er sich. ›Und irgendwann dachte ich mir: Das Floß ist doch ein toller Biergarten, warum probieren wir das nicht mal?‹ 2012 begann er, erste Su-

Orchestermusiker Henning Storch auf einem See mit überraschender Akustik

de anzusetzen, seit 2015 braut er sein ›Storch-Bier‹ gewerblich und befindet sich momentan im Prozess der Bio-Zertifizierung. Hopfen und Malz kommen überwiegend aus Bayern, saisonal braut er aber zum Beispiel den ›Lychener Storch‹ mit Gerste aus der Gegend. Rund 100 Hektoliter sind es derzeit pro Jahr, die naturbelassen, unfiltriert und nicht pasteurisiert über probierfreudige Zungen fließen dürfen. Bis zu vier verschiedene Storch-Biere werden an Bord frisch vom Fass gezapft. Wer ein paar Flaschen mit nach Hause nehmen möchte, kann anschließend gerne mit Henning Storch einen Spaziergang in seine nahe gelegene Brauerei machen. Eine Ausflugsalternative, die ebenfalls Augen, Ohren, Leib und Seele berührt, bietet Storch gemeinsam mit seinem Musiker-Kollegen und gelerntem Koch Jörg Hartzsch an. Die Teilnehmer wandern hier am Ufer des Zenssees entlang und erleben eine von Naturhörnern in Klang getauchte Landschaft. Im Anschluss nehmen sie an einem im Wald gedeckten Tisch Platz,

Bier für Genießer

wo sie aus frischen, regionalen Zutaten komponierte Gerichte und natürlich auch Storch-Bier genießen. Gruppen ab zehn Personen können Floßfahrt beziehungsweise Wanderung zu individuellen Terminen buchen.

Damit lässt sich der Ausflug verbinden

❥ Mit einem Besuch des Flößereimuseums in der Clara-Zetkin-Str. 1 in Lychen, geöffnet Di–So 10–18 Uhr. www.floesserverein-lychen.de

❥ Das Café ›Kunstpause‹ wird von Jörg Hartzsch betrieben, der dort einen täglich wechselnden Mittagstisch sowie Kaffee und Kuchen anbietet, zudem im Laden Leckereien und schöne Dinge aus der Region. Berliner Str. 60, 17279 Lychen, Mi–So 11–18 Uhr, Nov–März 11–17 Uhr, Tel. 039888/52645. www.kunstpause-lychen.de

❥ Mit einem Besuch der Ziegenkäserei Capriolenhof (Ausflug → S. 34), entweder per Auto oder, mit ausreichend Zeit und Kondition, von Lychen aus per Kanu.

❥ In der Naturtherme Templin mit Sauna und Thermalsolebad relaxen. www.naturthermetemplin.de

❥ Im Ziegeleipark Mildenberg lässt sich in Ausstellungen und Führungen ein weiteres Stück Industriegeschichte der Region erleben. Hier wurden Ziegel gebrannt, mit denen Gründerzeithäuser in Berlin und anderen märkischen Städten erbaut wurden – und wer mag, darf das Ziegelformen auch selbst einmal von Hand ausprobieren! Außerdem gibt es eine Ziegeleibahn, einen historischen und zwei noch in Betrieb befindlichen Häfen samt Bootsverleih, eine Badestelle mit Picknickwiese, einen Abenteuerspielplatz, Go-Kart-Touren, einen Radverleih und eine Gaststätte mit regionaler Kü-

Prignitz und Ruppiner Land

che (im Sommer täglich 7.30–23 Uhr geöffnet), Ferienwohnung, Radlerhütten und Campingplatz.
www.ziegeleipark.de

➲ In Himmelpfort, in einem Häuschen auf dem Gelände des Zisterzienserklosters, wohnt der Weihnachtsmann. Sein Haus kann das ganze Jahr über besichtigt werden und man kann auch ganzjährig einen Wunschzettel in den Briefkasten werfen – er selbst ist allerdings nur in der Adventszeit anzutreffen (siehe Kalender S. und www.weihnachtsmann-in-himmelpfort.de). Himmelpfort liegt eingebettet zwischen vier Seen mit zahlreichen Badestellen.

ℹ️ Infokasten

Adresse: Treibholz – Kanu, Floß & Herberge, Oberpfuhlstraße 3a, 17279 Lychen, Tel. 039888/43377, www.treibholz.com. Brauerei Storch-Bier, Rutenberger Str. 1, 17279 Lychen.

Öffnungszeiten: Die öffentliche Sonntags-Floßfahrt mit Naturklängen findet von Mai bis September jeweils 10–12 Uhr statt. Kein Vorverkauf, einfach 15–30 Min. vor Abfahrt da sein. Um sicher zu gehen, dass Flößer/Bierbrauer Henning Storch die Fahrt macht, vorher bei der Brauerei Storch unter Tel. 039888/2135 nachfragen. Termine für die Naturklang-Wanderung auf:
www.sausundbraus.de

Preise: Die zweistündige Floßfahrt kostet 15 €, Kinder (4–16 J) 10 €. An Bord kosten 0,3 l Bier 3 €; ab Brauerei kostet die 0,5 Liter-Flasche 1,80 €.

Anreise: Mit der Bahn bis Templin (ca. 1 h 30 ab Berlin Hbf., mit Umstieg in Löwenberg) oder Fürstenberg (ca. 1 h, direkt ab Berlin Hbf) und weiter per Fahrrad auf der Tour Brandenburg (ca. 20 km bzw. ca. 8 km). Die Sonntags-Floßfahrt erreicht man mit der Bahn frühmorgens ab Berlin Hbf. mit dem RE5 bis Fürstenberg/Havel und weiter mit Bus 517 Richtung Templin bis Lychen Markt. Von dort 500m zu Fuß. Mit dem Auto über die B96 bis Fürstenberg/Havel und weiter über die L15 (Fahrstrecke ab Berlin-Alexanderplatz: 105 km).

Forellenhof Nassenheide

Rüdiger Olschewski macht es Anfängern leicht: Auf seinem Forellenhof darf nicht nur jeder eine Angel ins Wasser halten, er wird auch sehr wahrscheinlich einen Fisch herausziehen. ›Wir wollen ja, dass die Leute wiederkommen‹, erklärt der gebürtige Oranienburger mit einem freundlichen Lachen. Trotzdem kann es in seltenen Fällen auch passieren, dass der Fischzug erfolglos bleibt. Ganze Familien kommen auf den Hof und vom Kind bis zur Oma versucht jeder einmal sein Glück. Vor allem in den Ferien ist so viel Betrieb an den Teichen, dass Olschewski zwei Mal pro Woche Jungfische nachsetzen muss. Er selbst angelt schon seit 50 Jahren und zeigt Anfängern (ein Angelschein wird nicht benötigt) gerne ein paar Tricks am Teich. Wichtigste Grundregeln, erklärt er, wenn ein Fisch anbeißt: ›Nicht den Rückwärtsgang einlegen! Immer stehenbleiben! Dann kurbeln beziehungsweise Stehangeln hochziehen wie eine Bahnschranke.‹

Sechs direkt nebeneinanderliegende Angelteiche plus ein siebter, etwas weiter hinten gelegener, gehören zum Forellenhof. In ihnen schwimmen jedoch nicht nur Forellen und Regenbogenforellen, sondern auch Karpfen, Aale und Störe (und zwar nur männliche, es wird also keinen unverhofften Kaviar-Fund geben). Man kann auch einen ganzen Teich mit

Wunsch-Fischbestand mieten, etwa für eine Familienfeier oder einen Schulausflug. Leider gibt es auf dem Gelände praktisch keinen Schatten. Allerdings ist ein Ausflug bei hochsommerlichen Temperaturen auch wegen der Fische nicht besonders sinnvoll, die mögen es nämlich nicht gerne heiß.

Wer gerne frischen Fisch essen, ihn aber lieber nicht selbst aus dem Teich holen möchte, der kann diesen bei Olschewski auch einfach vorbestellen. Außerdem bekommt man auf dem Hof frisch geräucherte Forellen, Regenbogenforellen und Saiblinge solange der Vorrat reicht (wer sichergehen will, bestellt hier ebenfalls vor). Der Räucherfisch wird über Nacht in Salz eingelegt, etwa 30 Minuten über

Frisch geräuchert

Erlenholz heiß geräuchert und darf dann noch eine weitere Stunde oder auch länger (›Die Farbe muss stimmen!‹) im weißen Rauch hängen. An einem Büdchen mit Stehtischen werden Kaffee, Getränke und Bockwurst verkauft.

Damit lässt sich der Ausflug verbinden

❯ Mit Kamelreiten auf dem Fleckschnupphof in Nassenheide (2,6 km entfernt): Hier kann man die freundlichen Tiere wirklich hautnah kennenlernen und auf ihnen reiten, z.B. als Karawane durch das Löwenberger Land. Geländeritt 55 Euro p. P. für ca. 90 Min, weitere Reitmöglichkeiten siehe www.fleckschnupphof.de

❯ Mit einem Abstecher nach Afrika, auf die Straußenfarm Winkler (15 km entfernt bzw. zwei Stationen mit der Bahn gen Norden; siehe auch Ausflugstipp → S. 50)

❯ Auf Schloss Liebenberg gibt es einen sehr schönen Hofladen (geöffnet Mi–So 11–18 Uhr) mit hofeigenen Produkten (Brot, Wurst, Wild) und vielen regionalen Delikatessen, außerdem bekommt man dort einen guten Kaffee. Sonntags lädt das Schloss zum Brunch. www.schloss-liebenberg.de

---

🛈 Forellenhof Nassenheide

Adresse: Birkhorst 10, 16775 Löwenberger Land, OT Nassenheide, Tel. 0160/8441764, www.regenbogenforellenhof-nassenheide.de

Öffnungszeiten: Etwa Mitte März bis Mitte Nov (je nach Wetterlage, aktuelle Infos gibt es auf der Internetseite) Mi–So 8–17 Uhr.

Preise: Angeln nach Gewicht: 5 € Startgeld plus 9,50 € je Kilo gefangene Forelle, 10,50 € je Kilo Lachsforelle usw. Halb-

bzw. Tageskarten kosten 18 bzw. 23 €, 2 bzw. 3 kg Forelle inklusive, darüber hinaus gefangener Fisch wird nach Kilopreisen berechnet. Angelmiete 3 €, Eimer/Kescher werden kostenlos zur Verfügung gestellt.

Anreise: Mit der (S-)Bahn bis Bahnhof Nassenheide (45 Min. ab Berlin Hbf., mit Umstieg in Oranienburg), von dort 750 m laufen. Mit dem Auto über die A10 bis Kreuz Oranienburg und weiter über die B96 gen Norden (Fahrstrecke ab Berlin-Alexanderplatz: 59 km)

Prignitz und Ruppiner Land

Gut Hesterberg

›Deutschlands schönster Bauernhof‹ darf sich das Gut nennen, seit es vor einigen Jahren von ARD-Zuschauern in einer deutschlandweiten Umfrage auf Platz 1 gewählt wurde. Das liegt zum einen sicherlich daran, dass das elegante, historisch anmutende Gebäudeensemble auf den ersten Blick die Geschichte eines alten Adelsgeschlechts zu erzählen scheint. Tatsächlich wurde das Gut jedoch erst um die Jahrtausendwende auf Ackerland neu erbaut. Aber die Geschichte der Familie Hesterberg, die ursprünglich aus dem Vorsauerland stammt, reicht bis ins Jahr 1315 und viele Landwirt-Generationen weit zurück.

Dass dieser Bilderbuchhof bei Besuchern so gut ankommt, liegt aber sicherlich auch daran, dass die Tiere dort so leben dürfen, wie man das aus dem Bilderbuch kennt: Schweine und Gänse tollen beziehungsweise watscheln über die weitläufigen Wiesen und können sich nach Herzenslust suhlen oder im Teich baden. Die etwa 1000 Legehennen dürfen frei herumlaufen. Und auch die Galloway-Rinder leben ganzjährig im Freien, und zwar im Familienverband. Es kann passieren, dass man auf der Bank vor dem Hofladen sitzt, während ein paar wollige Kälbchen gleich daneben über die Wiese spazieren.

Besucher sind herzlich zu einer erholsamen und abwechslungsreichen Landpartie ins Ruppiner Land eingeladen. Bei einem Spaziergang über das weitläufige Gelände lassen sich nicht nur Schweine, Kühe, Pferde, Gänse und Hühner beobachten, sondern oft auch heimische Wildtiere wie Hirsche oder Wildschweine. Und im Herbst tausende gen Süden ziehende Kraniche und Wildgänse. Man kann außerdem eine Kutschfahrt (auf Wunsch mit Picknickkorb) buchen – gezogen von den auf dem Hof lebenden Pferden. Und wem das noch nicht romantisch genug erscheint, der sollte im Frühjahr kommen und bis nach Einbruch der Dunkelheit bleiben. Denn dann hört man im Guts-

Galloway-Herde auf Gut Hesterberg

wäldchen die Nachtigallen singen. Aber zurück zum kulinarischen Aspekt: Im Gutshofrestaurant kann man sich mit regionalen Gerichten stärken, die Küche arbeitet natürlich mit Fleisch vom Hof. Dass die Produkte, die man auch im Hofladen kaufen kann, ›wie früher‹ schmecken, hat mit der Haltung der Tiere und der möglichst stressfreien Schlachtung zu tun, die komplett auf dem Hof geschieht. Die Wurst – von Sülze über Salami, Leber- und Bratwurst bis hin zu Pastrami – wird nach alten Rezepturen handwerklich zubereitet.

Damit lässt sich der Ausflug verbinden

❯ Mit einem Spaziergang zur Alten Schäferei zwischen Karwe und Lichtenberg (ca. 15 Min. auf einem beschilderten Feldweg ab Gut Hesterberg. Achtung: Google Maps zeigt einen falschen Standort in Wustrau an!). Auf einem ca. 1 km langen Waldweg rund um die Schäferei hat der Maler und Bildhauer Matthias Zágon Hohl-Stein eine Open-Air-Galerie mit 90 Kunstwerken geschaffen, die ganzjährig zum Entdecken einlädt. Im Garten der Schäferei sind Werke der ansässigen Keramikerin Ursula Zänker zu sehen. Ein Atelierbesuch ist Sa–So jeweils von 10–18 Uhr möglich und nach Vereinbarung unter Tel. 0152/01099641. www.zagon-hohl-stein.net. Alternativ kann an der Schäferei geparkt und zum Gut gelaufen werden. Vom Bahnhof Wustrau-Radensleben ca. 4 km Fußweg.

❯ Von ca. Ende September bis Anfang November kann man Kraniche beobachten! Auf ihrem Flug gen Süden rasten hunderttausende auf den Feldern rings um Neuruppin, ein unglaubliches Spektakel.

❯ Mit einem Besuch der Fontane Therme, die zum Resort Mark Brandenburg in Neuruppin gehört und direkt am Ruppiner See liegt. Neben verschiedenen Saunen, Eisgrotte, Sole-Thermalbecken, Pool und Kosmetikbehandlungen gibt es dort eine auf dem See schwimmende Sauna mit phantastischem Ausblick und dem See als größtmöglichem Tauchbecken. Auch bei Regen schön! Die beiden Restaurants des Resorts sind ebenfalls zu empfehlen.
www.resort-mark-brandenburg.de/fontane-therme

Prignitz und Ruppiner Land

ℹ️ Gut Hesterberg

Adresse: Gutsallee 1, 16818 Neuruppin-Lichtenberg, Tel. 03391/70060.
www.guthesterberg.de
Neben dem Hofladen hat das Gut drei weitere Filiale direkt in Berlin (Adlershof, Steglitz, Pankow, Adressen s. Webseite), in denen Fleisch und Wurst verkauft werden.
Öffnungszeiten: Hofladen: Di–So 11–18 Uhr, im Jan/Feb nur Fr–So 11–18 Uhr. Mi ist Schlachttag und ab 12 Uhr gibt es im Restaurant ein all-you-can-eat-Buffet für 11,95 € p. P. Am Wochenende und feiertags gibt es oft Brunch und/oder besondere kulinarische Angebote, Termine siehe Webseite.

Preise: Kutschfahrten: 65 € in der Sportkutsche (bis 5 Pers), 85 € im Landauer (bis 9 Pers) oder 120 € im Planwagen (bis 20 Pers), Preis jeweils pro Stunde. Picknickkorb: je nach Inhalt, z.B. vier Sorten Wurst und Schinken, Brötchen, Kaffee und Getränke ab 7€. Buchung unter Tel. 03391/70060.
Anreise: Mit der Bahn bis Neuruppin-Rheinsberger Tor (ca. 1 h 25 Min. ab Berlin Hbf., mit Umstieg in Spandau oder Henningsdorf), von dort sind es ca. 6 km Fuß-/Radweg, auf denen man an der Alten Schäferei vorbeikommt. Mit dem Auto über die A10 und A24 bis Abfahrt Neuruppin-Süd und weiter über die L16, L164 und L167 (Fahrstrecke ab Berlin-Alexanderplatz: 86 km).

Hirschhof Hildebrandt

Im Mittelalter war Freyenstein aufgrund seiner strategisch wichtigen Lage im Grenzgebiet zwischen Mecklenburg und Brandenburg hart umkämpft. Das ist heute kaum noch vorstellbar, das 800-Seelen-Dorf liegt im touristischen Niemandsland. 2018 soll zumindest der Radweg von Wittstock (Dosse) bis dorthin verlängert werden. Wann er weiter gen Norden, bis zum Plauer See und auf die Mecklenburgische Seenplatte, gebaut werden wird, ist noch offen. Aber genau das macht den Charme aus. Zum einen, weil Freyenstein mit seiner Marienkirche, dem Schloss, den Überresten einer Burg sowie dem 2016 eröffneten archäologischen Park Geschichte atmet. Zum anderen, weil dadurch auf dem Hirschhof Hildebrandt keine Besuchermassen bedient werden, sondern die Gäste tatsächlich den Alltag auf einem landwirtschaftlichen Betrieb miterleben können. Rund 150 Damhirsche, 50 Mufflon-Wildschafe und 30 schottische Hochlandrinder (das sind die zotteligen, rotbraunen mit den großen Hörnern, die manche für Yaks halten) leben hier in weitläufigen Gehegen. Auf dem Hof selbst gibt es noch Hühner sowie in einem kleinen Streichelgehege zwei Wollschweine und Ziegen. Bei einer Erlebnis-Kremsertour besucht Bauer Horst mit seinen Gästen die Herden auf der Weide und erzählt dabei auch von seiner Arbeit und welche Probleme es mit den inzwischen wieder in der Region heimischen Wolfsrudeln gibt. Wer sich traut, darf die Hirsche, Rinder und Schafe füttern, streicheln und striegeln; mutige Kinder steigen auch mal kurz auf den Rücken eines zotteligen Hochlandrindes. Übernachtungs- und Feriengäste dürfen auch mit in den Hühnerstall und Eier einsammeln, mit dem Bauern im Jeep ins Hirschgatter fahren, um nach den Tieren zu sehen, oder mit dem Traktor mitfahren, um Wasser zu den Rindern auf die Weide zu bringen.

Karte S. 30/31

▲ *Die Hochlandrinder lassen sich gerne von Kindern streicheln und sogar reiten*

Einzelne Damhirsche und Mufflonlämmer werden übers Jahr verteilt auf der Weide geschossen und direkt auf dem Hof verarbeitet; die Rinder werden ein paar Ortschaften weiter geschlachtet. Im Hofladen sind Salami, Leberwurst, Sülze, Bratwurst und tiefgekühltes, portioniertes Fleisch erhältlich (nach Vorbestellung auch frisch). In der Gaststätte, zu der auch ein überdachter Biergarten gehört, stehen stets ein Braten mit saisonalem Gemüse und Klößen, Wildsülze mit Bratkartoffeln und Bratwurst mit Kartoffelsalat auf der Karte; dazu gibt es wechselnde Angebote und immer auch ein vegetarisches Gericht. Das Fleisch stammt aus eigener Biolandwirtschaft

In der Hofgaststätte wird regional und bio gekocht

Prignitz und Ruppiner Land

Damit lässt sich der Ausflug verbinden

❯ Ritter und Burgfräulein spielen beim Besuch des restaurierten Schlosses, der mit Terrakotta verzierten Burgruine und des Burgmuseums im Ort. Auch Führungen sind möglich, Tel. 033967/50803. Das Rollenspiel lässt sich auf den archäologischen Park nebenan ausdehnen: Auf dieser Hügelkuppe befand sich die Stadt Freyenstein, bis sie 1287 zerstört wurde. Tel. 033967/60057
www.park-freyenstein.de
❯ Mit einem Besuch des Modemuseums im Schloss Meyenburg (9 km entfernt).

Fashion Victims finden im Museumsshop Vintage-Accessoires und im stilvoll dekorierten Café werden Kaffee & Kuchen auf Gedecken aus den 1940er bis 1970er Jahren serviert. Tel. 033968/508961.
www.modemuseum-schloss-meyenburg.de
❯ Mit einem Besuch der Gedenkstätte im Belower Wald, die an den Todesmarsch der Häftlinge des KZ Sachsenhausen erinnert. Das Waldstück und die open air Ausstellung sind bei Tageslicht begehbar. www.stiftung-bg.de/below

---

ℹ Hirschhof Hildebrandt

Adresse: Küsterland 19, 16918 Freyenstein, Tel. 033967/60307 oder 60361. www.hirschhof-hildebrandt.de
Öffnungszeiten: Restaurant: Anf. April bis Ende Okt Di–Sa 11.30–20 Uhr, So 11.30–18 Uhr. Vom 1.11.–31.3. nur nach Voranmeldung.
Preise: Die zweieinhalbstündige Erlebnis-Kremsertour (ab 6 Pers) kostet 10 € p. P., Kinder (3–12 J) zahlen die Hälfte. Voranmeldung erforderlich. Übernachtung: DZ inkl. Frühstück 60 €, FeWo (3-5 Pers) ab 80 €.

Anreise: Mit der Bahn bis Wittstock/Dosse (1 h 47 Min., direkt ab Berlin-Gesundbrunnen oder Spandau) und von dort weitere 23 Min. mit Bus 745 bis Freyenstein/Kirche (unregelmäßig!). Oder man fährt ab Wittstock/Dosse weitere 20 km mit dem Rad (das letzte Stück Radweg ab der Gedenkstätte Belower Wald soll 2018 fertig gestellt sein).
Mit dem Auto über die A10 und A24 bis Abfahrt Wittstock/Dosse und weiter über die L14 (Fahrstrecke ab Berlin-Alexanderplatz: 131 km).

Ziegenkäserei & Wiesencafé Karolinenhof

Der Karolinenhof ist ein schönes Ausflugsziel für jedes Alter; besonders begeistert sind jedoch diejenigen, die mit (jüngeren) Kindern hierher kommen. Auf dem Hof ist nämlich viel Platz zum Spielen und Entdecken, Klettern und Toben vorhanden – und zwar in Sichtweite der Eltern, die derweil draußen im Wiesencafé sitzen und in Ruhe essen oder einen Kaffee trinken können. Direkt neben den Tischen befindet sich eine Sandkiste, es stehen allerlei Fahrzeuge von Bobbycar bis Dreirad herum und ein Stück weiter hinten auf der Wiese (immer noch in Sichtweite) befinden sich ein Trampolin, eine Hängematte und eine Strohballenburg samt Tellerschaukel.

Aber natürlich fährt man auf den Karolinenhof zuerst einmal wegen der Ziegen. Durch ein großes, offenes Fenster kann man in ihren Auslaufstall hineinschau-

en. Dann kommen die neugierigen Tiere gerne angetrottet, stellen sich auf die Hinterbeine und beschnuppern neugierig ihre Besucher. Im Februar darf man an einigen Wochenenden zur Fütterung der neugeborenen Zicklein sogar mit hinein in den Stall. Auch Hofführungen und Schaumelken finden statt, die Termine werden über den Newsletter und auf der Webseite bekannt gegeben beziehungsweise können telefonisch erfragt werden.

Der Karolinenhof ist seit 1991 ein Ziegenbetrieb, momentan leben dort über 100 Milchziegen plus zwei Zuchtböcke. Aus der Ziegenmilch werden 20 verschiedene Rohmilchkäse hergestellt, die an einer kleinen Käsetheke im Eingangsbereich des Cafés verkauft werden. Zum Beispiel geschöpfter Frischkäse, der mit Lindenholzasche eingestäubt wird oder der kräftige, mit Rotkultur gereifte Schnittkäse ›Karolinenhöfa‹. Außerdem bekommt man tagesfrische, nicht erhitze Ziegenmilch und Trinkjoghurt. Wenn man nun ausgiebig die Ziegen beobachtet und die Ponies und Katzen gestreichelt hat, kann man im Wiesencafé einkehren. Im Jahr 2000 eröffnet, bietet es eine kleine Auswahl warmer Gerichte in Bioqualität sowie hausgemachte Kuchen, darunter natürlich auch Käsekuchen. Die Zutaten stammen entweder vom Hof oder aus der Region. Auf der Karte stehen je nach Saison zum Beispiel hausgemachte Käsespätzle mit Ziegenkäse oder Bratwurst vom benachbarten Ökohof Kuhhorst mit lauwarmem Kartoffelsalat. Und wenn das Wetter nicht so gut ist, sitzt man wunderbar im gläsernen Wintergarten; der Kaminofen heizt mollig ein, der Blick geht weit über die Felder. Auch drinnen gibt es für die Kids ein paar Spielsachen.

Karte S. 30/31

▲ *Ziegenfernseher*

Ein schönes Ausflusziel mit und ohne Kinder: das Wiesencafé des Karolinenhofs

Prignitz und Ruppiner Land

Damit lässt sich der Ausflug verbinden

➜ Zu Fuß auf den Ökohof Kuhhorst (1,5 km Feldweg, Ausflug → S. 46.)

➜ Auf eine zweite Stärkung im Kleinen Haus Linum einkehren; dort gibt es ausgezeichnete regionale Spezialitäten sowie hausgemachten Kuchen. www.kleineshaus-linum.de

➜ Mit einem Besuch der Storchenschmiede in Linum, die von April bis September an jedem 2. Samstag im Monat Naturerleben für die ganze Familie anbietet. Weitere Informationen und Anmeldung unter Tel. 033922/50500 und www.berlin.nabu.de

➜ Der Hofladen von Rixmanns Hof in Linum verwandelt sich im September und Oktober in ein Kürbis-Paradies: rund 180 Sorten werden verkauft! Im Juni gibt es Freiland-Erdbeeren, im Frühjahr/Sommer Kräuter und ganzjährig selbstgemachte Marmeladen, Sirupe, Liköre, Chutneys, Essige und Öle im Hofladen. www.gemuese-und-obst.de

➜ Von ca. Ende September bis Anfang November: Kraniche beobachten! Auf ihrem Flug gen Süden rasten hunderttausende auf den Feldern ringsum, ein eindrucksvolles Schauspiel!

ℹ️

Adresse: Karolinenhof 1, 16766 Kremmen, Tel. 033922/60190. www.ziegenkaeserei-karolinenhof.de
Öffnungszeiten: Fr 11–19 Uhr, Sa/So und an bundeseinheitlichen Feiertagen 9–19 Uhr. Feb und Nov nur Fr–So 11–18 Uhr. Von Mitte Nov–Mitte Feb ist immer Winterpause, die genauen Daten für Saisonschluss und -eröffnung sowie Veranstaltungen werden auf der Webseite bekannt gegeben. Vormerken sollte man sich die Wochenenden im Februar, denn

dann darf man zur Fütterung der Zicklein mit in den Stall.
Anreise: Mit der Bahn bis Nauen (ca. 30 Min., direkt ab Berlin Hbf), von dort 19 km mit dem Rad (bis Tietzow auf dem Radweg Otto Lilienthal/historische Stadtkerne, das letzte Stück entlang der Landstraße). Mit dem Auto über die A10 und A24 bis Abfahrt Kremmen und weiter auf der L170/L17 (Fahrstrecke ab Berlin-Alexanderplatz: 59 km). Die Zufahrt zum Hof zweigt in einer scharfen Kurve der Landstraße ab. Es gibt Parkplätze direkt am Hof.

Ökohof Kuhhorst

Der Hof ist so weitläufig, dass er glatt als (kleines) Dorf durchgeht: Da gibt es Ställe, Koppel und Ausläufe für Kühe und Schweine, eine Gärtnerei, ein Getreidelager, eine Kartoffelhalle, einen großen Hofladen sowie Werkstätten, Wohnhäuser sowie mit dem Dorfkrug einen ›Treffpunkt netter Leute‹, die regionale Küche schätzen. Mittags fungiert er als Kantine der Mitarbeiter, Besucher sind willkommen. Das Sortiment der auf dem Hof produzierten, demeter-zertifizierten Lebensmittel ist inzwischen ziemlich umfangreich: Neben frischem Fleisch und ausgezeichneter Wurst, Obst und Gemüse gibt es Getreideprodukte wie z.B. Hafer- oder Dinkelflocken, Gebäck, Nudeln, Konfitüren und seit neustem Suppen. Alle Produkte der Eigenmarke ›Die Kuhhorster‹ werden ›mit Herz und Hand‹ hergestellt, denn zum einen arbeiten auf dem Hof Menschen mit und ohne Behinderungen zusammen, zum anderen ist es der Anspruch der Kuhhorster, fair und nachhaltig mit der Natur und den Tieren umzugehen. Man kann die Produkte auch online bestellen und liefern lassen. Viel schöner ist es aber, sie im schönen Hofladen selbst auszusuchen und den Einkauf dann mit einer Partie ›Bauerngolf‹ über den Kuhhorst zu verbinden. Es gibt einen 9-Loch- und einen 18-Loch-Parcours (Länge: 0,6 bzw. 1,9 km), für die man zwischen zwei und vier Stunden benötigt. Gespielt wird mit Krückstöcken und Softballs auf in den Boden eingelassene Eimer. Ball und Schläger sowie eine Score-Karte bekommt man im Dorfkrug, dort kann man sich auch einen Proviantkorb packen lassen. Oder aber man kehrt, nachdem man sich an der frischen Luft ordentlich Appetit geholt hat, zum Mittag- oder Abendessen oder zu Kaffee und Kuchen ein. Die Küche verwendet überwiegend Zutaten aus der Region, neben Kuhhorster Produkten zum Beispiel Fisch aus Linum und Ziegenkäse vom Karolinenhof. Im Sommergarten mit Freilichbühne und im Dorfkrug selbst finden rund ums Jahr auch

Karte S. 30/31

▲ *Bio zum Anfassen: der Ökohof Kuhhorst*

Auf Rixmanns Hof werden rund 170 Kürbissorten angebaut

Prignitz und Ruppiner Land

Veranstaltungen statt: Konzerte von Klassik bis Rock, Osterfeuer, Biker-Treffen oder Martinsgansessen mit 4-Gänge-Menü. Im Hofladen werden Bollerwagen verliehen, so dass der Spaziergang oder die Golfpartie über den weitläufigen Hof auch mit kleinen Kindern viel Spaß macht.

Damit lässt sich der Ausflug verbinden

➲ Zu Fuß zur Ziegenkäserei Karolinenhof (1,5 km Feldweg, Ausflug → S. 44).

➲ Auf eine Stärkung im Kleinen Haus Linum einkehren. Dort gibt es ausgezeichnete regionale Spezialitäten sowie hausgemachten Kuchen. Ein Erlebnis sind die Themenmenüs. Termine auf: www.kleineshaus-linum.de

➲ Mit einem Besuch der Storchenschmiede in Linum, die von April bis September an jedem 2. Samstag im Monat Naturerleben für die ganze Familie bietet. Anmeldung unter Tel. 033922/50500, www.berlin.nabu.de

➲ Der Hofladen von Rixmanns Hof in Linum verwandelt sich im September und Oktober in ein Kürbis-Paradies: Rund 180 Sorten werden verkauft! Im Juni gibt es Freiland-Erdbeeren, im Frühjahr/Sommer Kräuter und ganzjährig selbstgemachte Marmeladen, Sirupe, Liköre, Chutneys, Essige und Öle im Hofladen. www.gemuese-und-obst.de

➲ Von ca. Ende September bis Anfang November: Kraniche beobachten! Auf ihrem Flug gen Süden rasten hunderttausende auf den Feldern ringsum, ein tolles Spektakel!

Adresse: Ökohof Kuhhorst, Dorfstraße 9, 16818 Kuhhorst, Tel. 033922/60803. http://diekuhhorster.de
Öffnungszeiten: Hofladen: Do–Fr 10–18 Uhr, Sa–So 12–18 Uhr, Tel. 033922/909014 (während der Öffnungszeiten), 033922/60803 (außerhalb der Öffnungszeiten). Gaststätte Dorfkrug: Mi–Fr ab 18 Uhr, Sa–So & feiertags 12–ca. 20 Uhr. Mo–Fr von 11.30–12.30 Uhr ist der Dorfkrug die Kantine der Hofmitarbeiter, jeweils ein vegetarisches und ein Fleischgericht zur Auswahl, Gäste von auswärts sind willkommen (größere Gruppen mit Voranmeldung).

Preise: ›Bauerngolf‹ kann von Ostern bis Oktober immer Sa–So & feiertags von 12–20 Uhr gespielt werden sowie nach Vereinbarung. Erwachsene zahlen 6,50 e, Kinder bis 12 Jahre 3,50 €. Um Wartezeiten zu vermeiden, am besten telefonisch oder per Mail eine Startzeit anmelden (Tel. 033922/60258 oder: dorfkrug@diekuhhorster.de).

Anreise: Mit der Bahn bis Nauen (ca. 30 Min., direkt ab Berlin Hbf), von dort ca. 20 km mit dem Rad (bis Tietzow auf dem Radweg Otto Lilienthal/historische Stadtkerne, das letzte Stück entlang der Landstraße). Mit dem Auto über die A10 und A24 bis Abfahrt Kremmen und weiter auf der L170/L17 (Fahrstrecke ab Berlin-Alexanderplatz: 60 km).

marmelo Manufaktur & KaffeeBar

Katrin Wagners kleine, feine Manufaktur ist ein guter Grund, dem schönen Rheinsberg (mal wieder) einen Besuch abzustatten: Sie verwandelt Früchte von Streuobstwiesen, Obstbaumalleen und aus den Wäldern der Ostprignitz aromaschonend in Gourmet-Aufstriche und kombiniert diese mit Zutaten, die einem schon beim Lesen das Wasser im Mund zusammen laufen lassen: Himbeere und Rose zum Beispiel. Brombeere und Walnuss. Oder auch: Rote Zwiebel Confit mit Portwein und Honig. Wer sich Abwechslung auf dem Frühstückstisch wünscht, ist in dem Lädchen, zu dem seit April 2017 auch ein kleines Café gehört, genau richtig. Vier Jahre nach Gründung der Manufaktur ist marmelo nämlich umgezogen: von einem etwas versteckt liegenden Hinterhof an den Triangelplatz, direkt gegenüber der Touristeninformation, unweit des Schlosses. Das denkmalgeschützte Haus stand viele Jahre leer, hat jedoch eine lange Tradition als Standort für Cafés und Konditoreien und damit ›ein gutes Karma‹, wie Wagner es formuliert. Zwei Unternehmen, die sich dem Slow Food verschrieben haben, eröffneten dort gleichzeitig ihre (neue) Niederlassung: links der vegetarische Imbiss ›Grünzeug‹, der zuvor als Food Truck in Rheinsberg unterwegs war, und rechts ›marmelo‹ mit Manufaktur, Ladengeschäft und kleiner Espressobar, in der man auch Frühstück erhält – natürlich mit marmelo-Aufstrichen, von denen die meisten einen Fruchtanteil von über 70 Prozent haben, viele sind zudem vegan. Dass Katrin Wagner als Organisatorin des solanum-Festivals (siehe Veranstaltungskalender → S.12) gut in der Region vernetzt ist, merkt man dem Sortiment ihres Geschäftes an: Man bekommt dort nicht nur marmelo-Aufstriche, sondern kann auch allerlei regionale Produkte (überwiegend aus Brandenburg, aber auch aus benachbarten Bundesländern) entdecken. Bei schönem Wetter kann man im Garten hinter dem Haus sitzen. Für die Zukunft sind auch gemeinsame Veranstaltungen der beiden Foodie-Nachbarn Grünzeug und marmelo geplant.

Karte S. 30/31

Gourmet-Brotaufstrich mit Pfiff

Damit lässt sich der Ausflug verbinden

➔ Auf ein frisch gezapftes Kronprinzenpils in die Gasthausbrauerei Zum Alten Brauhaus (Rhinhöher Weg 1) einkehren. Das Bier wird inzwischen extern gebraut, verkauft wird es jedoch nur dort. Tel. 033931/72088. www.brauerei-rheinsberg.de

➔ Der Seehof Rheinsberg lädt zum Rittermahl im historischen Eiskeller von 1750: Speisen wie ein Graf, Fürst oder Herzog bei mittelalterlicher Musik und natürlich ohne Besteck (ab 19,50 € p. P., nur mit Vorbestellung). Tel. 033931/4030, www.seehof-rheinsberg.de

➔ Direkt am Ufer des Grienericksees liegt das berühmte Schloss Rheinsberg samt Musenhof und Garten im frühklassizistischen Stil (www.spsg.de), die Rheinsberger Musikakademie (www.musikakademie-rheinsberg.de) und die Kammeroper Schloss Rheinsberg (www.kammeroper-schloss-rheinsberg.de). Veranstaltungstermine auf den Webseiten; es gibt spezielle Führungen für Kinder und in den Museumswerkstätten ein Kreativprogramm.

➔ Was wäre ein Besuch in Rheinsberg ohne Kurt Tucholsky? Im Literaturmuseum kann man dem Autor als ›Lesetourist‹ begegnen. Geöffnet Di–So 10– 12.30 Uhr und 13–17.30 Uhr, Eintritt 4, ermäßigt 3 €. Veranstaltungstermine unter http://verwaltung.rheinsberg.de

➔ Für ein paar Stunden oder auch Tage mit dem Leih-Kanu aufs Wasser, von dem es hier reichlich gibt. Individuell oder mit einem Guide von Rheinsberger Adventure Tours: www.rhintour.de

Klein und fein: im Laden der ›marmelo Manufaktur‹

Adresse: Mühlenstraße 12, 16831 Rheinsberg, Tel. 0163/8028612. www.marmelo-manufaktur.de

Öffnungszeiten: Öffnungszeiten hängen ab von der Jahreszeit und Veranstaltungen; bitte aktuell auf der Webseite nachschauen, damit Sie nicht vor verschlossener Türe stehen!

Anreise: Von Ostern bis etwa Ende Okt/Mitte Nov befährt die Niederbarnimer Eisenbahn (NEB) die Strecke Berlin Lichtenberg–Löwenberg–Rheinsberg: Jeweils am frühen Morgen fährt die NEB einmal die gesamte Strecke Lichtenberg-Rheinsberg und am Abend wieder zurück; den Rest des Tages befährt sie nur die Strecke Löwenberg–Rheinsberg, jedoch jeweils mit Anschluss an den RE5 (Berlin Hbf.–Oranienburg–Löwenberg).

Alternativ: Mit der Bahn bis Neuruppin, weiter mit dem Bus 764 nach Rheinsberg (ca. 2 h), vom Bahnhof sind es noch 950 m. Oder über die B96 bis Gransee und weitere 23 km über die L223 und B122. Mit dem Auto über die A111 und A24 bis Abfahrt Neuruppin Süd und weitere 37 km über die B167 und B122 (Fahrstrecke ab Berlin-Alexanderplatz: je nach Strecke, 60–110 km).

Prignitz und Ruppiner Land

Straußenfarm Winkler

Beim Stichwort ›Vogel Strauß‹ haben die meisten Menschen sofort Bilder von Afrika im Kopf, von sonnenverdorrter Savanne, durch die die größten Vögel der Welt mit nickenden Köpfen schreiten. Soweit muss man aber gar nicht reisen, um die Tiere zwar nicht ganz in freier Wildbahn, aber doch außerhalb eines Zoos erleben zu können. So haben sich in Brandenburg eine ganze Reihe Straußenfarmen angesiedelt (siehe auch Ausflug →70); hier, im Löwenberger Land, sind die einst auch in Mittelkleinasien beheimateten Vögel schon seit 2001 zuhause. Sie sind äußerst anpassungsfähig und fühlen sich in der afrikanischen Hitze ebenso wohl wie bei kühleren Temperaturen und Regen. Auf großzügigen Weiden erhalten sie auf der Straußenfarm Winkler reichlich Auslauf und bekommen nur natürliche Futtermittel. Etwa 50 bis 60 Küken schlüpfen hier pro Jahr und wachsen anderthalb bis zwei Jahre lang heran, bis sie ein Gewicht von rund 100 kg erreicht haben. Dann werden sie

direkt auf dem Hof geschlachtet und verarbeitet. Beste Voraussetzungen also, um ökologisch erzeugtes Straußenfleisch zu probieren. Falls es Ihr ›erstes Mal‹ sein sollte, empfehlen wir ein simples Steak, da hier das besondere Aroma am besten zur Geltung kommt. Es erinnert optisch an Rinderfilet, geschmacklich ähnelt es eher einer Ente oder Pute. Dabei ist das Fleisch nicht nur butterzart, sondern auch recht gesund, weil cholesterinarm. Auch steckt es voller ungesättigter Fettsäuren. In der Hofgaststätte stehen aber nicht nur Straußensteak, Bratwurst und Bouletten auf der Karte, sondern auch andere Teile des Vogels, zum Beispiel gebratene Straußenleber mit Zwiebelringen oder geschmortes Straußenherz in Rotweinsauce. Die Gaststätte samt großer Terrasse ist umgeben von Koppeln; auch wenn man drinnen sitzt, kann man dank großer Fensterscheiben die Vögel auf den Weiden beobachten. Im Hofladen erhält man Fleisch, Wurst und Eierlikör sowie Schmuck und Accessoires aus Straußenleder und -federn. Straußeneier für den Verzehr müssen vorbestellt werden (etwa Anfang April bis September möglich), da die meisten Eier ausgebrütet werden. Ein Straußenei enthält etwa so viel Eiweiß und -gelb wie 25 bis 30 Hühnereier und ist geschmacklich auch sehr ähnlich. Die Schale ist derart stabil, dass Straußeneier sogar das Gewicht eines Menschen aushalten, ohne zu zerbrechen. Wie man es am besten öffnet, um mit dem Inhalt zu kochen, erfährt man natürlich ebenfalls im Hofladen – oder auch auf Youtube. Gerne führt Frank Winkler über seinen Hof und erzählt allerlei Wissenswertes über den Vogel Strauß; Kutsch- und Kremserfahrten mit den hofeigenen Kaltblutpferden sind ebenfalls möglich (beides nur nach Voranmeldung).

Karte S. 30/31

▲ *Straußenimbiss*

Viel Platz für die ausdauernden Läufer

Damit lässt sich der Ausflug verbinden

➲ Wer nach einer Führung über den Hof die Straußenvögel nicht mehr verspeisen mag, kann auf Schloss Liebenberg sehr gut essen oder an Sonntagen brunchen (4,5 km entfernt). Im sehr schönen Hofladen (geöffnet Mi–So 11–18 Uhr) lassen sich hofeigene Produkte (Brot, Wurst, Wild) und regionale Delikatessen entdecken, außerdem gibt es guten Kaffee, www.schloss-liebenberg.de

➲ Mit Angeln ohne Angelschein für die ganze Familie, dafür mit Fanggarantie (naja, fast): auf dem Forellenhof Nassenheide (15 km entfernt bzw. zwei Stationen mit der Bahn gen Süden; Ausflug → S. 38). www.regenbogenforellenhof-nassenheide.de

➲ Mit Kamelreiten auf dem Fleckschnupphof: Hier kann man die freundlichen Tiere wirklich hautnah kennenlernen, zum Beispiel per Karawane durch das Löwenberger Land. Terminvereinbarung erforderlich. www.fleckschnupphof.de

Adresse: Häsener Weg 9, 16775 Löwenberger Land, OT Neulöwenberg, Tel. 033094/50907.
www.straussen-farm24.de
Öffnungszeiten: Hofladen: Mi–So 10–17 Uhr (März–Okt), Mi–So 10–15 Uhr (Nov–Dez), vom 27.12.–Ende Feb nach Vereinb. Die Gaststätte jeweils eine Stunde später.
Preise: Die einstündige Führung über den Straußenhof kostet 3 € p. P. (mindestens 4 Pers. bzw. 12 €). Kutsch- oder Kremserfahrt (für bis zu 7, 14 oder 18 Pers) kostet 50 €/Std. und Gespann.

Anreise: Mit der (S-)Bahn bis Löwenberg (Mark) (40 Min., direkt ab Berlin Hbf. bzw. 17 Min. ab Oranienburg), die Straußenfarm liegt 1 km vom Bhf. entfernt.
Oder ab Oranienburg weiter mit dem Rad auf der Tour ›Löwenberger Land‹, die an Schloss Liebenberg vorbei führt (ca. 25 km, fast durchgängig asphaltiert).
Mit dem Auto über die A111 bis zum Kreuz Oranienburg und weiter über die B96 Richtung Norden oder direkt auf der Landstraße B96 aus der Stadt herausfahren (Fahrstrecke ab Berlin-Alexanderplatz: 61 km).

Prignitz und Ruppiner Land

Gläserne Waldimkerei

Was passiert eigentlich im Bienenstock und wie kommt der Honig, den wir essen, ins Glas? Mit sehr viel Liebe zu den Bienen und mit unglaublich viel Wissen rund um die Imkerei hat Klaus Becker in einem Waldstück am Rande der Schorfheide die Gläserne Waldimkerei Bienenklaus angelegt – und sich damit selbst einen Jugendtraum erfüllt. Denn zu DDR-Zeiten konnte er keine Ausbildung zum Imker machen und kam so erst in den 1990er Jahren, nachdem ein Bandscheibenvorfall ihn zum Frührentner machte, zur Imkerei. Die betreibt er seitdem jedoch leidenschaftlich. Dabei entstand seine Idee vom grünen Klassenzimmer. Seine Gläserne Waldimkerei ist ein Ort, an dem vor allem Kinder, aber auch Erwachsene, mit allen Sinnen die faszinierenden, geflügelten Nutztiere kennenlernen können, die für unser Ökosystem so immens wichtig (und dabei zunehmend gefährdet) sind.

Man kann den Bienenpfad auch auf eigene Faust ablaufen, vorbei an Schautafeln, einem Insektenhotel, einem Schul-

häusel – in dem man unter anderem erfährt, wie die Biene ihre Flugrouten berechnet – sowie an sechs weiteren Schaubienenkästen. Diese ermöglichen Einblicke in ganz unterschiedliche Bienenstöcke, zum Beispiel in Form einer durchsichtigen Kugel, eines 360° drehbaren, zylinderförmigen Stockes, eines Bienenkastens mit gläsernem Boden und sogar mittels einer Infrarotkamera, die ihre Bilder aus dem Bienenkasten in ein ›Fernsehstudio‹ übermittelt. Einiges davon kann jedoch nur bei einer Führung angeschaut werden – und zusammen mit ›Bienenklaus‹ Becker wird der Lehrpfad auch viel lebendiger. Als Mindestteilnehmerzahl wünscht er sich vier Personen. ›Nicht wegen mir‹, sagt er augenzwinkernd, ›sondern, weil es sonst für den einzelnen Teilnehmer womöglich zu viel wird.‹ Ausnahmen für Interessierte sind daher durchaus möglich. Wenn die Gruppe groß genug ist, bietet er auch eine Verkostung (›Bibelfrühstück‹) mit frisch gebackenen Brötchen aus seinem Holzbackofen im Wald, Milch und Honig an. Am liebsten macht er das für Kitagruppen und Schulklassen, an den Wochenenden im Sommer kommen aber oft auch so ausreichend viele Teilnehmer zusammen. Solange der Vorrat reicht, kann man anschließend ein Glas Honig kaufen. Geschleudert wird nämlich nur einmal im Jahr – und auch dabei darf man gerne zuschauen. Der Termin liegt immer ungefähr Mitte Juli, ist aber vom Wetter abhängig, deshalb am besten telefonisch oder per Mail nachfragen! Aus gesundheitlichen Gründen wird der ›Bienenklaus‹ inzwischen häufig von jüngeren KollegInnen vertreten, die die Waldimkerei jedoch mit genau so viel Herzblut und lebendigem Fachwissen weiterführen.

Karte S. 30/31

Versteckt im Wald, aber gut zu finden

Damit lässt sich der Ausflug verbinden

➲ Mit einem faulen Strand- und Badetag im Alten Waldbad von Zehdenick. Geheimtipp: Auf der Wiese des Bades darf man auch campen – mit wunderschönem Blick über den alten Tonstich und herrlicher Ruhe nach Feierabend. Gegenüber der Einfahrt zum ›Bienenklaus‹ in die Straße ›Altes Forsthaus‹ einbiegen, www.waldbad-zehdenick.de

➲ Mit einer Bootstour auf dem riesigen Wasserrevier, das sich vor den Toren Zehdenicks erstreckt. Von der Marina Zehdenick sind es 2 km Fußweg zur Waldimkerei. Von etwa Mai bis Ende September (je nach Wetter) wird ab Marina ein führerscheinfreies Sportboot mit Schlafkajüte für 2 Pers. vermietet, www.marina-zehdenick.de

➲ Mit einer Etappe auf dem Fernradweg Berlin-Kopenhagen, der durch Zehdenick führt, zum Beispiel von Oranienburg nach Zehdenick (37 km) oder von Zehdenick nach Fürstenberg/Havel (41 km) – jeweils mit Bahnanbindung nach Berlin, www.bike-berlin-copenhagen.com

➲ Besuch des Schiffermuseums Zehdenick, das sich an Bord des 42,5 m langen Großfinowmaßkahns ›Carola‹ (Baujahr 1916) befindet. Man kann die Wohndecks, den Maschinen- und Betriebsraum besichtigen und erfährt darüber hinaus einiges über die Binnenschifffahrt, die für die Stadtgeschichte Zehdenicks eine große Bedeutung hat(te). Das Schiff liegt auf Höhe Mühlenstraße Ecke Fi-

scherstraße in der Havel vor Anker. Geöffnet von Mai–Okt jeweils Di 10–14 Uhr, Mi-Sa 10–16 Uhr, So 11–16 Uhr, Eintritt 2,50 €, Kinder (3–14 J) 1 €.

➲ Im Ziegeleipark Mildenberg (durch den auch der Fernradweg führt) lässt sich ein Stück Industriegeschichte der Region erleben – wer mag, darf das Ziegelformen selbst einmal von Hand probieren! Außerdem gibt es eine Ziegeleibahn, einen historischen und zwei noch in Betrieb befindlichen Häfen samt Bootsverleih, Badestelle, Abenteuerspielplatz, Go-Kart-Touren, Radverleih, eine Gaststätte mit regionaler Küche (im Sommer tgl. 7.30–23 Uhr geöffnet), Ferienwohnung, Radlerhütten und Campingplatz, www.ziegeleipark.de

Keine Angst, die tun natürlich nichts

ℹ Gläserne Waldimkerei

Adresse: Am Wolfsgarten 5, 16792 Zehdenick, Tel. 0174/1323994.
www.bienenklaus.de
Öffnungszeiten: Von 1. Mai–30. Sept durchgehend geöffnet. Für eine Führung bitte anmelden.
Preise: Das ›Bibelfrühstück‹ (halbes Brötchen, Milch, Honig) kostet 2 € p. P. (nur für Gruppen).

Anreise: Mit der Bahn bis Zehdenick, Neuhof Bhf. (1 h 20 Min. ab Berlin Hbf., mit Umstieg in Oranienburg), von dort sind es 1,2 km durch den Ort. Mit dem Auto über die A111 bis Kreuz Oranienburg und weiter über die B96, B167 und B109 (Fahrstrecke ab Berlin-Alexanderplatz: 59 km). Am Ortsausgang Zehdenick in Richtung Templin rechts in einen Waldweg abbiegen (die Imkerei ist dort ausgeschildert!).

Prignitz und Ruppiner Land

Die Uckermark wird auch liebevoll die ›Toskana Brandenburgs‹ genannt mit ihren sanften Hügeln, Streuobstwiesen, Bilderbuchdörfern, dem UNESCO-Biosphärenreservat Schorfheide und einer hohen Dichte an (Lebens-)Künstlern und Cafés, die italienischen Kaffee und vegane Kuchen verkaufen.

Ein Teil des UNESCO-Biosphärenreservates Schorfheide-Chorin liegt auch im Barnim – jener Gegend, in der sich das berühmte Kloster Chorin und gleich nebenan das Ökodorf Brodowin befinden. Hier fährt man durch einige der schönsten, knorrigsten Alleen Brandenburgs. Und staunt über die Technik des Schiffshebewerkes Niederfinow.

UCKERMARK
UND
BARNIM

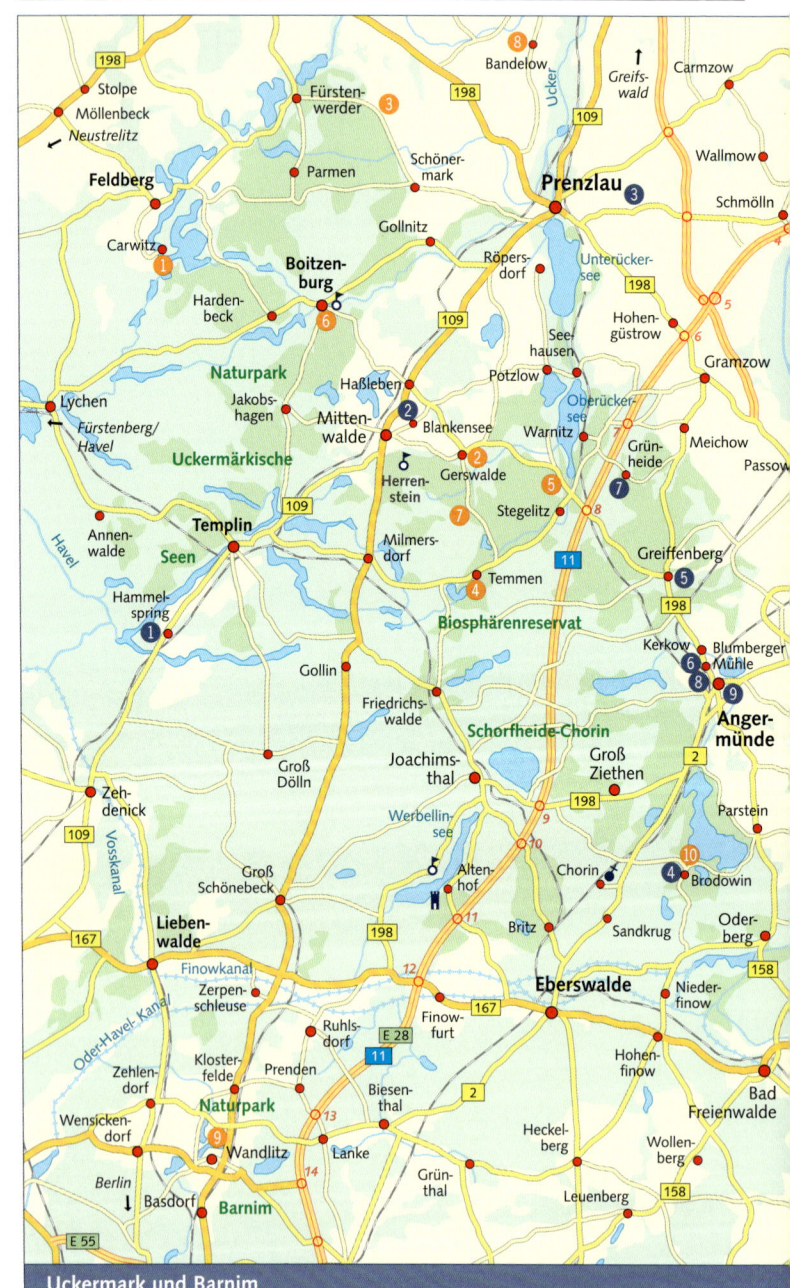

198
Stolpe
Möllenbeck
← Neustrelitz
Feldberg
Carwitz ①
Hardenbeck
Lychen
← Fürstenberg/Havel
Naturpark
Uckermärkische
Annenwalde
Templin
Seen
Hammelspring ①
Havel
Gollin
Zehdenick
109
Vosskanal
Groß Dölln
Groß Schönebeck
Liebenwalde
167
Finowkanal
Zerpenschleuse
Oder-Havel-Kanal
Zehlendorf
Wensickendorf
Berlin
↓
Basdorf
E 55
Klosterfelde
Prenden
Ruhlsdorf
E 28
11
⑬
Wandlitz
⑨
Lanke
⑭
Grünthal

Fürstenwerder ③
198
Bandelow ⑧
Ucker
Greifswald
Carmzow
109
Wallmow
Schönermark
Prenzlau ③
Schmölln
Parmen
Gollnitz
Röpersdorf
Boitzenburg ⑥ ♂
Röpersdorf
Unterückersee
198
Hohengüstrow ⑥
109
Haßleben
Jakobshagen
Mittenwalde
②
Blankensee
Potzlow
Seehausen
Oberückersee
Gramzow
Warnitz
Meichow
Passow
Herrenstein ♂
Gerswalde ②
⑤
Grünheide ⑦
Milmersdorf
Stegelitz ⑧
④ Temmen
11
⑤ Greiffenberg
198
Kerkow ⑥
Blumberger Mühle
⑧ ⑨
Angermünde
Friedrichswalde
Schorfheide-Chorin
Joachimsthal
Groß Ziethen
2
Werbellinsee
⑨
198
Parstein
⑩
Altenhof ♂
Chorin ♂
④ ⑩ Brodowin
⑪
Britz
Sandkrug
Oderberg
Finowfurt
167
Eberswalde
Niederfinow
158
⑫
2
Hohenfinow
Biesenthal
Bad Freienwalde
Heckelberg
Wollenberg
Leuenberg
158
Naturpark
Barnim
Biosphärenreservat

→ Kulinarische Ausflüge

1 Naturcamping am Dreetzsee (→ S. 58)

2 Fischräucherei Glut und Späne (→ S. 60)

3 Apfelwinzer Gutshof Kratz (→ S. 62)

4 Gut Temmen (→ S. 64)

5 Kulinarische Eselwanderung/Urlaub im Planwagen (→ S. 66)

6 Schloss Boitzenburg (→ S. 70)

7 Straußenhof Berkenlatten (→ S. 72)

8 Gläserne Käserei Uckerkaas (→ S. 73)

9 Klosterfelder Senfmühle (→ S. 75)

10 Ökodorf Brodowin (→ S. 78)

→ Veranstaltungen

Januar

1 Schokoladenworkshop und Pralinenkurs der Chocolaterie Hammelspring (ganzjährig) (→ S. 10)

Juni

2 Zur Mohnblüte in die Ölmühle Gut Blankensee (→ S. 13)

3 Kräuterfest in der Kräutergärtnerei Helenion (→ S. 13)

4 Hoffest im Ökodorf Brodowin (→ S. 14)

August

5 Sommerfest im Vern-Schaugarten Greiffenberg (→ S. 17)

September

6 Regionalmarkt Uckermark in der Blumberger Mühle (→ S. 21)

Oktober

7 Grünheider Mostereifest (→ S. 22)

8 Großer Fischzug an der Blumberger Mühle (→ S. 23)

Dezember

9 Angermünder Gänsemarkt (→ S. 26)

Uckermark und Barnim

Naturcamping am Dreetzsee

Falls Sie beim Stichwort ›Camping‹ sofort weiterblättern möchten, empfehle ich Ihnen: Lesen Sie erst einmal bis zum Ende, denn dieser Campingplatz dürfte Sie überraschen! Zunächst einmal damit, dass man sich hier nicht von Bockwurst, Pommes Frites oder Spaghetti mit Tomatensoße ernähren muss (außer man möchte das). Auf diesem Campingplatz gibt es nämlich ein ordentliches Restaurant, in dem alles frisch und gekonnt zubereitet wird, zum Beispiel Schweinebraten mit bayrischem Kraut oder auch Pulled Pork Burger. Außerdem gibt es eine Open-Air-Küche mit gemauertem Backofen, Räucherofen und Grillstelle. Der Backofen wird regelmäßig eingeheizt, um Brot und andere Leckereien zu backen – der Wirt lässt sich hier einiges einfallen. In der Hauptsaison jeden Samstag sowie an Himmelfahrt und Pfingsten kommt Fischermeister Krempig aus Beenz auf den Campingplatz und räuchert vor Ort frischen Fisch. Und oft brutzelt am Wochenende ein ganzes Wildschwein am Spieß, das kurz zuvor in den umliegenden Wäldern geschossen wurde. »Das hängen wir morgens übers offene Feuer und dann wird es bis zum Abend ganz langsam gegart«, schwärmt Campingplatzbetreiber Hans-Jürgen Döhring. Backschwein gibt es allerdings nur, wenn die Jäger erfolgreich waren, so dass diese Grillevents bis auf wenige Ausnahmen (zum Beispiel zum Saisonabschluss) immer erst wenige Tage im Voraus bekannt gegeben werden. Falls Sie jetzt Appetit bekommen, aber immer noch keine Lust auf Zelten haben: Auf dem Campingplatz kann man auch verschiedene, fest installierte Unterkünfte mieten. Da gibt es zum einen die kuscheligen, beheizbaren Campingfässer, die ein bisschen aussehen wie Hobbithöhlen, ein Mobilheim (zweckmäßig möbilierter Container) sowie komfortabel ausgestattete Holzhäuser, in denen man es selbst bei Dauerregen gemütlich hat.

Der Campingplatz mit seinen naturbelassenen und parzellierten Stellplätzen unter hohen Kiefern und Birken liegt in der Feldberger Seenlandschaft, an der Grenze zu Mecklenburg-Vorpommern, direkt am Ufer des Dreetzsees. Je nachdem, wie man anreist, ist er anderthalb bis zweieinhalb Stunden von Berlin entfernt, der Ausflug lohnt sich daher be-

Karte S. 56/57

Ein Campingplatz für Naturfreunde, Wassersportler und Gourmets

reits für ein Wochenende. Dank Boots- und Fahrradverleih, zahlreichen Rad- und Wanderwegen, Tauchbasis direkt am Platz und großzügigem Badestrand mit Liegewiese fühlen sich hier Gäste jeden Alters wohl. Ganz besonders wird hier jedoch an Familien mit jüngeren Kindern gedacht: Am Strand gibt es eine Wasserrutsche und eine Badeinsel, nebenan einen Natur- und Wasser-Matsch-Spielplatz, Tischtennisplatten, Platz für Fußball, Volley- und Basketball und im Sommer ein abwechslungsreiches Kinderprogramm mit Puppentheater, Ponyreiten und Spielfesten mit Hüpfburg. Und am Abend sitzt man dann ums

Brotbacken am Dreetzsee

große Lagerfeuer, backt Stockbrot und schaut in den Sternenhimmel, bis die Augen zufallen.

Damit lässt sich der Ausflug verbinden

❯ Mit einem Tauchgang in den Feldberger Seen. Schnuppertauchen ist schon ab 10 Jahren möglich und kostet 29 €, die Tauchbasis ist direkt am Campingplatz, www.luzindiver.com

❯ Mit Ranger Fred Bollmann z. B. auf Kanu-Safari zu den Seeadlern (8 km entfernt), www.ranger-tours.de

❯ Auf den Spuren derer von Arnim wandeln: Schloss Boitzenburg und die Apfelgräfin besuchen (14 km entfernt, Ausflug → S. 68)

❯ Mit einer Floßfahrt mit Naturklängen und Bierverkostung in Lychen (14,5 km entfernt, Ausflug → S. 36)

❯ Das Märchenland begeistert große und kleine Menschenmit vielen Spielmöglichkeiten rund um die bekannten Geschichten (27 km entfernt). Geöffnet Ostern–Ende Okt, Mi 9–13 Uhr, Sa–So 10–17 Uhr, Eintritt 2 € pro Stunde: Metzelthin 1, OT Klosterwalde, 17268 Templin, www.maerchenland-metzelthin.de

❯ Relaxen oder Austoben in der Naturtherme Templin mit Sauna, Thermalsolebad und Wasserrutsche (30 km entfernt), www.naturthermetemplin.de

❯ Mit einem Abstecher in den Wilden Westen, ins Eldorado Templin (35 km entfernt), www.eldorado-templin.de

Uckermark und Barnim

ℹ **Naturcamping am Dreetzsee**

Adresse: Dreetzsee 1, 17268 Boitzenburger Land, OT Thomsdorf, Tel. 039889/746. www.dreetzseecamping.de
Öffnungszeiten: 1. Apr–31. Okt
Preise: Zelt-Stellplatz je nach Größe 2,50–6,50 €/Nacht, Kleinbus-Stellplatz 4,50 €, Wohnmobil 6 €, jeweils plus 5/7,50 € p. P. und Nacht (Neben/Hauptsaison) bzw. 3/3,50 € pro Kind (4–14 J). Campingfass (2 Pers) ab 32 €/Nacht, Mobilheim (4 Pers) ab 42 €, Ferienhaus (4/6 Pers) ab 45/50 €. Tagesbesucher: 1,50 €.

Anreise: Mit der Bahn bis Templin (ca. 1,5 h ab Berlin Hbf., mit Umstieg in Löwenberg/Mark), weiter mit dem Fahrrad auf der ›Tour der Steine‹ (Radweg auf einer alten Bahntrasse), ab Rosenow dann auf Nebenstraßen weiter über Saugarten und Thomsdorf nach Dreetzsee (ca. 23 km ab Templin). Mit dem Auto über die A11 bis Ausfahrt Pfingstberg und weitere auf der L24 über Gerswalde und Boitzenburg oder über die B96 bis Fürstenberg/Havel und weiter über Lychen und Thomsdorf (Fahrstrecke ab Berlin-Alexanderplatz: 130 km).

Fischräucherei Glut & Späne

Auf dem Gelände der ehemaligen Schloss-gärtnerei in Gerswalde, nur ein paar Schritte von der Ruine der Wasserburg entfernt, entsteht ›ein Ort zum Forschen, Genießen und Ruhe finden‹, wie es die Menschen, die dort leben und arbeiten, selbst beschreiben. Vieles wirkt noch improvisiert, wild und unerschlossen in dem großen Garten, in dem alte Obstbäume und ein historisches Gewächshaus stehen, neue Gemüsebeete angelegt wurden und eine Japanerin (ursprünglich Modedesignerin) ein Restaurant mit japanischen und europäischen Gerichten, Kaffee und Kuchen betreibt. Samstag abends öffnet die Bar ›Paradieschen‹ auf dem Gelände. In einer alten Scheune werden fünf einfache, aber einladende Zimmer vermietet. Und last but not least befindet sich auf dem Gelände die Fischräucherei ›Glut & Späne‹.

Michael Wickert angelt seit seiner Kindheit, die er am Bodensee verbrachte, studierte später Fischereiwissenschaften und vergrößerte in Südafrika, Australien, der Schweiz und in Frankreich sein Fischereiwissen. Nachdem er einige Jahre lang einen Fischstand in der Kreuzberger Markthalle Neun betrieben hatte, zog es ihn aufs Land – und er entdeckte die Uckermark für sich.

In seiner Räucherei bietet Wickert nun von Frühjahr bis Herbst verschiedene Fisch- und Räucherkurse an. Im Basiskurs beispielsweise räuchern die Teilnehmer im Profiofen gemeinsam Fisch, den sie anschließend gemeinsam essen oder mit nach Hause nehmen. Dabei gibt er Tipps, die sich am heimischen Kugelgrill anwenden lassen. Ergänzend bietet er weitere, frei miteinander kombinierbare Kurse an: Einen Angel-Einsteigerkurs am nahen Forellenteich; eine Einführung ins Fischfiletieren, der dann direkt zu Ceviche (›peruanische Sushi‹) verarbeitet und gegessen wird; ein gemeinsamer Besuch des nahen Fischereimuseums, in dem Wickert vom traditionellen Fischen in der Ucker-

Michael Wickert gibt Profi-Räuchertipps für Zuhause

mark erzählt; ein regionaler Fisch-Koch-kurs; eine Weinprobe mit Rieslingweinen befreundeter Winzer vom Bodensee. Kur-se sind ab sechs Personen buchbar, die Inhalte im Vorfeld mit Michael Wickert abzustimmen. Dieser arbeitet außerdem mit den Anbietern Origo Foodtrips und Aydoo Sessions zusammen, die zu festen Terminen Ausflüge mit Transfer ab Berlin anbieten, welche dann auch für Einzelper-sonen buchbar sind.

Fein: Fisch und Wein

Damit lässt sich der Ausflug verbinden

❯ Mit einem Besuch des Straußenhofs in Berkenlatten (Ausflug → S. 70)

❯ Mit einem Abstecher nach Schloss Boitzenburg, zu den Schaumanufaktu-ren im Marstall und zum Gutshaus der Apfelgräfin (Ausflug → S. 68)

❯ Mit einem Besuch auf Gut Temmen im 10 km entfernten Alt-Temmen (Do 14–18 Uhr, Fr 10–18 Uhr, Sa 10–14 Uhr) zum Einkauf im Hofladen oder im Sommer zu einer der Veranstaltungen. www.gut-friedenfelde.de

❯ Mit einem Stopp in Angermünde. Der historische, rund 775 Jahre alte Stadtkern ist vollständig erhalten und kann individuell oder im Rahmen einer Stadtführung entdeckt werden. Toll ist die Theaterstadtführung ›Aben(d)teuer-liches Ketzerangermünde‹ auf den Spuren von Ketzern, Mönchen und Inquisitoren, Wein und andere Überraschungen inklu-sive. Von Mai bis Oktober jeweils am 2. Freitag im Monat. www.angermuende-tourismus.de

❯ In der Naturtherme Templin mit Wasserrutsche, Sauna und Thermalsole-bad relaxen oder toben. www.naturthermetemplin.de

---

ℹ **Fischräucherei Glut & Späne**

Adresse: Glut & Späne, Landräucherei Uckermark, Dorfmitte 11 (in der alten Schlossgärtnerei), 17268 Gerswalde, Kon-takt am besten unter:
hallo@glutundspaene.de
www.glutundspaene.de
www.dergrossegarten.de

Öffnungszeiten: Kurse: Ostern–Okt buch-bar; zu festen Terminen oder ab 6 Perso-nen individuell. Hofverkauf: Samstag ab 12 Uhr, im Sommer bis abends, im Win-ter bis zum Nachmittag.

Preise: Workshops direkt bei Glut & Spä-ne je nach vereinbartem Programm 49-99 €. Buchbar auch über folgende Anbieter: ›Foodtrip Fisch‹ (8.30–22 Uhr) mit Verkos-tung in der Markthalle Neun, Transfer ab/ nach Berlin, Besuch des Fischereimuseums, Angeln und Räuchern 104 € pro Person.

4-stündiger ›Craft-Workshop für Foodies und Hobbyköche‹ inkl. Museumsbesuch, Filetier-, Ceviche- und Räucherkurs 99 € p. P. (zzgl. Shuttle ab Berlin Hbf. (40 €). Der Workshop ist auch auf Englisch oder Französisch möglich. www.aydoo-sessions.de

Anreise: Mit der Bahn bis Wilmersdorf bei Angermünde (1 h 30 Min., direkt ab Berlin Hbf); anschließend weitere 13 km über Suckow, Flieth, Kaakstedt per Rad oder weitere 20 Min. mit Bus 504 bis Gerswalde/Markt (teilweise nur Rufbus, tel. Voranmeldung unter 03332/442755 Mo–Fr 8–18, Sa/So 8–13 Uhr, mind. je-doch 60 Min. vorher).
Mit dem Auto über die A11 bis zur Ab-fahrt Pfingstberg und weiter über die L24 (Fahrstrecke ab Berlin-Alexanderplatz: 100 km).

Apfelwinzer Gutshof Kraatz

Wenn jemand für eine Sache brennt und sein Handwerk mit großer Leidenschaft ausübt, dann spürt man das sofort. Florian Profitlich und seine Frau Edda Müller gehören dazu. Vor rund 15 Jahren kauften sie den denkmalgeschützten Gutshof Kraatz in der Nordwestuckermark, renovierten ihn behutsam, bauten ihn aus und um und verarbeiteten dabei ökologische Materialien und historische Baustoffe wie Ziegelsteine, Türen oder Fliesen. Zwei Ferienwohnungen entstanden, die mit Möbeln und Accessoires aus den 1920er und 1930er Jahren eingerichtet wurden, und in der großen Scheune eine gemütliche Weinschänke. Denn – und das ist die zweite Sache, bei der man die Leidenschaft spürt – auf dem Gutshof Kraatz werden auch Weine gekeltert. Genauer gesagt: Apfel-, Birnen- und Quittenweine, die inzwischen mehrfach ausgezeichnet wurden. Als Florian Profitlich in die Uckermark zog, fielen ihm die Obstbäume auf, die überall an den Straßenrändern standen. Schmackhafte, alte Sorten, die jedoch kaum jemand erntete. Sie brachten ihn auf die Idee, Obstwein zu keltern. Der gelernte Fotograf wälzte dicke Bücher, in denen Pomologen hunderte Apfelsorten, hübsch gezeichnet oder fotografiert, katalogisieren. Und begann dann mit einem Experiment, das er seitdem mit der Akribie eines Wissenschaftlers und der Begeisterung eines Foodies betreibt, denn viele Fragen lassen sich nur durch Ausprobieren beantworten. Etwa: Wie reagiert diese oder jene Frucht bei der Gärung? Welchen Einfluss hat der Boden bei Äpfeln und Birnen auf Güte und Aroma? Der Pfannkuchenapfel beispielsweise hat, wenn man die Frucht vom Baum pflückt und isst, keinen außergewöhnlichen Geschmack. Aber weil ein Teil seines Zuckers von den Hefen bei der alkoholischen Gärung nicht zersetzt werden kann, so stellte Profitlich fest, verbleibt er im Wein. Dadurch entsteht ein fruchtiger Tropfen mit vielschichtigen Aromen und einer zarten Süße. Säure- und gerbstoffreich sind die alten Sorten, die in der Uckermark wachsen, auch das beeinflusst das Ergebnis beim

Hier entsteht Apfelwein aus alten Sorten von der Streuobstwiese

Keltern. Die Äpfel werden vollreif kalt und schonend vergoren, die Weine trocken beziehungsweise feinherb ausgebaut. Wer noch nie Fruchtweine getrunken hat, muss sich an den Geschmack allerdings erst einmal herantasten. Dafür bieten sich die kleinen Weinproben an, die in der Weinschänke, welche zugleich auch als Hofladen fungiert, jederzeit möglich sind (Gruppen bitte vorher anmelden). Wer tiefer einsteigen und von Florian Profitlich selbst etwas über die Herausforderungen und Entdeckungen während seines Apfel-Experiments erfahren möchte, der fragt vorher einen Termin an. Als Begleitung gibt es in der Gaststätte kleine Gerichte wie etwa Quiche, Bauernfrühstück oder Wildbratwürste mit Thymian-Bratkartoffeln und Salat. Die Speisen werden, soweit möglich, aus Zutaten von benachbar-

Die liebevoll renovierte Scheune

ten Höfen zubereitet. Beim ›Uckermark Delikat-Essen‹ (immer Samstag ab 18 Uhr) wird es raffinierter: Dann steht auch mal eine japanische Köchin am Herd. Reservierung empfohlen!

Damit lässt sich der Ausflug verbinden

➡ Mit einem historischen Stadtspaziergang durch Prenzlau, dessen älteste Bauwerke – die Stadtmauer mit Wiekhäusern und Türmen, die Kirche St. Marien und das Dominikanerkloster – aus dem 13. Jahrhundert stammen. Mehrmals im Jahr (bzw. für Gruppen ab 15 Personen zum Wunschtermin) veranstalten die Stadtinformation Prenzlau, das Wein- und Tee-

haus Gotzmann und die Stadtführerin Doris Meinke einen ›Stadtrundgang für Geist und Gaumen‹, bei dem man regionale Spezialitäten verkostet und allerlei Geschichten über die Stadt erfährt, www.prenzlau-tourismus.de

➡ Mit einem Besuch der gläsernen Produktion von Uckerkaas (Ausflug→ S. 73)

Apfelwinzer Gutshof Kraatz

Adresse: Schloßstraße 7, 17291 Nordwestuckermark, OT Kraatz, Tel. 039859/639 76. www.gutshof-kraatz.de **Öffnungszeiten:** Von Ostern–Ende Okt Do–Fr 14–21 Uhr, Sa 12–21 Uhr, So 10–18 Uhr (von 10–14 Uhr ›Langes Frühstück‹). Die Schänke und Terrasse sind barrierefrei.
Preise: Weinprobe mit drei Weinen 5 €, mit fünf Weinen 7 € p. P. (ab 10 Pers. auf Anfrage). Ferienwohnung: Remise ab 185 €, Bauernhaus ab 260 €, jeweils für 2 P. und 2 Nächte (Mindestaufenthalt).

Anreise: Mit der Bahn bis Prenzlau (mit RE oder ICE in 1,5–2 h, direkt ab Berlin Hbf), weitere 36 Min. mit Bus 416 bis Kraatz Dorf (teilweise nur Rufbus, tel. Voranmeldung unter 03332/442755, Mo–Fr 8–18, Sa/So 8–13 Uhr, mind. jedoch 60 Min. vorher) oder 20 km mit dem Fahrrad über den Uckermärkischen Radrundweg und sekundäre Radwege.
Mit dem Auto über die A11 bis Abfahrt Gramzow und weiter über die B198 und L25 bzw. über die B109 gen Norden (Fahrstrecke ab Berlin-Alexanderplatz: 134/124 km).

Uckermark und Barnim

Gut Temmen

Das einstige Rittergut liegt dort, wo die Uckermark am schönsten ist: Im Herzen des UNESCO Biosphärenreservates Schorfheide, umgeben von den sanften Hügeln einer Endmoränenlandschaft, die die letzte Eiszeit zurückgelassen hat – und dort, wie dahin gemalt, auf einer Landzunge zwischen zwei Seen. Rund 3300 Hektar Fläche umfasst das Gut, davon entfallen 20 Prozent auf Naturschutzflächen, die einer Vielfalt seltener Tiere und Pflanzen ein Zuhause bieten. Das alleine ist Grund genug für den Eigentümer, Rolf Henke, hier ökologische Landwirtschaft zu betreiben. Sein Ansatz geht jedoch darüber hinaus. So arbeitet der Betrieb beispielsweise mit Saatmethoden, für die weniger gepflügt werden muss, um Diesel zu sparen. Der überwiegende Teil des Saatgutes wird selbst produziert, das zugekaufte ist ökologisch hergestellt. Ein ganz wesentlicher Teil der Hof-Philosophie ist es außerdem, dass die Tiere – rund 1500 Rinder und 300 Schweine – wesensgerecht gehalten werden: in Ställen mit reichlich Platz und Auslauf beziehungsweise auf großzügigen Weiden. Zugefüttert wird, was der Betrieb selbst anbaut. ›Wie ein Winzer Wert auf das Terroir des Weines legt, glaube ich an die Terroir des Fleisches‹, sagt Rolf Henke. 1997, als er das Gut kaufte, setzte er sich gegen Mitbewerber durch, die dort Golf Resorts und Luxuslodges bauen wollten. Wer einmal Wurst oder Fleisch von Gut Temmen probiert hat, wird ihm Recht geben. Das bekannteste Produkt ist die ›Temmener Stracke‹ – eine Rohwurst, die nach einem alten Rezept aus dem Eichsfeld hergestellt wird und in Natur-Lehmkammern lufttrocknen und reifen darf. Hervorragend sind aber auch alle anderen Wurstspezialitäten, die in einer traditionellen Metzgerei hergestellt werden: Leberwurst, Blutwurst, Mettwurst oder die Temmener Runde, eine Variante der Stracke, die jedoch über Buchenholz geräuchert wird und weicher ist. Gut Temmen vertreibt seine Produkte über einen eigenen Onlineshop sowie über

Luftgetrocknete, gereifte Rohwurst und andere Delikatessen von Rind und Schwein

Ein Rittergut am See mit viel Platz für ökologische Landwirtschaft

Uckermark und Barnim

regionale Partner (z.B. Ökodorf Brodowin). Schöner ist es jedoch, dem Hofladen einen Besuch abzustatten und einen Spaziergang über das weitläufige Hofgelände zu machen. Denn erst dort begreift man die Philosophie von Gut Temmen und versteht, warum gutes Fleisch seinen Preis hat. Apropos: Schlachttermine werden auf der Webseite bekannt gegeben, das Fleisch (alle Teile vom Rind sowie Schweinelende) kann dann im Hofladen vorbestellt werden. Und wer den Ausflug in die schöne Uckermark zu einem Kurzurlaub ausdehnen möchte, kann sich in eines der fünf gemütlichen Gästezimmer im Gutshaus einmieten.

Damit lässt sich der Ausflug verbinden

❥ Auf Gut Temmen gibt es auch eine Pferdezucht (Missouri Foxtrotter und Quarter Horses) und die Möglichkeit, Reitstunden im Westernstil zu nehmen bzw. auszureiten.
www.susanne-krueger-online.de
❥ Mit einem Besuch des Straußenhofs in Berkenlatten (Ausflug → S. 70)
❥ Mit einem Besuch der Fischräucherei Glut & Späne in Gerswalde (nur Sa, Ausflug → S. 60) und der Wasserburgruine (geöffnet 1.4.–3.10. Mo–Fr 10–16 Uhr, Sa 13–17 Uhr, in den Sommerferien auch So 13–17 Uhr, Anmeldung zur Führung unter Tel. 039887/249).

❥ Im Salon des 270 Jahre alten Gutshauses Friedenfelde sitzt man wie in Omas guter Stube neben einem Kaminofen und genießt ausgezeichnete hausgebackene Kuchen und Torten oder ein warmes Gericht von der kleinen Tageskarte (8 km entfernt). Tel. 039887/697699. www.friedenfelde.de
❥ Mit einem Abstecher nach Schloss Boitzenburg und zur Apfelgräfin (Ausflug → S. 68)
❥ In der Naturtherme Templin mit Sauna und Thermalsolebad relaxen, im Wellenbad und an den Rutschen austoben. www.naturthermetemplin.de

ℹ
Adresse: Lindenallee 3a, 17268 Temmen-Ringenwalde, Tel. 039881/208.
www.gut-friedenfelde.de
Öffnungszeiten: Hofladen: Do 14–18 Uhr, Fr 10–18 Uhr, Sa 10–14 Uhr.

Preise: Es gibt fünf Gästezimmer mit Doppelbett, die 42–48 €/Nacht kosten, Aufbettung 5 €.
Anreise: Mit der Bahn bis Wilmersdorf bei Angermünde (ca. 1 h 30 Min., direkt ab Berlin Hbf) und dann weitere

15 Min. mit dem Bus 510 bis Alt Temmen bzw. 13 km mit dem Rad (teilweise über schmale und/oder Kopfstein gepflasterte Straßen). Oder mit der (S-)Bahn nach Templin (ca. 1 h 38 Min., mit Umstieg in Oranienburg) und weitere 33 Min. mit dem Bus 510. Mit dem Auto über die A11 bis Abfahrt Pfingstberg und weiter über die L241 oder über Landstraßen von Berlin gen Norden (Fahrstrecke ab Berlin-Alexanderplatz: 100 bzw. 87 km).

Kulinarische Eselwanderung & Urlaub im Planwagen

Dieser Ausflug ist eher ein Kurzurlaub, denn die kulinarische Wanderung ist für mindestens drei Tage und zwei Übernachtungen konzipiert. Dabei hält der Trip so manche Überraschungen bereit. Überraschung Nummer 1: Wenn man mit einem Esel unterwegs ist, wird man von wildfremden Menschen strahlend und winkend gegrüßt. Überraschung Nummer 2: Esel sind gar nicht störrisch, sondern sehr liebenswerte, freundliche und neugierige Wandergefährten. Los geht es in Suckow, dem Standort der Eselherde, wo man von der Besitzerin, Katrin van Zwoll, eine Einführung in den Umgang mit den Tieren bekommt. Außerdem erhält man von ihr gutes Kartenmaterial, auf dem auch die Gastgeberhöfe eingezeichnet sind. Von Suckow aus wandert man mit dem grauen Langöhrchen am Führstrick durch die sanft hügelige Uckermark (was der Region den Kosenamen ›Toskana Berlins‹ eingebracht hat), über

schmale, oft mit Kopfstein gepflasterte Allen und sandige Feldwege, durch Dörfer aus rotem Ziegel und großen Feldsteinen, an Wiesen und an Seen vorbei. Auf dem Rücken trägt der Esel das (kleine) Gepäck der Wanderer, eine Picknickdecke und das Lunchpaket. Dieses enthält jeden Tag andere Leckereien, denn es wird morgens, nachdem die Gäste ausgiebig gefrühstückt haben, vom Gastgeber zusammengestellt. Am Ende der Tagesetappe erwartet die Wanderer dann bei ihren nächsten Gastgebern ein warmes Abendessen. Die Idee der kulinarischen Wanderung ist es, dass die Wanderer mit regionalen Produkten, meist in Bioqualität, versorgt werden. Oft stammen diese sogar direkt vom Hof des Gastgebers. Auf dem Straußenhof Berkenlatten erhält man zum Beispiel Straußensteak oder -bratwurst (Ausflug → S. 70), in der Kleinen Schäferei Biesenbrow Gemüse aus dem eigenen Garten sowie Fleisch vom Hof und in der Obstweinschänke Welsow kann man selbst gekelterte Weine, Liköre und Sekt aus uckermärkischen Früchten verkosten. Übernachtet wird in einfachen Herbergen, vom Holzhaus neben der Eselkoppel bis zur Matratze oben auf der Tenne. Vegetarische Verköstigung ist möglich, wenn es bei der Buchung mit angegeben wird. Mit derzeit zehn verschiedenen Höfen arbeitet Katrin van Zwoll zusammen, die bereits seit 2004 Natur- und Aktivreisen veranstaltet. Im Programm hat sie auch Plan-

Esel sind gar nicht störrisch

Karte S. 56/57

Eine der charmantesten Arten Gepäck zu transportieren

wagenurlaub, bei dem man – wie früher die Siedler im Wilden Westen – durch die Uckermark zieht. Mit einer Pferdestärke und (wenn man dies will) allem, was man für einen Campingurlaub der etwas anderen Art braucht, an Bord. Bis zu vier Personen können in dem zwei mal vier Meter großen Planwagen schlafen, der auch mit einer kleinen Küchenzeile samt Herd und fließend Wasser ausgestattet ist. Wer möchte, kann Verpflegung dazu buchen, entweder in Form eines Einkaufsservice, der regionale Produkte bringt, oder indem man sich von den Gastgebern

(s.o), auf deren Grundstück man campt, abends mit Produkten vom Hof bekochen lässt. Auch für das Kutschieren des Planwagens braucht man keine Vorkenntnisse: Man bekommt von Katrin van Zwoll eine ausführliche Einweisung. Freude am Umgang mit Esel oder Pferd sollte man allerdings mitbringen. Beide Touren sind hervorragend auch für Kinder geeignet. Beim Planwagenurlaub beträgt das Mindestalter drei Jahre, bei der Eselwanderung sollte ausreichend Lauflust vorhanden sein, denn auf den Eseln darf nicht geritten werden.

Damit lässt sich der Ausflug verbinden

➲ Nach der Wanderung in der Naturtherme Templin mit Sauna und Thermalsolebad relaxen.
www.naturthermetemplin.de

➲ Noch mehr Wilder Westen im El Dorado Templin erleben: Gold waschen, Bogenschießen, Axtwerfen, Bullenrodeo, Ponyreiten und vieles mehr, dazu ein aufregendes Showprogramm mit Cowboys und Indianern.
www.eldorado-templin.de

Abends wartet ein leckeres Essen

⮕ Mit einem Stopp in Angermünde. Der historische, rund 775 Jahre alte Stadtkern ist vollständig erhalten und kann individuell oder im Rahmen einer Stadtführung entdeckt werden. Toll ist die Theaterstadtführung ›Aben(d)teuerli-ches Ketzerangermünde‹ auf den Spuren von Ketzern, Mönchen und Inquisitoren, Wein und andere Überraschungen inklu-sive. Von Mai bis Oktober jeweils am 2. Freitag im Monat.
www.angermuende-tourismus.de

ℹ️ Eselwanderung

Adresse: celine aktiv reisen, Suck-ow 41, 17268 Flieth-Stegelitz, Tel. 0170/2450055.
www.celine-aktiv-reisen.de
Öffnungszeiten: Das Eselwandern bzw. die Planwagentour sind ganzjährig (außer bei Eis) möglich. Für den Sommer, vor al-lem während der Ferien, sollte frühzeitig gebucht werden.
Preise: Je nach Anreisetag ab 228 € p. P. für 3 Tage/2 Nächte inkl. ÜN/VP. Kinder unter 12 J. erhalten 20% Ermäßigung bei Buchung von zwei Vollzahlern. Längere Touren (bis zu 7T/6N) möglich.

Anreise: Mit der Bahn bis Wilmersdorf/ Uckermark, weiter mit Bus 504 bis Suck-ow (teilweise nur Rufbus, Voranmeldung unter Tel. 03332/442755 Mo–Fr 8–18, Sa/So 8–13 Uhr, mind. jedoch 60 Min. vorher) oder bei celine aktiv reisen einen Transfer bestellen (30 € hin & zurück). Oder mit der Bahn bis Warnitz (ca. 1 h 15 Min. ab Berlin Hbf), weiter über den Berlin-Usedom-Radweg bis kurz vor Suckow (6 km) und weitere 2,5 km über die L24. Mit dem Auto über die A11 bis Abfahrt Pfingstberg und weiter über die L24 (Fahrstrecke ab Berlin Alexander-platz: 94 km).

Schloss Boitzenburg und die ›Apfelgräfin‹

Strahlendweiß, mit unzähligen Türmchen, Gauben und Zinnen, thront Schloss Boit-zenburg in einem von Lenné gestalteten Park, der sich auf einer Halbinsel befin-det. Der Marstall, direkt gegenüber, wirkt dagegen fast schlicht: ein langgestreck-ter, zeitlos eleganter Bau. Eine histori-sche Kutsche auf dem großen Vorplatz erinnert daran, dass hier einst die Pferde untergestellt waren. Das Schloss war jahr-hundertelang Stammsitz der Familie von Arnim, heute machen dort Kinder und Jugendliche Reiterferien. Und im Marstall reihen sich die gläsernen Manufakturen aneinander: Geschickte Hände formen vor den Augen der Zuschauer Figuren aus edler belgischer Schokolade, schich-ten und verzieren kunstvolle Torten, rös-ten langsam und schonend Kaffeeboh-nen aus den besten Anbaugebieten der Welt. Dabei entsteht ein so intensiver Duft nach frischem Gebäck, Schokolade und Kaffee, dass man fast unweigerlich einen Tisch im geräumigen Marstall-Café ansteuert und dort in den Sessel sinkt. Im Café wird auch das handwerklich gebraute, naturbelassene Boitzenburger Bier ausgeschenkt; die Brauerei, die sich ebenfalls auf dem Gelände befindet, wur-de zum Zeitpunkt der Recherche noch umgebaut, sie soll künftig ebenfalls zum Schaubetrieb werden. An Sommerwo-chenenden, wenn Busgruppen, Radler und Biker hier einkehren, kann es trotz der Größe der Räumlichkeiten voll wer-den. Bei schönem Wetter gibt es zwar weitere Sitzplätze draußen, auf dem Vor-platz. Wer es ruhiger und beschaulicher mag, fährt jedoch einfach vier Kilome-ter weiter, nach Lichtenhain. Im dortigen Gutshaus, das zum Schloss Boitzenburg gehört, lebt heute ein Teil der Familie

Köstlichkeiten aus Äpfeln und ein lauschiger Stellplatz für Camper in Lichtenhain

Uckermark und Barnim

von Arnim. Und weil die Hausherrin aus Äpfeln allerlei Köstlichkeiten herstellt, ist sie mittlerweile als ›Die Apfelgräfin‹ bekannt. Mit Betreten des Hofladens wird jedem sofort klar warum. Erstens: Der Duft! Und zweitens: Der Laden ist zwar nicht besonders groß, die Regale stecken jedoch voller Leckereien, wie sie nur mit sehr viel Liebe zum Produkt entstehen können. Neben Altbekanntem und dennoch unglaublich Gutem wie Apfelsaft von zertifizierten Streuobstwiesen aus der Region, Apfel-Essig, Apfel-Tees und Fruchtaufstrichen entdeckt man auch Delikatessen wie das weihnachtlich gewürzte Apfel-Früchte-Brot im Glas oder die balsamico-ähnliche Salatsoße ›Vert Jus‹ aus grünen Äpfeln, die nach einem uralten, wiederentdeckten Rezept hergestellt wird. Haus Lichtenhain ist ein hübsches Gebäudeensemble aus rotem Backstein und Holz, in dem sich auch ein lichtdurchflutetes Café mit Blick in den Garten befindet. Und wer sich von dieser Idylle gar nicht losreißen kann, bleibt einfach in einer der drei Ferienwohnungen über Nacht. Auch Camping (im eigenen Fahrzeug) ist nach Absprache möglich. Besonders schön ist es im Frühsommer zur Apfelblüte.

Damit lässt sich der Ausflug verbinden

❷ Mit einer Schlossführung: Sa, So, feiertags während der Saison, 3 € p. P.
❷ Mit einer Wanderung auf Deutschlands schönstem Wanderweg (Auszeichnung von 2009) ab Boitzenburg, durch Wälder und an Seen vorbei: Der ›Kleine Boitzenburger‹ ist 10,5 km lang, der ›Große Boitzenburger‹ 19 km, beides sind Rundkurse.

Karten und Wegbeschreibung:
www.gemeinde-boitzenburger-land.de
(Stichwort Tourimus > Wanderwege)

❯ Mit einem Besuch des Märchenlandes ›Frau Holle‹: Das liebevoll gestaltete Grundstück mit Märchenwiese und Wald, Hexenhaus, Märchenbrunnen, Kräutergarten und Abenteuerspielplatz lädt kleine und große Besucher zum (Märchen) Spielen ein.
Geöffnet Ostern bis Ende Okt, Mi 9–13 Uhr, Sa–So 10–17 Uhr, Eintritt 2 € pro Stunde: Metzelthin 1, OT Klosterwalde, 17268 Templin.
www.maerchenland-metzelthin.de

❯ Mit einer Floßfahrt mit Naturklängen und Bierverkostung in Lychen (Ausflug → S. 36)
❯ Mit einem Besuch der Ruine der Wasserburg in Gerswalde (geöffnet 1.4.–3.10. Mo–Fr 10–16 Uhr, Sa 13–17 Uhr, in den Sommerferien auch sonntags 13–17 Uhr, Anmeldung zur Führung unter Tel. 039887/249) und Einkehr im ›Großen Garten‹ (Ausflug → S. 60).
❯ Mit einem Besuch des Straußenhofs Berkenlatten (Ausflug → S. 70)

ℹ Schloss Boitzenburg

Adresse: Marstall Boitzenburg, Templiner Str. 5, 17268 Boitzenburger Land, Tel. 039889/509094, www.marstall-boitzenburg.de. Haus Lichtenhain, Lichtenhain 25, 17268 Boitzenburger Land, Tel. 039889/8250. www.die-apfelgraefin.de
Öffnungszeiten: Marstall: April–Dez tägl. 10–17 Uhr. Haus Lichtenhain: April–Okt Mo–Sa 13–17 Uhr.
Preise: Der Besuch ist kostenlos.
Anreise: Mit der Bahn und dem Rad bis Bahnhof Seehausen/Uckermark (alle 2 h, in 1 h 40 Min., direkt ab Berlin Hbf), von dort ca. 25 km per Rad. Alternativ mit der Bahn bis Templin (1 h 27 Min., direkt ab Berlin Lichtenberg), von dort weiter auf dem Radweg ›Spur der Steine‹ bis Boitzenburg (21 km) oder mit dem Bus 503 (unregelmäßig!) in ca. 35 Min. bis Boitzenburg/Amt (300 m vom Schloss entfernt). Mit dem Auto über die B109 oder über die A11 bis Ausfahrt Pfingstberg und weiter über die L24 (Fahrstrecke ab Berlin-Alexanderplatz: 97 km)

Straußenhof Berkenlatten

Im Spätsommer, wenn die Sonne das Gras ausgebleicht hat, ist die Illusion beim Spaziergang über das weitläufige Gelände des Straußenhofes fast perfekt: Die langbeinigen Laufvögel scheinen durch die afrikanische Savanne zu schreiten und nicht etwa durch die sanften Hügel der Uckermark. Nur der Zaun, der die Besucher von den bis zu drei Meter großen und bis zu 160 kg schweren Tieren rechts und links des Weges trennt, passt nicht ganz in dieses Bild. Es ist schon ein ulkiges Erlebnis, wenn plötzlich einer der Strauße ganz nah an den Zaun herankommt und die Besucher von oben herab anschaut: Der kleine Kopf mit den unnatürlich großen, von langen Wimpern umgebenen Augen sitzt auf einem sehr langen und dünnen Hals. Wie ein Periskop dreht dieser sich mal nach links, mal nach rechts. Fast erwartet man, dass das Tier, nachdem es den Besucher ausreichend beäugt hat, zu sprechen beginnt. Tut es natürlich nicht, aber es könnte passieren, dass es plötzlich ein Tänzchen hinlegt, die langen Beine einknickt und mit seinen großen schwarz-weißen Flügeln wedelt.
200 Vogeldamen samt Nachwuchs plus Straußenhahn Hugo leben auf dem Hof in Berkenlatten – und sie scheinen sich in Brandenburg ziemlich wohl zu fühlen. Wer schon immer mal Straußenfleisch probieren wollte, kann dies im Hofimbiss

tun. Das Fleisch gilt als äußerst gesund, denn es ist fett- und kalorienarm und hat einen niedrigen Cholesteringehalt. Geschmacklich muss man aber zum Glück keine Abstriche machen, im Gegenteil: Obwohl es sich um Geflügel handelt, ist Straußensteak vergleichbar mit einem butterzarten Rindersteak. Außerdem stehen Bratwurst und Rührei vom Vogel Strauß auf der Karte. Bei gutem Wetter sitzt man auf rustikalen Bänken vor dem Haus, mit Blick auf die Straußenweide und den Streichelzoo. In diesem leben ein paar Schafe, Kaninchen, Hühner, Enten und seit Neuestem zwei Känguruhs. Auf dem Hofgelände befindet sich außerdem ein Barfußpfad. Die Atmosphäre ist insgesamt derart friedlich und entspannt, dass man gerne über Nacht bleiben möchte.Und auch das ist möglich: Auf eine der Koppeln, gleich neben die Straußen-Kinderstube, wurde ein schlichtes, aber sehr schönes Blockhaus gebaut, in dem bis zu vier Personen schlafen können. Für Camper gibt es außerdem zwei Stellplätze (mit Stromanschluss), einen davon direkt ne-

Neugieriger Strauß in Berkenlatten

ben der Straußenweide. Als Souvenir kann man im Hofladen Federn, Leder und Straußen-Eierschalen (natur und bemalt bzw. bearbeitet) erwerben. Übrigens: Nur acht Kilometer von Berkenlatten entfernt liegt tatsächlich Afrika! Das entsprechende Ortsschild wird sehr gerne fotografiert.

Damit lässt sich der Ausflug verbinden

❷ Auf einer Wanderung mit Esel (Ausflug → S. 66) kann man auch den Straußenhof als Gastgeber für eine Übernachtung auswählen.

❷ Mit einem Besuch der Fischräucherei Glut & Späne (Ausflug → S. 60) und der Wasserburgruine in Gerswalde (geöffnet 1.4.–3.10. Mo-Fr 10–16 Uhr, Sa 13–17 Uhr, in den Sommerferien auch So 13–17 Uhr).
Jedes Jahr im Spätsommer erwacht die Burg für ein Wochenende zu Leben: Dann findet hier ein Mittelaltermarkt mit Musik, Tanz, Handwerk, Speis und Trank statt. Anmeldung für Führungen unter Tel. 039887/249. www.gerswalder-wasserburg.de

❷ In der Umgebung gibt es eine ganze Reihe schöner Badeseen. Am nördlichen Zipfel des Sabinensees gibt es eine Badestelle mit Steg und Einstiegsleiter (3 km); der Stiernsee bei Neudorf (5 km) ist herrlich einsam; die Badestelle ›Karl Flach‹ bei Fergitz am Oberuckersee (14 km) ideal für kleine Kinder.

❷ Im Nachbarort Neudorf hat Buchbinderin Sylvia Juhl ihre Werkstatt, in der sie nicht nur Bücher restauriert und von Hand fertigt, sondern auch Schmuck aus Papier. Juhl bietet auch Workshops an. Im selben Haus befindet sich das Atelier des Bildhauers Klaus Schitthelm. Übernachtung in einer wunderschönen Ferienwohnung und in einem Bauwagen

Uckermark und Barnim

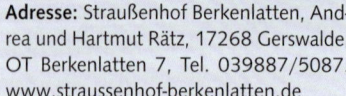

Eine Etappe der Eselwanderung (→ S. 66) führt nach Berkenlatten

neben der Schafweide sind möglich. Tel. 039887/696 42.
www.buchbinderei-juhl.de
❯ Im Salon des 270 Jahre alten Gutshauses im Nachbarort Friedenfelde sitzt man wie in Omas guter Stube neben einem Kaminofen und genießt ausgezeichnete, hausgebackene Kuchen und Torten oder ein warmes Gericht von der kleinen Tageskarte. Fast alle verwendeten Produkte stammen aus der Region. Tel. 039887/697699. www.friedenfelde.de

ℹ Straußenhof Berkenlatten

Adresse: Straußenhof Berkenlatten, Andrea und Hartmut Rätz, 17268 Gerswalde, OT Berkenlatten 7, Tel. 039887/5087. www.straussenhof-berkenlatten.de
Öffnungszeiten: Imbiss und Hofladen: tägl. 10–18 Uhr (April-Sept), sonst Do-Mo ab 10 Uhr bis Einbruch der Dunkelheit sowie nach Vereinbarung. Barfußpfad: April-Sept. tägl. 10–18 Uhr. www.barfuss-erlebnispark.de
Preise: Übernachtung im Blockhaus (bis zu 4 Pers) 40 € p. P. inkl. Frühstück und Abendessen. Barfußpfad 3 € p. P., Kinder ab 3 Jahre 2 €.

Anreise: Mit dem Auto über die A11 bis Abfahrt Pfingstberg und weiter auf der L24 und L242 oder über die Landstraße von Berlin gen Norden (Fahrstrecke ab Berlin-Alexanderplatz: 103 km bzw. 93 km). Mit der Bahn bis Wilmersdorf bei Angermünde, weiter mit Bus 512 bis vor den Hof (teilweise nur Rufbus, tel. Voranmeldung unter 03332/442755, Mo-Fr 8–18, Sa/So 8–13 Uhr, mind. jedoch 60 Min. vorher). Oder weiter per Rad, vom Bahnhof Wilmersdorf sind es 12 km über wenig befahrene, aber teils etwas rumpelige Straßen. Achtung: In den Ferien und an sonnigen Wochenenden können die Züge ab Berlin sehr voll werden!

Gläserne Käserei Uckerkaas

In der kleinen Ortschaft Bandelow, kurz vor der Grenze zu Mecklenburg-Vorpommern, liegt, umgeben von weitläufigen Feldern, die Uckerkaas-Bauernkäserei. Die Bauernfamilie stammt ursprünglich aus Holland, doch als sie mehr Platz für ihre Landwirtschaft brauchte, fand sie diesen in Brandenburg. Rund 800 zu melkende Kühe leben auf dem Hof. Aus ihrer Milch werden ganzjährig verschiedene Sorten Gouda hergestellt, verfeinert zum Beispiel mit Mohn oder Kreuzkümmel oder mit Pfeffer und Senf. Auch exotischere Varianten wie etwa Gouda mit Bärlauch und Alge finden sich im Sortiment – und natürlich Gouda pur, der bis zu 30 Monate reifen darf. Familie Wolters bewirtschaftet ihren Hof mit dem Anspruch, alles, was gebraucht wird, selbst zu erzeugen und zu verwerten. So stammt beispielsweise das Futter für die Tiere von den eigenen rund 700 Hektar Acker- und Weideland. Die Molke, auf vielen Höfen ein Abfallprodukt, wird zu Eiscreme verarbeitet. Und eine Biogasanlage veredelt die Gülle zu Strom.

Gäste sind auf dem Hof herzlich willkommen und können hier ganz in Ruhe ein bisschen Landleben genießen. In den Sommermonaten stehen immer auch Spielsachen auf dem Hof. Mit diesen haben die kleinen Besucher ihren Spaß, während sie von den Großen völlig stressfrei im Auge behalten werden können (sogar dann, wenn sie im ›Käsestübchen‹ einkaufen oder an einem der Tische davor bei einer Tasse Kaffee ein bisschen die Beine langmachen). So mancher Ausflügler ist hier schon länger geblieben als geplant, weshalb der Hofladen samt Bauernhof-Eis-Café inzwischen auch ›Radler-Oase‹ genannt wird. Besonders schön ist es in den Sommermonaten, wenn sich das Leben draußen abspielt und man in der Sonne eine Kugel UckerEis schlecken kann – neben den üblichen Lieblingssorten Schoko und Vanille gibt es zum Beispiel auch cremiges Molke-Sanddorn-Eis oder eine mit Schorfheide-Honig verfeinerte Variante. Aber auch im Herbst oder Winter lohnt der Hof einen Besuch, zum Beispiel für eine Führung samt Verkostung. Wer es unter der Woche einrichten kann (am besten vormittags gegen 10.30 Uhr, denn da werden die inter-

Uckermark und Barnim

An der jährlichen ›Brandenburger Landpartie‹ nimmt auch die gläserne Käserei teil

essantesten Arbeitsschritte vollzogen), der kann durch eine große Glasscheibe die laufende Käseproduktion beobachten. Mit Voranmeldung bekommt man eine Mitarbeiterin zur Seite gestellt, die etwa eine Stunde lang die Abläufe erklärt und alle Fragen beantwortet. Aber auch am Wochenende kann man sich die Produktion anschauen – dann allerdings in Form eines Films. Der Vorteil daran: Die Kamera zeigt auch Arbeitsbereiche wie etwa den Reiferaum, die man bei der anderen Führung nicht zu sehen bekommt. Durch die Glasscheibe in den Produktionsraum schauen darf man am Wochenende ebenfalls (bei Voranmeldung auch mit Führung); die Maschinen stehen dann zwar aber, eine Schautafel erklärt die einzelnen Arbeitsschritte. Beide Varianten enden mit einer Verkostung, bei der man verschiedene Gouda-Sorten und Milch vom Hof probieren darf. Ebenfalls mit Voranmeldung möglich ist ein Besuch des Milchbetriebs: Hier werden rund ums Jahr Kälbchen geboren, die auch gestreichelt werden dürfen. Nur an einem Wochenende im Jahr ist überall auf dem Hof, auch in der Käserei, Betrieb: Während der ›Landpartie‹ am zweiten Juni-Wochenende (siehe Kalender S.) hat auch die Bauernkäserei Tag der offenen Tür. Und das UckerEis bekommt man natürlich auch ganzjährig – im Winter eben in abgepackter Form.

Damit lässt sich der Ausflug verbinden

❯ Mit einer Etappe auf dem Berlin-Usedom-Radweg: Der Abschnitt Prenzlau-Pasewalk (35 km, jeweils Bahnverbindung nach Berlin) führt auf kaum befahrenen Landstraßen durch Wiesen, entlang der Uecker, vorbei an Windrädern, mehreren Dorfkirchen aus dem 13. und 14. Jahrhundert und direkt durch Bandelow sowie auch Nechlin (s. u.) hindurch. www.berlin-usedom-radweginfo.de. Wem diese Strecke nicht reicht, kann sie entweder mit der Schloss-und-Kirchen-Tour verbinden (30 km Rundkurs ab/bis Prenzlau) oder mit der Seen-Tour, die ab/bis Prenzlau um den Unter- und Oberuckersee herum führt (50 km); alternativ kann man die Hälfte der Strecke ab/bis Warnitz mit dem Fahrgastschiff

▲   *Dürfen auch gestreichelt werden: die Kälbchen des Milchbetriebs in Bandelow*

›Onkel Albert‹ zurücklegen, das über beide Seen schippert.

Fahrplan auf: www.uckerseeschiff.de

● Mit der Einkehr in die liebevoll restaurierte Alte Brennerei in Nechlin – zu Kaffee und Kuchen oder gehobener regionaler Küche. Hier sitzt man gemütlich am Kamin oder auf der Sonnenterrasse, übernachten ist ebenfalls möglich (DZ ab 55 €), Tel. 039740/299792. www.cafezumspeicher.com

● Mit einem Bad im Unteruckersee: Badestellen befinden sich u. a. in Röpersdorf und auf Höhe des Seerestaurants ›Am Kap‹.

In Prenzlau gibt es zudem ein 1920 erbautes Seebad mit Strandkörben, Wasserrutsche, Sprungtürmen und Abenteuerspielplatz; Ende April wird hier mit dem ›Blaueierschwimmen‹ (samt buntem Rahmenprogramm) angebadet. www.seebad-prenzlau.de

ℹ Gläserne Käserei Uckerkaas

Adresse: Bandelow 50/81, 17337 Uckerland, Tel. 039740/20572. www.uckerkaas.de

Öffnungszeiten: Hofladen: Mai-Sept Mo-Sa 9–18 Uhr und So 9–17 Uhr; Okt-April Mo-Mi und Fr 9–16 Uhr, Do 9–18 Uhr und Sa 9–12 Uhr. Führung: ganzjährig möglich, ab 4 Pers., bitte etwa eine Woche vorher anmelden unter Tel. 039740/299803. Mo-Do Führung bei laufender Produktion möglich, Fr wird die Käserei gereinigt, Sa–So findet die Führung bei ruhenden Maschinen statt. Film anschauen & Verkostung ohne Mindestteilnehmerzahl; bitte einige Tage vorher anmelden. Durch die Glasscheibe in die Produktionsräume

schauen (ohne Führung durch einen Mitarbeiter) ist ohne Anmeldung möglich.

Preise: Führung bzw. Film mit Verkostung: 3,50 €, Kinder (ab 5 J) 2,50 €.

Anreise: Mit dem Auto über die A11 bis Abfahrt Gramzow und weiter auf der B198 (Fahrstrecke ab Berlin-Alexanderplatz: 129 km). Mit der Bahn bis Prenzlau (1 h 50 Min., direkt ab Berlin Hbf. bzw. ca. 2 h, mit Umstieg in Angermünde) und weitere 18 Min. mit Bus 414 bis Bandelow Dorf, von dort 300m. Oder mit der Bahn bis Nechlin (1h 40 Min., direkt ab Berlin Hbf. bzw. 2 h, mit Umstieg in Pasewalk) oder bis nach Prenzlau (1h 30 Min., direkt ab Berlin Hbf), von dort sind es 7,5 bzw. 15 km auf dem Berlin-Usedom-Radweg.

Klosterfelder Senfmühle

»Eigentlich sind wir aus diesen Räumen schon herausgewachsen«, sagt Monika Trautmann und lacht entschuldigend. »Aber hier in Klosterfelde finden wir nichts Größeres.« Und so steht man mit Betreten des Hofladens (›Vorsicht, Stufe!‹) auch schon fast im Büro des Familienunternehmens. Gleich links neben der Tür, in der Ecke, entdeckt man eine historische Senfmühle, rechterhand ziehen ein dekoratives, antikes Schrankbüffet und einige Regale, auf denen das Sortiment aufgebaut ist, die Blicke an, und geradeaus befinden sich zwei Schreibtische, an denen gearbei-

tet wird. Und trotzdem sind auch spontan vorbeischauende Besucher herzlich willkommen, werden neugierige Fragen freundlich beantwortet. Man darf sich in Ruhe im vorderen Teil des Raumes, der als Hofladen dient, umschauen und die Senfspezialitäten (die übrigens allesamt vegan sind) verkosten: Da gibt es grobkörnigen und fein gemahlenen Senf, mit Kräutern, Honig, Nüssen oder Früchten verfeinert, in ganz unterschiedlichen Schärfegraden – von mild bis Brandstufe rot. Und es gibt Smoothie-Senf, der Menschen überraschen dürfte, die mit Senf sonst nicht so viel am Hut haben.

Denn dieser hat kaum Schärfe und ist dafür unglaublich fruchtig – ein toller Brotaufstrich, der aber auch zu Fleisch und Gegrilltem passt. Außerdem stellt die Klosterfelder Senfmühle Kräuterdips und Saucen her, von Harissa bis Toskanische Bruschetta. Allen gemeinsam ist die traditionelle, schonende Verarbeitung ausgewählter, frischer Zutaten. Daran hat sich seit den allerersten Versuchen, die die Familie im Jahr 2000 in der heimischen Küche unternahm, nichts geändert. Nur die Produktpalette ist seitdem größer geworden: alleine 40 Senfsorten sind es mittlerweile. Und die Mühlen sind inzwischen größer, nicht mehr handbetrieben. Der Prozess ist jedoch nach wie vor derselbe: Zunächst werden die Senfkörner in der Steinmühle geschrotet, dann gewürzt und dann darf die Meische eine Nacht lang reifen, bevor sie abermals gemahlen wird. So können sich die Aromen und ätherischen Öle ideal entfalten. Wer sich das einmal genauer anschauen will, kann eine Führung durch den kleinen Betrieb mitmachen. Die Mühlen laufen dabei zwar nicht, der Verarbeitungsprozess wird dennoch anschaulich und dazu darf quer durchs Sortiment verkostet werden. Hin und wieder ist die Klosterfelder Senfmühle auch auf Märkten und Messen anzutreffen, Termine werden auf der Webseite bekannt gegeben. Und möglicherweise gelingt es diesem erfolgreichen Brandenburger Familienunternehmen ja doch noch irgendwann, größere Räume zu finden – wenn auch nicht direkt im namensgebenden Klosterfelde. Es wäre ihnen und den besuchenden Senfliebhabern zu wünschen.

▲ *Senfmühlen in Klosterfelde*

Kleiner Laden, große Auswahl

Damit lässt sich der Ausflug verbinden

➡ Im benachbarten Wandlitz (4 km bzw. eine Bahnstation entfernt) gibt es für schöne Sommertage gleich zwei Erfrischungsmöglichkeiten: Das historische Strandbad mit Sandstrand, Liegewiese, Spielplatz und Café am Wandlitzer See und der Liepnitzsee, der nur einen kurzen Spaziergang vom Bahnhof entfernt mit kleinen Badestellen im Wald lockt.

➡ Das BARNIM PANORAMA im alten Dorfkern von Wandlitz ist eine Kombination aus Museum und Naturparkzentrum. In einem neu erbauten Gebäudeensemble samt Außenbereich mit Schaugarten und Entdeckerpfad erzählt es die Geschichte der Region Barnim – von der Eiszeit bis zur modernen Kulturlandschaft. www.barnim-panorama.de

---

ℹ Klosterfelder Senfmühle

Adresse: Zerpenschleuser Strasse 34, 16348 Wandlitz, OT Klosterfelde, Tel. 033396/574.
www.klosterfelder-senfmuehle.de
Öffnungszeiten: Hofladen: Mo–Fr 10–17 Uhr. Führungen für Gruppen von 6-8 Personen auf Anfrage am Wochenende.

Preise: Führung 3,50 € p. P.
Anreise: Mit der S2 bis Karow und weiter mit der Bahn bis Bahnhof Klosterfelde (1h 18 Min. ab Friedrichstraße), von dort sind es 1,5 km zu Fuß.
Mit dem Auto über die B109 gen Norden (Fahrstrecke ab Berlin-Alexanderplatz: 34 km).

Uckermark und Barnim

Ökodorf Brodowin

In Berliner und Brandenburger Bioläden ist die Marke ›Ökodorf Brodowin‹ längst eine feste Größe. Vor allem in der Kühltheke sieht man das hellblaue Logo mit dem stilisierten Ochsenkarren: auf Milchbeuteln (die übrigens umweltverträglich aus 40 Prozent Kreide hergestellt werden), auf Butter, Quark, Joghurt, großen Käselaiben, sogar Mozzarella. Aber auch Speiseöle, Honig, Säfte, Eier, Fleisch, Wurst und Gemüse gehören zum Sortiment des demeter-zertifizierten Betriebes. Am Anfang dieser nun schon über 25-jährigen Erfolgsgeschichte standen einige Brodowiner Genossenschaftsbauern, die sich unmittelbar nach der Wende entschlossen, ihre Flächen biologisch-dynamisch zu bewirtschaften. Anfangs vertrieben die Brodowiner ihre Produkte vor allem über Abokisten für Privathaushalte, was dazu beitrug, den Namen und die Idee in die Hauptstadt zu tragen. Kontinuierlich vergrößerte sich der Betrieb, wurde umgestaltet, aber die Grundidee blieb dieselbe. Von Anfang an engagierte sich die Hofgemeinschaft auch über den eigenen Betrieb hinaus für die Region. Insbesondere der Naturschutz spielt eine wichtige Rolle: Es wurden Hecken gepflanzt und Alleen angelegt, ein Fledermausquartier geschaffen und 2012 schließlich eine Stiftung für Naturschutz, Ökologie und Soziales ins Leben gerufen. Und noch etwas ist den Landwirten in Brodowin wichtig: Dass Stadtmenschen, insbesondere Kinder und Jugendliche, erleben können, wo ihre Lebensmittel herkommen, wie sie erzeugt und weiterverarbeitet werden, bis sie schließlich im Supermarkt landen. Der Hof ist deshalb Mitglied im vom Bundeslandwirtschaftsministerium initiierten ›Netzwerk der Demonstrationsbetriebe Ökologischer Landbau‹ und öffnet Interessierten gerne seine Türen. Den Sommer über finden regelmäßig samstags Führungen statt (Gruppen können individuelle Termine vereinbaren), bei denen man sich in Begleitung eines Mitarbeiters die verschiedenen Arbeitsbereiche auf dem Hof anschauen kann und allerlei darüber erfährt, wie ökologischer Landbau in der Praxis funktioniert. Im Anschluss gibt es dann frisch gebackenen Kuchen oder ein herzhaftes Essen (dafür ist eine Buchung vorab erforderlich). Besucher sind aber auch an anderen Tagen willkommen. Eine gute erste Anlaufstelle

Karte S. 56/57

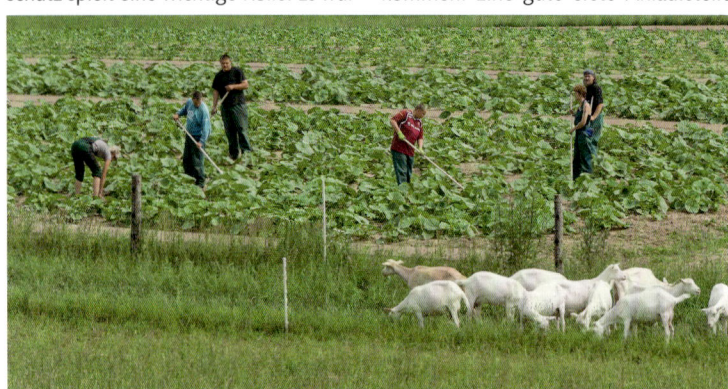

▲ *Handarbeit im Ökodorf Brodowin*

ist der große Hofladen, in dem neben Brodowiner Erzeugnissen auch andere regionale Produkte verkauft werden, außerdem kleine warme Gerichte und im Sommer hofeigenes Ziegenmilch-Eis. Bei schönem Wetter sitzt man hübsch auf der Terrasse oder im Garten. Von hier aus darf man gerne auf eigene Faust über das Hofgelände spazieren und sich umschauen, nur in die Ställe dürfen Besucher nicht unbegleitet hinein. Wer unter der Woche vormittags kommt, kann außerdem durch die große Glasfassade der Schaumolkerei dabei zuschauen, wie aus Milch in traditioneller Handarbeit Käse entsteht.

Käseherstellung in der Schaumolkerei

Damit lässt sich der Ausflug verbinden

➜ Mit einem Besuch des rund 7 km entfernten Klosters Chorin, einem Meisterwerk der märkischen Backsteingotik aus dem 13. Jahrhundert. Es ist auch zu Fuß oder per Rad über Waldwege gut zu erreichen. Auf dem Klostergelände betreibt das Ökodorf Brodowin ein Café mit Bio-Produkten.

➜ Brodowin ist von sieben Seen mit zahlreichen Badestellen umgeben, z. B. am Serwester See, am Rosinsee und am Nordzipfel sowie Südostufer des Parsteiner Sees.

➜ Den Gipfel des 2,5 km entfernten, 81 m hohen Kleinen Rummelsberg erklimmen und den Ausblick genießen. Wegen des seltenen kontinentalen Trockenrasens steht der gesamte Berg abseits der Wanderwege unter Naturschutz.

➜ Am 9 km entfernten Schiffshebewerk Niederfinow zuschauen, wie selbst große Lastenkähne mühelos 36 Meter in die Höhe gehoben werden. Oder an Bord eines Fahrgastschiffes gehen und selbst eine Fahrt mit Europas größtem Schiff-Aufzug unternehmen (Ende März bis Ende Oktober), Näheres unter: www.schiffshebewerk-niederfinow.info

➜ Wenige Schritte vom Schiffshebewerk entfernt liegt Zimmermanns Senfland. Neben 44 Sorten Senf werden dort auch Senflikör und sogar Senfnudeln hergestellt und im eigenen Laden verkauft, www.zimmermanns-senf.de

Uckermark und Barnim

ℹ Ökodorf Brodowin

Adresse: Hofladen: Brodowiner Dorfstraße 89, 16230 Chorin, OT Brodowin, Tel. 033362/60022, www.brodowin.de
Öffnungszeiten: Hofladen: April-Okt tägl. 9–18 Uhr, Nov-März Sa-Mo 10–17 Uhr, Di-Do 9–17 Uhr, Fr 9–18 Uhr. Hofführungen: im Sommer immer Sa, Termine werden auf www.brodowin.de bekannt gegeben; für Gruppen auch individuell möglich (unter Tel. 0174/2957861 vereinbaren).

Preise: Hofführung 3 € p. P., Kinder nehmen kostenlos teil.
Anreise: Mit der Bahn bis Chorin (in ca. 1 h, direkt ab Berlin Hbf), von dort 4,5 km mit dem Rad. Oder mit der Bahn nach Eberswalde (direkt ab Berlin Lichtenberg in 40 Min) und weitere 25 Min. mit Bus 912 bis Brodowin Dorf. Mit dem Auto über die A10 und A11 bis Abfahrt Joachimsthal, weiter über die B198 (Fahrstrecke ab Berlin-Alexanderplatz: 81 km).

Das Seenland Oder-Spree erstreckt sich östlich der Hauptstadt bis an die polnische Grenze. Mit dem Naturpark Märkische Schweiz hat sie eine (für Brandenburger Verhältnisse) geradezu aufregend gebirgige Landschaft zu bieten, während man sich im dünn besiedelten Oderbruch und im Schlaubetal ein wenig der Welt entrückt fühlt.

Über 70 Seen befinden sich im Dahme-Seengebiet, viele sind durch Flüsse, Fließe und Kanäle miteinander verbunden. Ein Paradies für Kanuten wie auch Badenixen. Unweit der Dahme befindet sich sogar ein kleines Stück Regenwald, allerdings versteckt unter einer gigantischen, 107 Meter hohen Kuppel – dafür mit tropischem Klima.

SEENLAND ODER-SPREE
UND
DAHME-SEENGEBIET

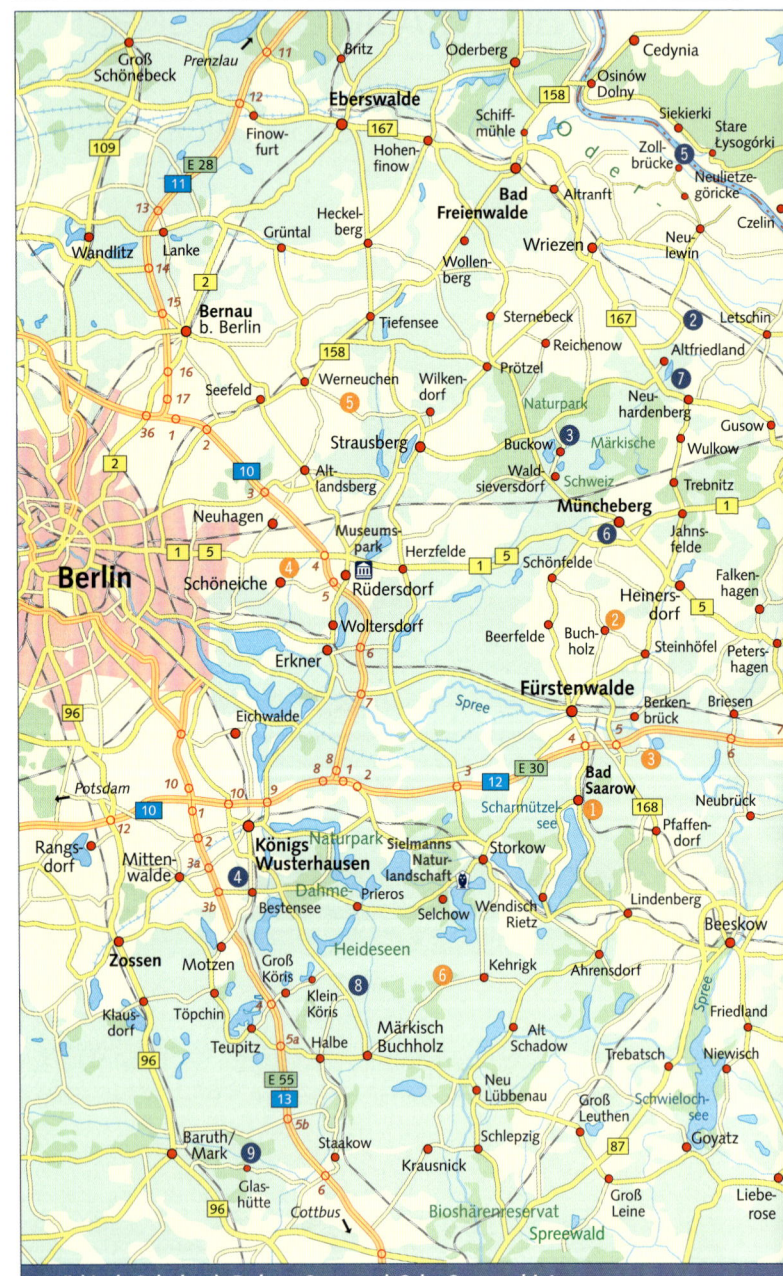

❯ Kulinarische Ausflüge

1. Adler-trifft-Zander-Radtour (→ S. 84)
2. Buchholzer Milchquelle (→ S. 87)
3. Streitberger Kulturbrennerei (→ S. 89)
4. Blütenmanufaktur von Blythen (→ S. 91)
5. Obstgut Franz Müller (→ S. 94)
6. Gläserne Molkerei Münchehofe (→ S. 96)

❯ Veranstaltungen

Mai

1. Neuzeller Klostermarkt (→ S. 12)
2. Hoffest auf dem Straußenhof Weit blick(→ S. 13)

September

3. Apfelfest im Naturpark Märkische Schweiz (→ S. 20)
4. Federweißer-Fest auf dem Bestenseer Weinberg (→ S. 20)

Oktober

5. Hoffest auf dem Ziegenhof Zoll- brücke (→ S. 22)

November

6. Wildnaturtag auf dem Wildhof Müncheberg (→ S. 24)
7. Schaufischen in der Fischerei Altfried land (→ S. 25)

Dezember

8. Waldweihnacht in der Oberförsterei Hammer (→ S. 25)
9. Weihnachtsmarkt im Museumsdorf Glashütte (→ S. 26)

Seenland Oder-Spree und Dahme-Seengebiet

›Adler trifft Zander‹-Radtour

»Brandenburg ist für uns Wasser, Radfahren und regionale Produkte«, sagt Sandra Ziesig vom Tourismusverband Seenland Oder-Spree e.V., der sich diese Tour ausgedacht hat. 47 Kilometer weit führt sie am Ufer des Scharmützel-, Großen Storkower und Großen Selchower Sees entlang. In den Seen schwimmt nicht nur der beliebte Zander, der dieser Tour ihren Namen gab, sondern tummeln sich auch Aale, Hechte, Karpfen, Barsche, Schleien und viele andere Fische, die in den Restaurants und Hofläden entlang des Weges fangfrisch probiert werden können. Das Tolle an der ›Adler trifft Zander‹-Radtour ist, dass sich diese ganz individuell gestalten lässt – je nachdem, ob man sportlich oder gemütlich unterwegs ist, einzeln, als Gruppe oder mit Kindern. Die folgende Beschreibung ist daher nur als Anregung zu verstehen; mit den weiter unten empfohlenen Aktivitäten und Übernachtungsmöglichkeiten lässt sich die Tagestour auch zum Urlaub verlängern. Man radelt übrigens fast die gesamte Strecke (bis auf ein Stück am Ostufer des Scharmützelsees) auf dem mit vier Sternen ausgezeichneten Qualitätsradweg Oder-Spree.

Start und Ziel ist im Kurort Bad Saarow; wer ohne eigenes Rad anreist, kann dort Drahtesel für Groß und Klein, Fahrradanhänger und E-Bikes mieten. Am Ostufer des Scharmützelsees entlang geht es bis Wendisch Rietz an der Südspitze und weiter am Ufer des benachbarten Großen Storkower Sees. Ab Storkow, am gegenüberliegenden Seeufer, führt die Strecke ein kleines Stück querfeldein, bis man bei Groß Schauen den Großen Selchower See erreicht. Abgesehen von diesem letzten Stück, das man zurückfahren muss, ist die Radtour ein Rundkurs. Die Strecke ist beschildert mit einem gezeichneten Seeadlerkopf und einem Zander auf grünem Hintergrund.

Die erste (oder auch letzte) Einkehrmöglichkeit befindet sich direkt an der Bad Saarower Strandpromenade, in einer Villa mit Seeterrasse: Dort setzt das Küchen-

Karte S. 82/83

▲ *Fischer Oliver Kobelt am Scharmützelsee*

team des Restaurants Park-Café auf frische, saisonale Produkte aus der Region und verarbeitet Wild, Fisch, Feldfrüchte sowie Bio-Käse zu international angehauchten Gerichten.

In Wendisch Rietz lädt die traditionelle Fischerei ›Fischland Scharmützelsee‹ zur rustikalen Einkehr auf der überdachten Terrasse mit Seeblick; auf der Karte stehen – je nach Fang des Tages – Zander, Aal und Hecht, aber auch Karpfen, Barsche oder Schleie; im Hofladen ist Räucherfisch zum Mitnehmen erhältlich. Mit Voranmeldung kann man eine Kuttertour über den Scharmützelsee unternehmen; dabei spinnt der Skipper allerlei Fischergarn, und in einigen Blockhütten mit Seeblick kann man sogar Urlaub beim Fischer machen.

Pause am Großen Storkower See

In Groß Schauen befindet sich mit der Fischerei Köllnitz ein weiterer traditioneller Betrieb in idyllischer Lage direkt am See. Der fangfrische Fisch wird im Restaurant zu deftigen, vor allem regionalen Gerichten verarbeitet sowie frisch und geräuchert im Hofladen verkauft. Die Räucheröfen können im Hof angeschaut werden. In einem Wasserlauf schwimmen unter anderem Aale, Saiblinge und Zander, die auf Wunsch frisch geschlachtet werden (mit Ausnahme einiger Wochen im Hochsommer, wenn das Wasser zu warm ist). Auch hier ist eine Übernachtung im zugehörigen Hotel, unter anderem mit ›Adler trifft Zander‹-Arrangement, möglich.

Gleich zwei Museen gibt es auf dem Fischerhof Köllnitz: Das erste Fischereimuseum des Landes Brandenburg, in dem sich die bis ins 13. Jahrhundert zurückreichende Geschichte der Fischerei in der Region erleben lässt. Und eine Dauerausstellung der Heinz-Sielmann-Stiftung mit verschiedenen Aquarien und allerlei Wissenswertem über die umgebende Flora und Fauna. Anderthalb Kilometer entfernt befindet sich der Aussichtsturm der Stiftung, von dem aus man einen wunderbaren Blick über die Seenlandschaft genießt. Mit etwas Glück kann man von dort oben auch die heimischen Fischadler in Aktion beobachten.

Damit lässt sich der Ausflug verbinden

➜ Auf den Aussichtsturm der Heinz-Sielmann-Stiftung steigen, den Blick über die Landschaft schweifen lassen und nach Fischadlern Ausschau halten, www.sielmann-stiftung.de/natur-erleben-schuetzen/gross-schauener-seen

➜ Bad Saarow: Besuch der SaarowTherme, tägl. 9–21 Uhr, Tel. 033631/8680. www.therme.bad-saarow.de

Eine Vorstellung im Theater am See: Auf dem Programm stehen Lesungen, Konzerte, Musicals, Krimi-Dinner, Literatur & Whiskyverkostung uvm. www.theater-am-see.de

➜ Storkow: Spaziergang durch die historische Altstadt. Austoben und Spielen im MitMachPark IRRLANDIA, wo es phantasievoll gestaltete Riesenrutschen und

Seenland Oder-Spree und Dahme-Seengebiet

Die Fischerei Köllnitz

Netzkonstruktionen, Trampoline, Wasserspielwatz, Goldwaschen, Barfußpfad uvm. gibt. Ende Mai bis Anf. Okt. tägl. 10–18 Uhr, außer ggf. bei schlechtem Wetter, im Sept. Mo geschlossen, Tel. 033678/41732. www.irrlandia.de
Bestaunen der über 120 Radkuriositäten im Museum des Velodesigners Didi Senft. Lebbiner Str. 2, von Mai-Okt tägl. 13–17 Uhr. www.didisenft.de

> **ⓘ ›Adler trifft Zander‹-Radtour**
>
> Eine Karte, auf der die Etappen der Tour eingezeichnet und beschrieben sind, findet sich auf: www.seenland-oderspree.de.
> **Öffnungszeiten & Preise:** Das Fischereimuseum (Erw. 1 €, Kinder frei) und die Dauerausstellung ›Eintauchen und Abheben‹ der Heinz-Sielmann-Stiftung (Eintritt frei) befinden sich direkt am Fischerhof Köllnitz in Groß Schauen und haben dieselben Öffnungszeiten wie der Hofladen (tägl. 9–16 Uhr, ab Ostern bis Ende der Sommerferien bis 18 Uhr). Das Restaurant Köllnitzer Fischerstuben ist von Mitte März-Ende Okt. tägl. 12–21 Uhr geöffnet, im Winter Mo-Do 12–15 Uhr, Fr/Sa 12–21 Uhr und So 12–17 Uhr, Tel. 033678/61084. www.koellnitz.de. Über die Seite kann man auch Zimmer und Arrangements im Hotel buchen. Das Restaurant Park-Café (Seestr. 22) ist Di–So 11–22 Uhr geöffnet, Tel. 033631/868323. www.theater-am-see.de

⊙ Wendisch Rietz: Besuch des Saunaparks SATAMA, tägl. 9–23 Uhr, Tel. 033679/7589900.
www.satama-saunapark.de
Besuch des Freizeitparks mit Minigolf, Kinderbauernhof und Spielplatz (tägl. 10–18 Uhr, im Juli/Aug bis 19 Uhr, Tel. 0152/33843006.
www.freizeitpark-wendisch-rietz.de
Eine Kanu-Tour über den motorbootfreien Großen und Kleinen Glubigsee und Springsee (ca. 12 km/2,5 h bis zum Ende des Springsees und zurück), Kanus verleiht surf & fun. Am Schilfhaus 4, geöffnet tägl. 8–20 Uhr, Tel. 033677/80700.
www.surf-and-fun.com
⊙ Für Sportliche: Mit einer Verlängerung der Radtour auf dem Oder-Spree-Radweg bis nach Beeskow und einem Stopp auf dem direkt am Radweg gelegenen Gut Hirschaue (www.gut-hirschaue.de). Von Beeskow erreicht man Berlin per Bahn in ca. 2 h, mit Umstieg in Königs Wusterhausen.

Der Hofladen und Imbiss des Fischland Scharmützelsee (Schwarzhorner Weg 26 in Wendisch Rietz, Tel. 033679/310) ist tägl. 10–17 Uhr geöffnet; Kuttertouren mit dem Fischer und Buchung der FeWo auf: www.urlaub-beim-fischer.info.
›Home of Bikes‹ in Bad Saarow. Golmer Strasse 6B, Mo–Fr 9–18 Uhr, Sa/So/Feiertag 10–13 Uhr, Tel. 0800/0333333.
www.home-of-bikes.de
verleiht Fahrräder für Groß und Klein, Fahrradanhänger und E-Bikes.
Anreise: Mit der Bahn nach Bad Saarow (1 h 15 Min., mit Umstieg in Fürstenwalde/ Spree). Die Radtour lässt sich abkürzen, indem man ab Storkow oder Wendisch-Rietz nach Berlin zurückfährt bzw. dort die Radtour startet (ca. 1 h 20 Min./1h 35 Min., mit Umstieg in Königs Wusterhausen). Mit dem Auto über die A10 und A12 bis Ausfahrt Fürstenwalde-West und weiter über die L35 (Fahrstrecke ab Berlin-Alexanderplatz: 76 km).

Buchholzer Milchquelle

Wer einmal probieren möchte, wie Kuh-milch zu Omas Zeiten schmeckte, sollte sich in der Buchholzer Milchquelle einen Liter frisch gemolkene Rohmilch zapfen. Denn Rohmilch – also Milch, wie sie aus dem Euter der Kuh kommt – darf in Deutschland nur direkt ab Hof verkauft werden. Alles andere muss mindestens pasteurisiert sein, das heißt: kurz über 70 Grad erhitzt werden. Dabei werden lei-der nicht nur eventuelle Keime abgetötet, sondern auch die gesunden Milchsäure-bakterien. Außerdem ist Milch, die man im regulären Handel bekommt, meist homogenisiert, das heißt: die Fettmole-küle darin wurden zerkleinert – was von manchen Menschen schlecht vertragen wird. Und um sie haltbarer zu machen, wird abgepackte Milch zudem oft ultra-rahocherhitzt. In Buchholz jedoch be-kommt man die Milch noch frisch aus dem Euter. Und zwar rund um die Uhr, an jedem Tag im Jahr. Denn die agra-frisch hat dort eine Milchtankstelle hin-gebaut: direkt vor den Kuhstall, der üb-rigens an den Seiten offen ist. Dadurch kann man über den Zaun lugen und schauen, wie es den Tieren darin geht. Die Milchtankstelle ist ein Holzhäuschen von der Größe einer Gartenlaube. Sie ist nicht zu verfehlen, denn davor steht eine knallbunte Plastikkuh. Darin befin-det sich ein (gekühlter!) Automat, der per Münzeinwurf zum Beispiel Eier und Färsenfleisch aus eigener Produktion, Honig vom Dorfimker und Wildspezia-litäten von Gut Hirschaue sanft in den Ausgabeschacht manövriert. Außerdem verkauft er leere Ein-Liter-Glasflaschen, denn die braucht man für die selbst gezapfte Milch (man darf auch eigene Gefäße mitbringen). Der Milchzapfhahn verbirgt sich hinter einer Luke aus Edel-stahl. Jetzt muss man nur noch Geld einwerfen und den Startknopf drücken – und schon sprudelt melkfrische (aller-dings gekühlte!) Milch in die Flasche. Ein Liter kostet 1 €, die Mindestabnahme-

Seenland Oder-Spree und Dahme-Seengebiet

Bunte Kuh als Wegweiser: Im Häuschen gibt es Milch frisch aus dem Euter

Wie zu Omas Zeiten: Rohmilch

maschine aufsetzen. Deshalb gibt es zu Beginn auch eine Arbeitsschutzbelehrung. Und am Ende ein Zertifikat für die erfolgreiche Teilnahme. Außerdem bietet die agrafrisch Hofführungen für Gruppen an, bei denen man die Ställe, den Melkstand und die Milchkammer besucht und Wissenswertes über Haltung und Futtermittel erfährt. Nach rund anderthalb Stunden hat man ein gewisses Verständnis dafür gewonnen, wie ein Milch produzierender Betrieb funktioniert – und dafür, wie fließend die Grenzen zwischen konventionellen und Bio-Betrieben mitunter sind. Mit etwas Glück erlebt man bei einer Führung sogar die Geburt eines Kälbchens: Im Schnitt kommen auf dem Hof täglich zwei auf die Welt.

menge ist ein halber Liter, der Automat gibt Wechselgeld.

Wer die Milch nicht nur ›tanken‹, sondern einmal selbst melken möchte, kann bei der agrafrisch in Buchholz einen Melk-Crashkurs absolvieren. Dabei darf man einen erfahrenen Mitarbeiter einen Tag lang bei seiner Arbeit begleiten und richtig mit anpacken: Kühe in den Melkstand treiben, Euter säubern, von Hand anmelken, Milch checken, Melk-

2018 wird außerdem eine eigene Molkerei eröffnet werden, in der die hofeigene Milch weiterverarbeitet wird. Darin sollen dann auch Workshops zur Käseherstellung angeboten werden (Details standen bei Redaktionsschluss dieses Buches noch nicht fest). Außerdem plant die agrafrisch, zukünftig in Berliner Supermärkten Milchtankstellen aufzustellen. Die Milch darin ist dann zwar nicht mehr roh (denn das ist ja nicht erlaubt), aber weder homogenisiert noch ultrahocherhitzt – und sie kommt tagesfrisch direkt vom Hof.

Damit lässt sich der Ausflug verbinden

➲ Mit einem Workshop samt Verkostung in der Streitberger Kulturbrennerei (19 km entfernt, Ausflug → S. 89)

➲ Mit einem Stadtspaziergang durch die über 700-jährige Stadt Fürstenwalde (10 km entfernt). Auf einem ausgeschilderten Rundweg mit schönen Infotafeln lassen sich alle historischen Bauten und Plätze der Altstadt entdecken. Der Spaziergang lässt sich auch noch um ein Stück am Spreeufer entlang verlängern

(1,5 km bzw. 3,5 km Länge). Download des Flyers auf:

www.fuerstenwalde-tourismus.de

➲ Das interaktiv gestaltete Brauereimuseum im Alten Rathaus Fürstenwalde lässt die lange Brautradition der Stadt Fürstenwalde in vielen Geschichten lebendig werden (9 km entfernt). Geöffnet Di-So 13–17 Uhr, im Winter bis 16 Uhr. Am Markt 1, Tel. 03361/7112953. www.brauereimuseum-fuerstenwalde.de

Karte S. 82/83

◆ Das Schwapp in Fürstenwalde (6,5 km entfernt) ist ein gigantisches Spaßbad mit mehreren Riesenrutschen, Drachenpalast, Strömungskanal, Whirlpool und Kleinkindbereich; es gibt außerdem ein Sportbecken und eine Saunalandschaft mit Außenbereich samt Badeteich. www.schwapp.de

◆ In Berkenbrück (13 km entfernt) gibt es eine Badestelle an der Fürstenwalder Spree mit flachem, sandigem Einstieg, einem Steg, Liegewiese und kleinem Spielplatz sowie einem Café, das auch warme Gerichte verkauft. Man darf dort auch zelten (Biwakplatz). Beschilderung Richtung ›Strandidyll‹ folgen.

ℹ Buchholzer Milchquelle

Adresse: Buchholzer Dorfstraße 23, 15518 Steinhöfel, OT Buchholz, Tel. 033636/27610. www.agrafrisch.de
Öffnungszeiten: Das Häuschen mit Milchtankstelle und Warenautomat ist immer geöffnet. Terminanfragen für eine Hofführung (nur Gruppen) oder einen Melk-Crashkurs (nur Einzelpersonen) unter Tel. 033636/27610 oder sekretariat@agrafrisch.de

Preise: Hofführung: 150 € für bis zu 15 Teilnehmer inkl. Milchverkostung. Melk-Crashkurs: 150 €.
Anreise: Mit der Bahn bis Fürstenwalde (50 Min., direkt ab Berlin Hbf) und weitere 14 Min. mit Bus 433 bis Steinhöfel oder 12 km mit dem Rad.
Mit dem Auto über die B1 und kleinere Landstraßen gen Osten (Fahrstrecke ab Berlin-Alexanderplatz: 55 km)

Streitberger Kulturbrennerei

Streitberg ist eine kleine Ortschaft, gelegen an einem dornröschenhaften Seitenarm des Oder-Spree-Kanals. Nur eine schmale (aber immerhin asphaltierte) Straße führt durch den Wald dorthin und wird am Ende des Dorfes zur Sackgasse. Bei Großstadtmenschen stellt sich an so einem Ort sofortige Entspannung ein. Das rote Klinker-Ensemble, in dem sich die Kulturbrennerei befindet, ist ein echtes Idyll: Mit Weinranken bewachsenen und Blumenkübeln geschmückt, umrahmt es den zur Spree hin offenen Hof, wohin die Veranstaltungen im Sommer gerne verlegt werden. Urgemütlich ist auch der Raum, in dem sich die glänzende, kupferne Brennblase neben einem Kaminofen und einem langen Tisch für die Teilnehmer befindet.
Seit 2009 brennt Werner Menzel, von Beruf eigentlich bildender Künstler mit eigener Galerie in Fürstenwalde, feine Obstbrände. Auf die Idee kamen er und seine Frau, als ihnen auffiel, wie viel Obst aus

der Region nach der Wende nicht mehr geerntet oder bestenfalls als Tierfutter verwendet wurde. ›Anfangs haben wir es

Im gemütlichen Gastraum geht es geistreich zu

Seenland Oder-Spree und Dahme-Seengebiet

Werner Menzel brennt Hochprozentiges für Gourmets und Experimentierfreudige

mit Wein versucht‹, erzählt er und lacht, ›aber meine Frau und ich sind Biertrinker, das war nichts für uns.‹ In Handarbeit veredelt er die Früchte, vor allem Äpfel und Williamsbirne, aber auch Pflaumen, Kirschen, Holunderbeeren, Robinienblüte oder Kartoffeln – je nachdem, was die Ernte des Jahres hergibt. ›Das geringe Volumen unserer 100-Liter-Brennblase erlaubt uns kostengünstige Experimente‹, sagt Menzel und schwärmt von seinem aromatischen Kartoffelbrand, einem sehr gelungenen Experiment, der in nichts mit dem ebenfalls aus Kartoffeln hergestellten Wodka zu vergleichen ist. Ohne künstliche Aromen und mit nur wenig zugesetztem Zucker, entstehen in der mit Holz befeuerten Brennblase der Kulturbrennerei reine Naturprodukte. Gelagert werden sie in Eichenfässern.

Bei einer Verkostung bietet Menzel auch gerne mal einen Probeschluck des 80-Prozentigen direkt aus der Destille an. Für die Teilnehmer ist es jedes Mal eine Überraschung, wie fein selbst derart hochprozentiger Schnaps schmecken kann. Um genau solche Erkenntnisse geht es Werner Menzel: »Wir wollen hier nicht saufen«, betont er, »bei uns geht es um Genusskultur!« Bis auf zwei feste Termine im Jahr (s. u) bietet er seine Verkostungen nur nach vorheriger Vereinbarung an. Dabei wird auch der Rahmen individuell besprochen.
Eine Verkostung für bis zu 15 Personen kann auch auf Menzels komfortablem, überdachtem Boot stattfinden, das direkt vor dem Haus vor Anker liegt und mit dem er bis Fürstenwalde schippern kann.

Damit lässt sich der Ausflug verbinden

❯ Mit einem Stadtspaziergang durch die über 700-jährige Stadt Fürstenwalde. Auf einem ausgeschilderten Rundweg mit schönen Infotafeln lassen sich alle historischen Bauten und Plätze entdecken.

Der Spaziergang lässt sich auch noch um ein Stück am Spreeufer verlängern (1,5 km bzw. 3,5 km Länge). Download des Flyers auf:
www.fuerstenwalde-tourismus.de

Karte S. 82/83

➜ Mit einem Besuch der ›Kunstgalerie Altes Rathaus‹ von Christa und Werner Menzel in Fürstenwalde. In der Galerie mit wechselnden Ausstellungen verkaufen die beiden auch eine kleine Auswahl ihrer selbst herhestellten Obstbrände. Geöffnet Di-Sa 10–17 Uhr, So/Feiertag 12–17 Uhr. Am Markt 1, , Tel. 03361/368649. www.kunst-fw.de

➜ Mit einem Besuch des interaktiv gestalteten Brauereimuseums, das sich im selben Haus befindet und das die lange Brautradition der Stadt Fürstenwalde in vielen Geschichten lebendig werden lässt. Geöffnet Di–So 13–17 Uhr, im Winter bis 16 Uhr. Am Markt 1, Tel. 03361/7112953.
www.brauereimuseum-fuerstenwalde.de

Streitberger Kulturbrennerei

Adresse: Streitberger Siedlung 49, 15518 Langewahl, Tel. 03361/69242. www.kulturbrennerei.de
Öffnungszeiten: Feste Termine: Himmelfahrt und 3. Oktober, ansonsten nach Vereinbarung und üblicherweise ab einer Teilnehmerzahl von 8 Personen. Die Veranstaltungen enden immer gegen 21/22 Uhr.
Preise: Je nach Dauer und Umfang der Veranstaltung. Z. B. Verkostung mit deftigem Imbiss um die 26 € p. P., Verkostung mit Drei-Gänge-Menü um die 50 € p. P.

Anreise: Mit der Bahn bis Fürstenwalde/Spree (50 Min., direkt ab Berlin Hbf), der letzte Zug zurück geht gegen 23 Uhr (1 h 15 Min., mit Umstieg in Erkner). Vom Bahnhof mit dem Taxi zur Kulturbrennerei (ca. 11 km, 25 €); rechtzeitig bestellen – es gibt auch Großraumtaxis für 7 Personen!
Mit dem Auto über die A12 bis Abfahrt Fürstenwalde Ost, weiter auf der B168 bis Langewahl, von dort 4 km auf einer schmalen Straße (Tempo-30-Zone!) durch den Wald (Fahrstrecke ab Berlin-Alexanderplatz: 77 km).

Blüten-Manufaktur von Blythen

Die Geschichte der von Blythen-Manufaktur begann vor über 20 Jahren mit einer Quiche in Südfrankreich: »Die habe ich gegessen und mich gefragt: Was ist denn das bloß für ein Gewürz?«, erzählt Martina Göldner-Kabitzsch. »Diesen Geschmack kannte ich einfach nicht.« Als sie die Wirtin danach fragte, erfuhr sie, dass die Sahne mit Lavendelblüten aufgekocht worden war, bevor sie in die Quiche kam. Ein Schlüsselerlebnis: Wieder zuhause, begann die gelernte Kinderkrankenschwester, mit Blüten und deren so unterschiedlichen Aromen zu experimentieren. Denn nicht alle haben einen blumigen Geschmack: Dahlien beispielsweise schmecken leicht erdig und passen gut zu Pilzen oder Salat, Kapuzinerkresse wiederum bringt eine pfeffrige Schärfe mit. ›Das alte Wissen darüber

wird jetzt langsam wieder entdeckt‹, beobachtet Martina Göldner-Kabitzsch ein erwachendes Interesse am Thema. Auch die Wissenschaft trägt dazu bei, die zunehmend Erkenntnisse über sekundäre Pflanzenstoffe und ihre zum Teil gesundheitsfördernde Wirkung gewinnt. Essbar sind tatsächlich sehr viele Blüten – vorausgesetzt, sie wurden nicht gespritzt oder anderweitig mit ungesunden Stoffen behandelt. Wer es genauer wissen möchte, ist in der von Blythen-Manufaktur, die sich seit 2003 in einer alten Villa am südöstlichen Berliner Stadtrand befindet, genau richtig. Jeden Freitag ist dort das Café samt Manufaktur-Geschäft und dem dahinter angelegten Blüten-Garten geöffnet. Im Café kann man selbst gebackene Kuchen und andere kleine Leckereien aus

Seenland Oder-Spree und Dahme-Seengebiet

der Blütenküche probieren, etwa Scho-kokuchen mit Veilchen oder Rosenblü-tenstollen, dazu gibt es ausgezeichneten Kaffee oder Blütenwasser.

Im Garten sind die Gäste eingeladen, zu schauen (kleine Schilder informieren über die Pflanzen), zu schnuppern und gerne auch zu probieren. Vom Frühling, wenn die Saison mit Veilchen und Schlüsselblu-men beginnt, bis in den Herbst hinein, wenn sie mit Ringelblumen, Dahlien, Herbstastern und einigen späten Rosen schließlich mit Beginn des Frostes endet, gibt es hier an die 50 bis 60 verschiede-ne Blüten zu entdecken. Aber auch im Winter hat das Café geöffnet, denn viele Rezepte lassen sich auch mit getrockne-ten Blüten umsetzen. Das gleiche gilt für die Kochkurse, die ganzjährig in der Villa stattfinden und je nach Jahreszeit andere Blüten zum Thema haben. Die Teilneh-mer bereiten jeweils ein mehrgängiges Menü zu, das anschließend gemeinsam gegessen wird, und erlernen dabei die Grundlagen der Blütenküche. Wer nur genießen möchte, ohne selbst am Herd zu stehen, bucht stattdessen das Dinner: Dabei wird das Essen vor den Augen der Gäste zubereitet, so dass man auch hier viele Anregungen mit nach Hause nimmt. Alle Termine werden frühzeitig auf der Webseite bekannt gegeben.

Damit lässt sich der Ausflug verbinden

❯ Machen Sie die Anreise selbst zum Teil des Ausflugs: Fahren Sie mit dem Schiff und einer historischen Straßen-bahn! Stern + Kreis bietet Ausflugsfahr-ten ab Hafen Treptow über die Spree, den Müggelsee, die Müggelspree, den Dämeritzsee und den Flaksee zur Wol-tersdorfer Schleuse. Zustieg auch in Kö-penick, Friedrichshagen, Hotel Müggel-see, Erkner möglich; ab Treptow dauert die Fahrt 4,5 h; Fahrplan auf: www.sternundkreis.de.

▲ *Essbarer Blütengarten: Schnuppern und Probieren erlaubt*

Reederei Kutzker fährt ab Köpenick/
Lindenstraße zur Woltersdorfer Schleuse. Die Fahrt dauert 2 h; Fahrplan auf:
www.reederei-kutzker.de.
An der Schleuse steigt man um in die
historische Straßenbahn, die seit 1913
zwischen Woltersdorf und dem S-Bahnhof Rahnsdorf verkehrt. Die ganz alten
Trams werden nur zu Sonderfahrten aufs
Gleis gesetzt, aber auch die im Linienverkehr eingesetzten Bahnen, Baujahr
späte 1950er/frühe 1960er Jahre, sind
ein Erlebnis. Alle 20 bis 40 Min.; Fahrt-
zeit 16 Min.; Fahrplan auf:
www.woltersdorfer-strassenbahn.com.
➜ Zur Zeit des Stummfilms entstanden
in Woltersdorf monumentale Filmkulis-
sen, die sogenannte May-Filmstadt, die
sogar Babelsberg Konkurrenz zu machen
drohte (bis der Zweite Weltkrieg dem
ein Ende setzte). Über 100 Filme wurden dort gedreht, Filmgrößen wie Hans
Albers oder Lil Dagover standen vor der
Kamera. Woltersdorf war damals ein beliebtes Ausflugsziel, wohlhabende Berliner ließen sich dort Villen bauen. Eine
Dauerausstellung im Woltersdorfer Aussichtsturm auf den Kranichsbergen setzt
diesem Kapitel der Filmgeschichte seit
1990 ein Denkmal; obendrein genießt
man vom Turm einen tollen Ausblick. Geöffnet April-Okt Mo-Fr 9.30–15.30 Uhr,
Sa/So/Feiertage 10–17 Uhr, im Winter
nur Sa/So/Feiertage 10–16 Uhr; ca. 1
km Fußweg ab Woltersdorfer Schleuse.

Essbares Blütenkonfetti auf der Torte

www.woltersdorfer-verschoenerungsver-
ein.de
➜ Nur 7 km von der Manufaktur von
Blythen entfernt befindet sich der Museumspark Rüdersdorf, unmittelbar neben dem immer noch aktiven Kalkstein-
Tagebau. Seit über 760 Jahren wird
dort Kalkstein abgebaut. Tagebau, Museumspark und die dort befindlichen
Industriedenkmäler können z. B. im
Rahmen einer historischen oder geologischen Führung oder einer abenteuerlichen Landrover-Tour erkundet werden.
Geöffnet tägl. 10–18 Uhr (April-Okt,,
sonst 10.30–16 Uhr). Details auf:
www.museumspark.de

ℹ Blüten-Manufaktur von Blythen

Adresse: Brandenburgische Str. 65, 15566
Schöneiche, Tel. 030/64849027
www.von-blythen.de
Öffnungszeiten: Das Café, das Manufaktur-Geschäft und der essbare Blütengarten
sind ganzjährig Fr 12–18 Uhr geöffnet.
Preise: Sowohl der Blüten-Kochkurs (inkl.
korrespondierender Weine und Getränke
und einem kleinen Präsent) als auch das

6-Gänge-Blütendinner (inkl. korrespondierender Weine und Getränke) kosten 99 €
p. P. Vegetarische Menüs sind möglich,
bitte bei Buchung angeben.
Anreise: Mit der S3 bis S-Bahnhof Rahnsdorf, von dort 1,8 km zu Fuß oder mit
Bus 161 bis Lübecker Straße fahren, von
dort sind es nur wenige Schritte. Mit dem
Auto über die B1 gen Osten (Fahrstrecke
ab Berlin-Alexanderplatz: 24 km).

Seenland Oder-Spree und Dahme-Seengebiet

Obstgut Franz Müller

Äpfel sind das liebste Obst der Deutschen: Etwa 20 Kilogramm werden durchschnittlich pro Jahr und Kopf verspeist. Leider werden in den meisten Supermärkten die immer selben Sorten verkauft. Wer einmal probieren möchte, wie viele Geschmacksnuancen Äpfel haben können, sollte während der Erntezeit das Obstgut Franz Müller besuchen. Rund 20 verschiedene Sorten werden dort angebaut, neben den Verkaufsschlagern Elstar und Braeburn auch unbekanntere wie der aromatische Frühapfel Alkmene, der knackig-säuerliche Mairac oder der würzige Rubinette. Im Hofladen kann man sich während der Apfelsaison (etwa Anfang September bis Mitte/Ende Oktober) quer durchs Sortiment probieren. Dann sind dort Kisten mit verschiedenen Apfelsorten aufgebaut, von denen man sich ein Stückchen abschneiden darf. Die Lieblingsäpfel kann man dann entweder an Ort und Stelle erwerben oder aber man geht raus aufs Feld und pflückt sie sich selbst vom Baum. Diese haben alle niedrige Stämme, so dass man keine Leiter benötigt. Auf dem Obstgut ist es auch möglich, einmal hinter die Kulissen zu schauen. Auf Anfrage werden während der Apfelsaison auch für kleine Gruppen Führungen angeboten, bei denen man allerlei Wissenswertes über Ernte und Lagerung der Früchte erfährt, einen Blick in das große Kühllager werfen darf, in dem die Äpfel tatsächlich bis zum nächsten Frühsommer knackig bleiben, und die Sortiermaschine in Aktion erlebt. An drei Tagen im Jahr kann man auch ganz ohne Anmeldung an einer solchen Führung teilnehmen: zur Brandenburger Landpartie und beim großen Hoffest am 1. Samstag im September, das alljährlich den Auftakt der Apfel-Selbstpflücke markiert. Bei den Hoffesten gibt es zudem ein buntes Programm mit Traktorfahrten zur Apfelanlage, Ponyreiten, einer Apfelpflück-Meisterschaft und einem Infostand, an dem man von einem Pomologen die Sorte mitgebrachter Äpfel aus dem eigenen Garten bestimmen lassen kann. Ein Besuch des Hofes, der kurz nach der Wende gegründet wurde, lohnt sich aber auch außerhalb der Apfelsaison: Im Laufe des Sommers warten auch noch Erdbeeren, Kirschen und Pflaumen auf Selbstpflücker. Und im Winter und Frühjahr, wenn es gerade nichts zu ernten gibt, man aber trotzdem Lust

Karte S. 82/83

Hier wächst ...

…was hier verkauft wird

auf einen Ausflug in die wunderschöne Gegend rund um Altlandsberg und Strausberg mit ihren Seen und Wäldern, verträumten Alleen und Naturschutzgebieten hat, kann man im großen Hofladen des Obstgutes jede Menge Leckereien regionaler Produzenten entdecken: vom Senf über Marmeladen bis hin zu Bieren und Bränden. Und falls Sie plötzlich im tiefsten Winter Heißhunger auf Apfel bekommen – und zwar nicht irgendeinen, sondern einen vollreifen, aromatischen aus Brandenburg –, dann probieren Sie doch mal das Fruchtpapier von ›Dörrwerk‹. Das Berliner Start-Up kauft nämlich vom Obstgut Franz Müller Äpfel mit kleinen Schönheitsfehlern, die nicht in den Handel gelangen würden, und verarbeitet, nein: rettet sie. Eine tolle Idee. Und so lecker!

Damit lässt sich der Ausflug verbinden

➜ Mit Etappe 7 der 66-Seen-Wanderung, die von Leuenberg an den Gewässern des Gamengrundes und am Ufer des Gänger- und Bötzsees entlang nach Strausberg führt. Zu den 22–25 km der Wanderung kommt dann noch ein Umweg von ca. 4 km, um zum Obsthof und zurück zu gelangen. Die Wanderung ist im Wanderführer ›66-Seen-Wanderung‹ beschrieben, erschienen ebenfalls im Trescher Verlag.

➜ In Rüdersdorf (24 km entfernt) wird seit über 760 Jahren Kalkstein abgebaut.

Der immer noch aktive Kalkstein-Tagebau, der Museumspark und einige Industriedenkmäler können z. B. im Rahmen einer historischen oder geologischen Führung oder einer abenteuerlichen Landrover-Tour erkundet werden. Geöffnet tägl. 10–18 Uhr (April-Okt, sonst 10.30–16 Uhr). Details auf www.museumspark.de

➜ Mit einem Besuch im Blüten-Café und essbaren Blütengarten der Manufaktur von Blythen in Schöneeiche – allerdings nur am Fr (25 km entfernt, Ausflug → S. 91).

Seenland Oder-Spree und Dahme-Seengebiet

i   Obstgut Franz Müller

Adresse: Dorfstraße 1, 15345 Altlandsberg, OT Wesendahl, Tel. 03341/215856. www.obstgut-franz-mueller.de
Öffnungszeiten: Hofladen: April–Okt Mo-Sa 8–17 Uhr, So 10–14 Uhr, Nov–März Mo-Sa 8–16 Uhr; während der Erdbeer- und Apfelselbstpflücke verlängerte Öffnungszeiten: Mo-So 8–18 Uhr. Die folgenden Zeiträume für die Selbstpflücke sind nur Anhaltspunkte und vom Wetter abhängig, deshalb bitte vorher anrufen bzw. auf der Webseite schauen! Erdbeeren: von Mitte Mai–Mitte Juli Selbstpflücke tägl. 8–19 Uhr möglich. Kirschen: Anfang–Ende Juli, tägl. 8–17 Uhr. Pflaumen: Anfang Sept–Anfang Okt, tägl. 8–18 Uhr.

Äpfel: Anfang Sept–Ende Okt, tägl. 8–18 Uhr. Hofführungen: Zur Brandenburger Landpartie (ein Wochenende Mitte Juni, siehe Kalender S. → 14) und zum Saisonauftakt der Apfelpflücke (1. Sa im September) mehrmals täglich; individuelle Termine während der Apfelsaison für Gruppen nach Vereinbarung möglich, Anfrage unter Tel. 03341/215856.
Preise: Die Hofführungen sind kostenlos.
Anreise: Mit der S-Bahn bis Strausberg Nord (47 Min. ab Berlin Ostkreuz) und weitere 8-9 km wandern oder mit dem Rad fahren (Landstraße oder am Seeufer entlang und durch den Wald). Mit dem Auto über die B1 oder B2 gen Nordosten (Fahrstrecke ab Berlin-Alexanderplatz: 35 km).

Gläserne Molkerei Münchehofe

Wie kommt eigentlich die Milch in den Karton? Und wie wird aus Milch Käse gemacht? Oder Butter? In der Gläsernen Molkerei in Münchehofe werden diese Fragen im Stil einer ›Sendung mit der Maus‹ beantwortet: Ein gläserner Gang führt dort quer durch die große, moderne Halle, in der Bio-Milch zu verschiedenen Produkten (vor allem Käse) weiterverarbeitet wird. Fünf Mal pro Woche (siehe Infokasten) führt ein Mitarbeiter Besuchergruppen diesen Gang entlang, erklärt das, was man unten in der Halle beobachten kann, und beantwortet alle Fragen. Die Kinder-Führung am Donnerstag Vormittag wird kindgerechter und interaktiver gestaltet, zum Beispiel dürfen die Kinder ein Gläschen mit Sahne schütteln, bis dabei Butter entsteht.

Die Molkerei in Münchehofe gibt es seit 2001, die Gläserne Molkerei wurde jedoch erst 2009 errichtet: Ein Flachbau, so groß wie eine Fabrik, der dank Holzfassade und vieler Fenster jedoch sehr einladend wirkt. Freundlich grüßt auch die hölzerne Kuh jeden Besucher, der auf

den riesigen Parkplatz fährt oder diesen auf dem Weg vom Hofladen (wo man die Führung zunächst bezahlt) zur Gläsernen Molkerei überquert. Über 100 Millionen Liter Bio-Milch von über 120 Landwirten aus Brandenburg und benachbarten Bundesländern werden dort pro Jahr verarbeitet – und das Unternehmen wächst stetig weiter. Die Produkte der Marke ›Gläserne Molkerei‹ kennt man aus den Kühlregalen Berliner Supermärkte, man findet sie aber auch in anderen Bundesländern. Entsprechend groß ist die Produktionshalle und richtig nah kommt man an die Bottiche mit Milch oder dem eingedickten Bruch, aus dem dann Käse wird, nicht heran – das ist aus hygienischen Gründen im laufenden Betrieb nicht gestattet. Damit die Führungen (auch die nicht speziell für Kinder gedachten) trotzdem alle Sinne ansprechen, enden sie stets mit einer Verkostung: Da gibt es zum Beispiel zwei Sorten Milch – wer schmeckt einen Unterschied? Oder verschiedene Käsesorten, von denen man jetzt weiß, wie sie gemacht wurden. Eine schöne und sinn-

Karte S. 82/83

liche Ergänzung – vor allem, wenn man die Führung mit Kindern macht –, ist der 1500 Quadratmeter große Themengarten mit Kräutern, Tee- und Heilpflanzen, Obstbäumchen, Gemüse und Getreide, der neben der Produktionshalle angelegt wurde. Anfassen, schnuppern, auch probieren sind hier ausdrücklich erlaubt und so lassen sich beispielsweise einige der Kräuter entdecken, die man zuvor im Käse der Gläsernen Molkerei geschmeckt hat. Wer jetzt eine kleine Stärkung benötigt, bekommt im Hofladen belegte Brötchen, eine heiße Wurst, Getränke oder Kaffee und Kuchen, die man bei schönem Wetter auch im Gärtchen neben dem Haus zu sich nehmen kann. Der Hofladen verkauft nicht nur die eigenen Produkte, sondern hält darüber hinaus auch ein ziemlich großes Sortiment an Bioprodukten parat.

In Dechow (Mecklenburg-Vorpommern, zwischen Lübeck und Schwerin), dem zweiten Standort des Unternehmens, gibt es seit 2012 eine fast baugleiche Gläserne Molkerei.

Damit lässt sich der Ausflug verbinden

❷ Man munkelt, die Wälder rings um Münchehofe seien ein wahres (Stein-) Pilzparadies

❷ Die Islandpferde des Gestütes Gut Birkholz (5 km entfernt) freuen sich über Besucher und Reiter (ab 7 Jahren, Unterricht nach Voranmeldung). www.gut-birkholz.de

❷ Von hier ist es nicht mehr weit in den Spreewald! Der nächstgelegene Ort, in dem man an Bord eines traditionellen Kahns gehen kann, ist das beschauliche Schlepzig (23 km, siehe auch Ausflug → S. 102).

❷ Eine Schifffahrt lässt sich auch ab Teupitz unternehmen, und zwar über das Dahme-Seengebiet: Je nach gebuchter Tour geht es über bis zu zehn Seen, die durch Kanäle miteinander verbunden sind (19 km entfernt). April-Okt, Details auf www.dahme-schifffahrt.de.

❷ Sielmanns Naturlandschaften bei Storkow (21 km entfernt): Eine Dauerausstellung zeigt verschiedene Aquarien und Wissenswertes über die umgebende Flora und Fauna; anderthalb Kilometer entfernt lässt sich diese (insbesondere die Vogelwelt und mit etwas Glück sogar Fischadler) live beobachten. Das Museum befindet sich auf dem Grundstück eines Fischereibetriebes mit Hofladen und Restaurant (siehe auch Ausflug → S. 84) www.sielmann-stiftung.de/naturerleben-schuetzen/gross-schauener-seen

---

ℹ Gläserne Molkerei Münchehofe

Adresse: Molkereistr. 1, 15748 Münchehofe, Tel. 033760/2077-0 (Betrieb), -50 (Hofladen). www.glaeserne-meierei.de
Öffnungszeiten: Hofladen: Mo-Fr 9–18 Uhr, Sa 9–16 Uhr. Führungen: Di + Mi um 10 + 13 Uhr, Kinderführung Do 10 Uhr. Anmeldung auf der Webseite oder unter Tel. 033760/207744 möglich. Bei zu geringer Teilnehmerzahl kann die Führung abgesagt werden. Für größere Gruppen sind individuelle Termine möglich.
Preise: Reguläre Führung 8 €, Kinder (4–12 J) 4 €, Kinderführung: Kinder sowie erw. Begleitperson 8 €. Inbegriffen sind Verkostung und ein Produktgeschenk.
Anreise: Die Anreise per Bus und Bahn zu den Führungen um 10 Uhr ist nicht zu empfehlen; die Führungen um 13 Uhr kann man erreichen mit der Bahn gegen 10.30 ab Berlin Hbf, von Halbe weiter mit Bus 725 bis Münchehofe. Von der Bushaltestelle sind es nur wenige Meter. Alternativ ab Halbe 11 km über Märkisch Buchholz mit dem Rad an der wenig befahrenen Landstraße entlang. Mit dem Auto über die A113 bis Ausfahrt Teupitz und weiter auf der L74 (ab Berlin-Alexanderplatz: 71 km).

Die lagunenartige Landschaft des Spreewaldes mit ihrem weit verzweigten Wasserwegenetz ist einzigartig in Europa und wurde von der UNESCO als Biosphärenreservat anerkannt. Bei einer traditionellen Kahnfahrt kommt man der nahezu unberührten Natur, zu der auch Hochwald und Niedermoore gehören, ganz nah. Eine weitere Besonderheit der Region ist die Kultur der sorbischen Minderheit, die hier seit dem 6. Jahrhundert lebt.

SPREEWALD

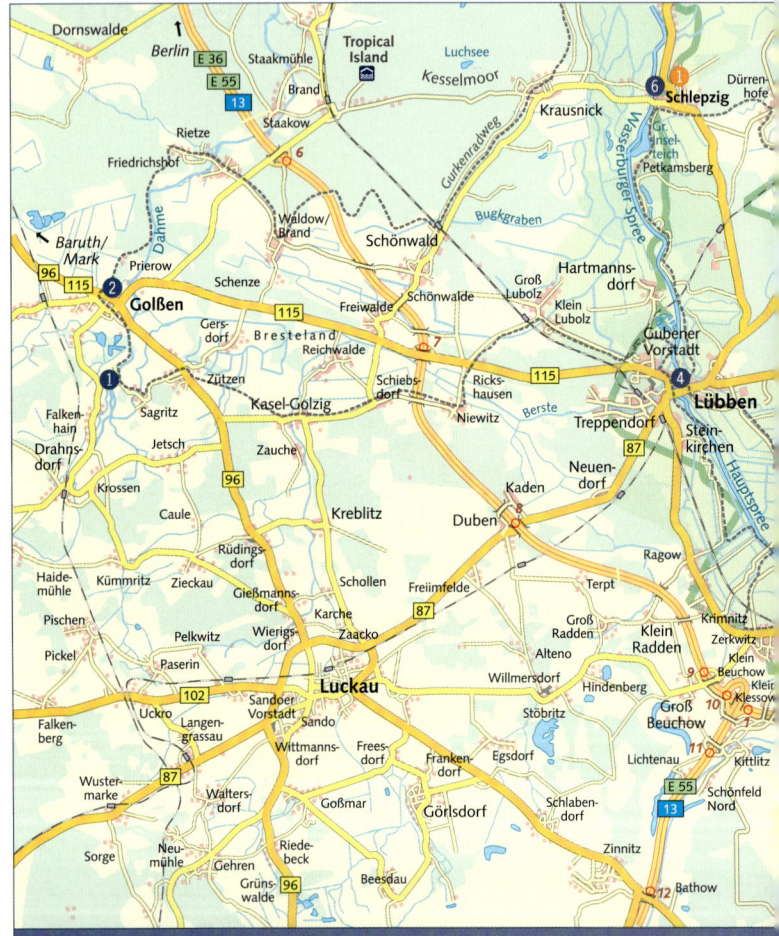

Spreewald

➔ Kulinarische Ausflüge

1 Whisky-Kahnfahrt durch den Spreewald (→ S. 102)

2 Die Spreewaldgurke vom Acker bis ins Glas und auf die Gabel (→ S. 104)

3 Leinöl aus der Bockwindmühle Straupitz (→ S. 107)

4 Spreewälder Kräutermanufaktur (→ S. 109)

➔ Veranstaltungen

Mai

1 Tag der offenen Mühle in der Kanow-Mühle (→ S. 13)

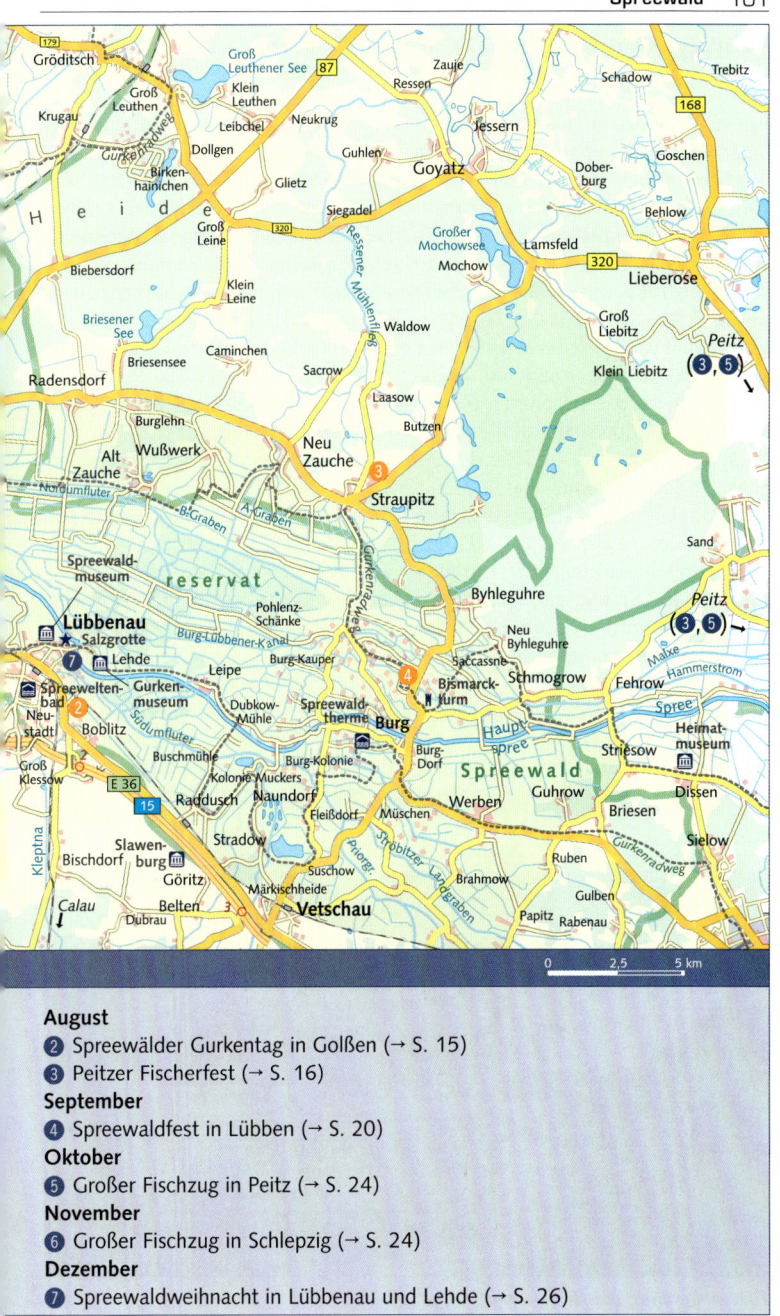

Spreewald

August
- ❷ Spreewälder Gurkentag in Golßen (→ S. 15)
- ❸ Peitzer Fischerfest (→ S. 16)

September
- ❹ Spreewaldfest in Lübben (→ S. 20)

Oktober
- ❺ Großer Fischzug in Peitz (→ S. 24)

November
- ❻ Großer Fischzug in Schlepzig (→ S. 24)

Dezember
- ❼ Spreewaldweihnacht in Lübbenau und Lehde (→ S. 26)

Whisky-Kahnfahrt durch den Spreewald

In Schlepzig wird der einzige Single Malt Whisk(e)y Ostdeutschlands gebrannt: Schloupisti heißt er – und für diesen ungewöhnlichen Namen gibt es eine ganz einfache Erklärung oder vielmehr Übersetzung. So heißt Schlepzig nämlich auf Sorbisch. Dem Zufall ist es zu verdanken, dass ausgerechnet in diesem beschaulichen Spreewald-Örtchen Whisky gebrannt wird, welches eigentlich vor allem Naturfreunde anzieht und solche Menschen, die das Biosphärenreservat bei einer traditionellen Kahnfahrt entdecken möchten. Der Gründer der Destille, Dr. Torsten Römer, war ursprünglich Radiologe und restaurierte zudem in Berlin alte Häuser. Als er 1991 von einer zum Verkauf stehenden Gaststätte mit Brau-, Brenn- und Schankrecht in Schlepzig hörte, schaute er sie sich spontan an und verliebte sich dabei in den Spreewald. Denn dieser erinnerte ihn an das Bremer Umland seiner Kindheit. Seinen ersten Whisky setzte Römer dann 2004 an, drei Jahre lang durfte

dieser in einem Eichenfass reifen. Das Ergebnis war ein Single Malt auf Weltklasse-Niveau. Auch in den Folgejahren, als er die Menge auf schließlich 40 Fässer anhob, war das exklusive Getränk bald ausverkauft. Einige Flaschen verbleiben auch stets als Founders Reserve im Lager und dürfen weiter reifen. Im Oktober 2016 hat Römer die Destillerie an drei Berliner Spirituosenexperten verkauft, die sich auf die Produktion von Rye und Single Malt Whisky sowie Rum konzentrieren.

Wer nun die einzigartige Wasserlandschaft des Spreewaldes, die 1990 zum Biosphärenreservat erklärt wurde und 1991 den UNESCO-Status erhielt, auch von ihrer kulinarischen Seite kennenlernen möchte, sollte unbedingt eine Whisky-Kahnfahrt mit Jacqueline Fischer und Graf Wussilo zu Schlepzig buchen. Fischer stakt ihre Fahrgäste in Original Spreewaldtracht über die Fließe, während der Graf gibt in Reimform Anekdoten und Wissenswertes zum Besten

▲ *Hier gibt es nicht nur Hochprozentiges*

Die Whisky-Kahnfahrt durchs Biosphärenreservat ist ein Genuss für alle Sinne

gibt – und damit gleichzeitig einen humorvollen Einblick in die Kultur, sorbische Traditionen und Geschichte. Die dreistündige Kahnfahrt beinhaltet eine etwa sechzigminütige Führung durch die Destille. Einen Vorgeschmack bekommt man jedoch schon an Bord des Kahns: Etwa fünf bis sieben Whiskys werden dort verkostet. Bis zu 16 Gäste finden auf dem Kahn Platz; wer nicht auf die Ferienzeit oder lange Wochenenden festgelegt ist, kann aber auch Glück haben und den Ausflug fast alleine genießen.

Damit lässt sich der Ausflug verbinden

❷ Schräg gegenüber der Spreewald-Destillerie, in der historischen Mühle, befindet sich ein Regionalladen, der unter anderem das Gurken- und Gurken-Rhabarber-Radler aus Drebkau, Leinöl und vieles mehr verkauft.

❷ Mit einer Führung und Verkostung in der Spreewälder Privatbrauerei 1788. Preis pro Person: 10 € (inklusive Schmalzbrot und Spreewaldgurken). www.seinerzeit.de

❷ Mit einem sogenannten ›Schlepziger‹ Hutessen. Es handelt sich dabei um einen großen Eisenhut, der auf den Tisch gestellt und erhitzt wird. In der Krempe befinden sich Suppe und Gemüse, auf dem Hut selbst brutzelt man Fleischstücke. Dazu werden Salat, Dips, hausgemachtes Brot und Kartoffeln mit Spreewälder Sahnequark gereicht. Dem lokalen Brauch zufolge muss derjenige, dessen Fleischstück vom Hut purzelt, eine Runde Hochprozentigen ausgeben. www.seinerzeit.de

❷ Ende Oktober/Anfang November findet das traditionelle Abfischen in Schlepzig statt (siehe Veranstaltungskalender). www.schlepzig.de

Spreewald

ℹ **Whisky-Kahnfahrt**

Adresse: Spreewaldkahnfrau Jacqueline Fischer, Kahnabfahrtstelle an der Dorfstraße 56, 15910 Schlepzig, Tel. 0170/8325870, www.spreewaldkahnfrau.de. Weitere Informationen über die Destillerie unter: www.spreewood-distillers.com

Öffnungszeiten: Die Abfahrtszeit kann ganzjährig individuell mit der Kahnfrau vereinbart werden (wenn die Witterung es zulässt).

Preise: 85 € p. P. inkl. Whisky-Verkostung und deftiger Leckereien. Das ›Droschkenkutscher-Ticket‹ für einen Teilnehmer, der keinen Whisky trinken möchte, kostet 25 €.

Anreise: Mit dem Auto über die A13 bis Abfahrt Staakow und weiter über die L711 (Fahrstrecke ab Berlin-Alexanderplatz: 81 km; bei Krausnick kann man einen Blick auf die gigantische Halle von Tropical Islands erhaschen). Der Bootsanleger befindet sich an der Hauptstraße, direkt neben der Brücke im Ortskern. Mit der Bahn bis Lübben (1 h ab Berlin Hbf) und weitere 22 Min. mit Bus 506 bis Schlepzig Kirche (nur wenige Verbindungen pro Tag). Von Lübben bis Schlepzig sind es ca. 15 km, die auf dem Gurken- oder Spreeradweg gefahren werden können. Alternativ kostet die Taxifahrt vom Bootsanleger zum Bahnhof in Lübben ca. 30-40 Euro (eine Richtung); da es in Lübben nur zwei Taxen gibt, sollte man insbesondere in der Hauptsaison beizeiten reservieren: Tel. 0151/64625071 (Lübben/Spreewald Taxi, hat einen Großraumwagen) oder 03546/4536 (Mein Taxi Lübben).

Die Spreewaldgurke: vom Acker bis ins Glas und auf die Gabel

Ein Besuch im Spreewald wäre nicht vollständig, ohne die weit über die Landesgrenzen hinaus bekannten Spreewaldgurken zu verkosten. Und weil jede Bauernfamilie über ihr eigenes (natürlich streng gehütetes) Spezialrezept verfügt, schmeckt das eingelegte Gemüse überall ein wenig anders. Zudem lassen sich neben den Klassikern – saure, Gewürz- und Senfgurke – auch andere Rezepturen entdecken. Eine Möglichkeit bietet sich am Großen Hafen von Lübbenau, auf der sogenannten Gurkenmeile: Dort haben während der Saison zahlreiche Händler ihre Stände aufgebaut, an denen man eingelegte Gurken und andere

Karte S. 100/101

▲ *Gurken sind ein wichtiger Wirtschaftsfaktor im Spreewald*

Produkte aus der Region – wie Leinöl, Senf oder Honig – kaufen und auch mal probieren darf. Während der Ferienzeit und an den Wochenenden kann es hier ziemlich voll werden. Knapp zwei Kilometer entfernt, in Lehde, befindet sich das Gurkenmuseum. Das Museum ist klein – nur ein mit Blumenkübeln und Gurkenfässern abgeteilter Streifen auf dem Grundstück des Hotels Starick inklusive zweier Räume, in denen historisches Handwerkszeug und alte Gurkenfässer ausgestellt sind. Einlass ist hier in der Saison jederzeit möglich (man wirft 2 € am Drehkreuz ein). Schöner ist es jedoch, wenn der Bauernmarkt am hinteren Ende des Museums geöffnet ist. Dort kann man, direkt am Fließ, Spreewaldgurken und andere Produkte probieren und kaufen. Das Gurkenmuseum hat übrigens die Wahl der Gurkenkönigin initiiert, die darüber entscheidet, welche der vielen Rezepturen die schmackhafteste ist. Diese ›Königsgurke‹ ist nur am Museum erhältlich.

Wer nun aber wissen möchte, wie denn die Spreewaldgurke gemacht wird – wie also aus einer Gurke vom Feld eine fein gewürzte, eingelegte Gurke wird –, der sollte SpreewaldRabe in Boblitz, einem Ortsteil von Lübbenau, einen Besuch abstatten. Während der Gurken-Erntezeit (etwa Ende Juni bis Mitte September – je nach Witterung) kann man hier den gesamten Verarbeitungsprozess live miterleben: Eine freundliche Mitarbeiterin führt die Besucher mit Sachkenntnis und Humor durch den Betrieb und in den großen Kräutergarten, der sich ebenfalls auf dem Firmengelände befindet. Dort gibt es eine erste Riech- und Kostprobe: Wer errät, was hier wächst und womit die Gurken gewürzt werden? Natürlich wird die genaue Rezeptur auch hier geheim gehalten Aber Gourmet-Zungen können ja einmal versuchen, welche Gewürze sie bei der Verkostung herausschmecken, mit der jede Führung endet. Außerhalb der Saison und wenn die Produktion gerade ruht (z. B. läuft sie auch in der Saison nur an einigen Samstagen), werden ebenfalls Führungen angeboten – jedoch in leicht abgewandelter Form: Auch dann wird man durch den Gläsernen Gang der Produktionshalle geführt; was in der Produktion passiert, sieht man jedoch anschließend in einem etwa zehnminütigen Film. Der Kräutergarten wird besucht, wenn dort schon beziehungsweise noch etwas wächst. Außerdem gibt es ein kleines, hauseigenes Gurkenmuseum, in dem Sauerkrautstiefel und anderes Spezialwerkzeug gezeigt wird, welches traditionell im Spreewald zum Einsatz kam. Wer Lust hat, kann die Führung mit einem Geschicklichkeitsspiel beenden und sich beim Gurken-Angeln versuchen. Petri Heil! Die Beute darf man gerne verspeisen.

Damit lässt sich der Ausflug verbinden

➲ Mit einem Spaziergang über die ›Gurkenmeile‹ am Großen Spreewaldhafen Lübbenau: von etwa April bis Ende Oktober Marktstände, im Sommer tägl. 9–17 Uhr, sonst am besten vorher am Hafen nachfragen unter Tel. 03542/22 25, www.grosser-kahnhafen.de

➲ Mit einem Besuch des Gurkenmuseums auf der Hotelanlage Starick in Lehde: von April–Okt, Öffnungszeiten des Bauernmarktes unterschiedlich, vorher unter Tel. 03542/899 90 erfragen. Parken ist in Lehde nur auf einem großen, kostenpflichtigen Parkplatz möglich (4 €/Tag, stundenweise nicht möglich). Ein breiter Fuß- und Radweg verbindet Lübbenau-Zentrum mit Lehde, vom Spreewaldhafen zum Gurkenmuseum sind es 1,7 km.

Spreewald

Hier wachsen die Kräuter für den Gurkensud

Karte S. 100/101

➡ Direkt neben dem Gurkenmuseum in Lehde befindet sich das Restaurant Suez (siehe Restauranttipps S.).

➡ Mit einer Kahntour durch den Spreewald, die ab Schlepzig, Lübben, Lehde, Lübbenau und Burg angeboten werden – übrigens auch im Winter (solange das Wasser eisfrei ist), mit warmen Decken und Glühwein! Einen Überblick über die Angebote gibt www.spreewald-info.de/kahnfahrt

➡ Mit einer Radtour durchs UNESCO-Biosphärenreservat Spreewald: Der 260 km lange Gurkenradweg führt an den Fließen entlang, die den Spreewald als riesiges Netz durchziehen. Mit etwas Glück sieht man einen Otter, Eisvogel oder bunt schillernde Libellen. Ein Stopp lohnt auch in den Ortschaften, die alle ihren individuellen Charakter haben. Der Radweg ist ausgeschildert mit einer gezeichneten Gurke auf einem Fahrrad. Adresse von (Elektro-)Fahrradverleihen unter www.spreewald.de. Eine Übersichtskarte kann ebenfalls auf www. spreewald.de heruntergeladen werden.

ℹ RABE Spreewälder Konserven

Adresse: RABE Spreewälder Konserven, Boblitzer Chausseestr. 16, 03222 Lübbenau, OT Boblitz, Tel. 03542/89330, www.rabe-gmbh.de

Öffnungszeiten: Etwa Ende Juni bis Mitte September gibt es Dienstag und Mittwoch um 10.30 Führungen im laufenden Betrieb (bitte vorher anmelden!); an anderen Tagen sind Führungen auf Anfrage möglich. Ob am Samstag produziert wird, steht immer erst am Freitag davor fest. In den Monaten April/Mai/Okt Führungen auf Anfrage. Die laufende Produktion ist sehr laut (ca. 100 db), für Kinder ggf. Gehörschutz mitbringen.

Preise: 6,50 €, Kinder (6–16 J) 5,50 € (inkl. Verkostung).

Anreise: Mit der Bahn bis Lübbenau (1 h, direkt ab Berlin Ostkreuz) und weitere 2 km zu Fuß/mit dem Rad auf einem asphaltierten Weg, der entlang dem Grebbinfließ, parallel zur Landstraße, verläuft. Mit dem Auto über die A15 bis Ausfahrt Boblitz; von dort sind es noch 1,5 km (Fahrstrecke ab Berlin-Alexanderplatz: 99 km).

Leinöl aus der historischen Bockwindmühle

Pellkartoffeln mit Quark und Leinöl sind ein typisches, auch bei Besuchern sehr beliebtes Spreewälder Gericht: Es ist leicht und lecker, aber trotzdem sättigend und dabei unglaublich gesund. Denn um das ›Spreewaldgold‹ mit dem markanten, leicht nussigen Aroma zu gewinnen, wird die Leinsaat traditionell nur ganz behutsam gequetscht. Das Öl wird weder gefiltert noch nachbehandelt oder gar mit Zusatzstoffen versetzt. Dadurch behält es seine wertvollen Inhaltsstoffe: Vitamine sowie essenzielle und mehrfach ungesättigte Fettsäuren, die unter anderem die Zellregeneration unterstützen. Manche verwenden Leinöl daher auch als Beautyprodukt gegen Falten. Gesund ist auch der sogenannte Leinkuchen, der bei der Ölherstellung zurückbleibt, und der gemahlen zum Beispiel im Müsli oder in ein Glas Milch gerührt durchaus schmeckt – und dabei Magen und Darm gleichzeitig eine Frischekur verpasst.

Es gibt eine ganze Reihe von Betrieben im Spreewald, die Leinöl herstellen. Doch nur in der Straupitzer Bockwindmühle kann man bei der Herstellung zuschauen und dabei ein einzigartiges technisches Denkmal erleben. Denn in Straupitz steht die letzte produzierende Dreifachwindmühle Europas: 1850 wurde sie als hölzerne Bockwindmühle, wie man sie typischerweise aus Holland kennt, erbaut und zunächst nur zum Mahlen genutzt. 1885 wurde sie dann um eine Sägemühle und 1910 um eine Ölmühle erweitert. Bereits 1924 wurde die Mühle komplett auf Elektrobetrieb umgestellt, weil ein Blitzschlag die Flügel zerstört hatte. Diese wurden jedoch bei der aufwändigen Sanierung und Rekonstruktion der unter Denkmalschutz stehenden Mühle nach der Wende ersetzt. Seit 1998 ist sie, wie einst, wieder ganzjährig in Betrieb und macht altes und (fast) ausgestorbenes Handwerk für die Besucher erlebbar. Diese dürfen die Mühle individuell oder im Rahmen einer Führung erkunden – ein echtes Erlebnis! Dabei ist die Windmühle kein reiner Schaubetrieb: Das gewonnene Leinöl wird vor Ort verkauft und während der Saison (April bis Oktober) auch im Mühlencafé verwendet, wo natürlich auch Pellkartoffeln mit Quark

Spreewald

Pellkartoffeln mit Leinöl und Quark – der Klassiker aus dem Spreewald

Historisches Gerät in der Ölmühle Straupitz

und Leinöl auf der Karte stehen. Weil die Nachfrage nach dem flüssigen Gold jedoch von Jahr zu Jahr gestiegen ist, hat man in Straupitz inzwischen eine weitere, moderne Ölmühle erbaut. Dort wird bio-zertifiziertes Leinöl hergestellt – effizienter und körperlich weniger anstrengend als bei der traditionellen Prozedur, jedoch mit ebenso hochwertigem und köstlichem Ergebnis.

Damit lässt sich der Ausflug verbinden

❶ Mit einer Übernachtung im Schatten der historischen Mühle: Auf dem Parkplatz finden vier Wohnmobile Platz, Stromanschluss und Wasser sind vorhanden.
❶ Der Besuch der Straupitzer Mühle lässt sich auch als Tagesausflug für Reisegruppen buchen. Dieser beinhaltet neben einer Führung durch die Mühle ein Mittagessen im Kräutermühlenhof Burg, eine Kahnfahrt sowie Kaffee und Kuchen. Details zur ›Spreewälder Mühlenfahrt‹ auf:
www.windmuehle-straupitz.de
❶ In Straupitz lohnen auch die von Karl Friedrich Schinkel entworfene Kirche mit den zwei markanten Türmen sowie der 12 Hektar große Schlosspark samt Schloss (heute eine Schule) einen Besuch.
❶ Mit einer Radtour auf dem Gurkenradweg, der mit insgesamt 260 km Länge

durch das UNESCO-Biosphärenreservat Spreewald mäandert, zum Beispiel von Vetschau (Bhf) über Burg nach Straupitz und weiter über Alt und Neu Zauche nach Lübben (Bhf). Auf der 38 km langen Strecke liegen zahlreiche weitere Sehenswürdigkeiten, Details, Routenbeschreibung und Kartendownload auf www.spreewald.de (unter ›Fahrradtouren‹).
❶ Mit einer der vielen Kahntouren durch den Spreewald, die ab Schlepzig, Lübben, Lehde, Lübbenau und Burg angeboten werden – übrigens auch im Winter (solange das Wasser eisfrei ist), mit warmen Decken und Glühwein! Einen Überblick über die Angebote gibt www.spreewald-info.de/kahnfahrt.
❶ Mit einem Besuch der Brennerei ›Spreewälder Sagengeister‹ in Burg (her-

Karte S. 100/101

gestellt werden Obstgeiste und -brände, Liköre und Whisky) und des malerischen Kaffeegartens, wo hausgemachter Kuchen und italienischer Kaffee locken. Von April bis Okt Fr 14–18 Uhr, Sa/So 11–18 Uhr, www.sagengeister.de

→ In der Spreewald Therme in Burg bewegt und entspannt man sich in der Thermalsole, die in 1350 Meter Tiefe entspringt, im Sauna-Garten und bei Wellnessbehandlungen. www.spreewald-therme.de

ℹ **Historische Bockwindmühle**

Adresse: Laasower Straße 11a, 15913 Straupitz, Tel. 035475/16997
www.windmuehle-straupitz.de
Öffnungszeiten: Wechseln monatlich, siehe Webseite.
Preise: Eintritt 4 €, Kinder (6–13 J) 2 €, Jugendliche (14–17 J) 2,50 € zzgl. 20 € Führungspauschale (Führung nur für Gruppen ab 10 Personen).

Anreise: Mit der Bahn bis Lübben (1 h, direkt ab Berlin Hbf) bzw. Vetschau (1 h 13 Min., direkt ab Berlin Hbf) und weitere 21 bzw. 17 km mit dem Rad auf dem Gurkenradweg. Oder mit der Bahn bis Lübben und weiter 45 Min. mit Bus 508 oder 75 Min. mit Bus 500 bis Straupitz/Dorfplatz und 800 m zu Fuß. Mit dem Auto über die A13 bis Ausfahrt Freiwalde und weiter auf der B115 und L44 (Fahrstrecke ab Berlin-Alexanderplatz: 103 km).

Spreewälder Kräutermanufaktur

»Der beste Rat ist der Vorrat«, pflegte Peter Frankes Mutter zu sagen – und so lernte ihr Sohn schon von klein auf, welche Wildkräuter essbar sind. »Wir mussten als Kinder immer sammeln«, erinnert sich der 64-Jährige, der heute ein Hotel betreibt. Vor rund zehn Jahren beschloss Franke, sein Kräuterwissen in Workshops weiter zu geben: »Ich wollte im Alter eine Beschäftigung, die mir körperliche und geistige Bewegung ermöglicht«, erzählt er schmunzelnd. »Und die bekomme ich beim Sammeln der Kräuter und wenn ich mich mit Menschen umgebe, die so ticken wie ich.« Heutzutage ist das Wissen, welche Wildkräuter essbar sind und wie sie sich verarbeiten lassen, zwar nicht mehr überlebenswichtig, aber das Interesse daran ist in den letzten Jahren wiedererwacht und wächst stetig. Denn Wildkräuter ergänzen die Küche um oft unbekannte oder vergessene Aromen. Zudem stecken sie voller gesunder Inhaltsstoffe, die man in Supermarktgemüse in dieser Konzen-

tration nicht (mehr) findet. Und so bietet der Genusshandwerker Peter Franke verschiedene Workshops rund um den ›Spreewälder Kräuterschatz‹ an, welchen die Teilnehmer bei einem Spaziergang über die Wiesen rings um die Kräuterwerkstatt heben und anschließend in der Werkstatt zu allerlei Köstlichkeiten verarbeiten, die man so in keinem Laden kaufen kann. Je nach Saison entstehen dabei zum Beispiel Fichtennadel-Sirup, selbst zusammengestellte Kräutertees, Wildkräutersalat, -pesto und -salze oder an der ›Tränenbar‹ selbst geriebener Meerrettich, der mit Äpfeln von der Streuobstwiese und Löwenzahn verfeinert wird. Nur bei Schnee lässt sich kein frisches Grün ernten. Für diesen Fall hat Peter Franke einen Vorrat an getrockneten Kräutern angelegt, so dass er seine Workshops tatsächlich ganzjährig anbieten kann. Zum einen sind das Kurse, in denen es um die Verarbeitung und das Haltbarmachen von Kräutern geht, zum anderen Kochkurse, bei denen Kräuter

Spreewald

ebenfalls eine Rolle spielen, jedoch auch andere, handwerkliche Fähigkeiten eine Rolle spielen. Die Kräuterwerkstatt befindet sich in einem historischen Doppelstubenhaus aus dem Jahr 1804, so dass die Teilnehmer während des Workshops eine kleine Zeitreise unternehmen und das Leben im Spreewald, wie es früher einmal war, sehr anschaulich kennenlernen. Feste Termine werden auf der Webseite bekannt gegeben und können auch von Einzelpersonen gebucht werden. Gruppen von sechs bis zwölf Personen können individuelle Termine anfragen. Sehr gerne arbeitet Peter Franke auch mit Kindern: »Die lieben es, auf Kräuter-Schatzsuche zu gehen oder getrocknete Apfelringe selbst herzustellen!«

Damit lässt sich der Ausflug verbinden

❯ Mit einem Besuch des schönen, großen Arznei- und Gewürzpflanzengartens in Dissen-Striesow, OT Dissen, in dem auch selbst gezogenes Saatgut (zum Teil von alten und seltenen Nutzpflanzen) verkauft wird. Dazu gehören ein Heimatmuseum sowie ein Museumsdorf, das das Leben im Spreewald im Mittelalter zeigt.
www.spreewaldkraeuter.de

❯ Mit einer Radtour durchs UNESCO-Biosphärenreservat Spreewald: Der 260 km lange Gurkenradweg führt an den Fließen entlang, die den Spreewald als riesiges Netz durchziehen. Mit etwas Glück sieht man einen Otter, Eisvo-gel oder bunt schillernde Libellen. Ein Stopp lohnt auch in den Ortschaften, die alle ihren individuellen Charakter haben. Der Radweg ist ausgeschildert mit einer gezeichneten Gurke auf einem Fahrrad. Adresse von (Elektro-) Fahrradverleihen und Übersichtskarte unter www.spreewald.de.

❯ Mit einer der vielen Kahntouren durch den Spreewald, die ab Schlepzig, Lübben, Lehde, Lübbenau und Burg angeboten werden – übrigens auch im Winter (solange das Wasser eisfrei ist), mit warmen Decken und Glühwein! Einen Überblick über die Angebote gibt es unter www.spreewald-info.de/kahnfahrt

Peter Franke inmitten seiner Schätze

Karte S. 100/101

Im Kräutergarten Dissen-Striesow

➜ Im ›Spreewelten Bad‹ in Lübbenau kann man mit Pinguinen (nur getrennt durch eine Glaswand) schwimmen, außerdem gibt es einen Saunabereich, mit Salzstollen und ›Spreewälder Waschküche‹-Dampfbad.

Das Bad ist von etwa April bis September 2018 für Umbauarbeiten geschlossen. www.spreeweltenbad.de

➜ Ebenfalls in Lübbenau bietet die Salzgrotte Entspannung in einem durch Meer- und Steinsalz geschaffenen Klima. www.salzgrotte-spreewald.de

➜ In der Spreewald Therme in Burg bewegt und entspannt man sich in der Thermalsole, die in 1350 Metern Tiefe entspringt, und im Sauna-Garten. www.spreewald-therme.de

---

ℹ Spreewälder Kräutermanufaktur

Adresse: Byhleguhrer Straße 17, 03096 Burg, Tel. 035603/660, www.hotel-stern-werben.de/kraeutermanufaktur.html

Öffnungszeiten: Wildkräuterspaziergang mit anschließender Verarbeitung des Gesammelten immer Do 14–17 Uhr sowie Kräuterexperimente in der Manufaktur immer Mi 14–17 (beides von Mitte März bis Mitte Okt, bitte vorher anmelden). Workshops sind ganzjährig möglich: feste Termine auf der Webseite, für Gruppen (6–12 Pers) individuell vereinbar.

Preise: Je nach Kursinhalt, z. B. Wildkräuterspaziergang mit anschließender Verar-

beitung (3 h) 20 €, kleine Kräuterwerkstatt 30 €, Kochkurs (ca. 6 h) je nach Thema und Zutaten 60–120 €.

Anreise: Mit der Bahn bis Lübben Bahnhof (1 h, direkt ab Berlin Hbf) und weitere 60 Min. mit Bus 500 bis Burg/Bismarckturm (nur wenige Verbindungen am Tag!), von dort 450 m zu Fuß.

Oder mit der Bahn bis Lübbenau/Spreewald bzw. Vetschau/Spreewald und von dort 17 km bzw. 10 km auf dem Gurkenradweg radeln (s. o.).

Mit dem Auto über die A13 bis Abfahrt Vetschau und weiter über die L54 (Fahrstrecke ab Berlin-Alexanderplatz: 115 km).

Spreewald

Wo früher Kohle gefördert wurde, entsteht derzeit das größte künstliche Wasserrevier Europas. Bereits jetzt sind die Niederlausitz und das Lausitzer Seenland ein phantastisches Naherholungsgebiet. Auch die 150-jährige Bergbaugeschichte lässt sich hier noch anschaulich erleben.

Landschaftlich wird das Elbe-Elster-Land ganz im Süden Brandenburgs geprägt durch die verzweigte Flusslandschaft von Elbe, Kleiner und Schwarzer Elster, von Laub- und Kiefernwäldern sowie ausgedehnte Heidelandschaften. Auch hier lässt sich der einstige Tagebau noch anhand von Industriedenkmälern und Museen erleben. Heute spielt der Obstanbau eine große Rolle – vor allem Äpfel.

→ www.niederlausitz.de   → www.lausitzerseenland.de

NIEDERLAUSITZ UND LAUSITZER SEENLAND

ELBE-ELSTER-LAND

→ www.elbe-elster-land.de

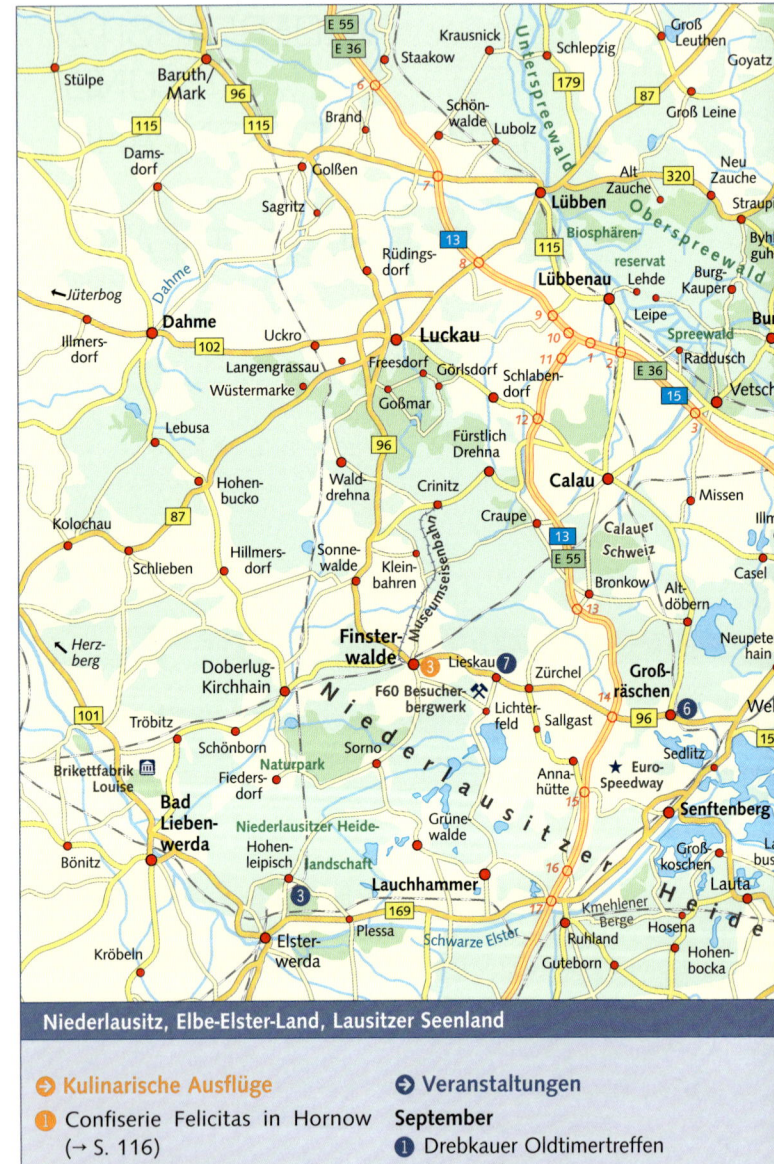

Niederlausitz, Elbe-Elster-Land, Lausitzer Seenland

⊗ Kulinarische Ausflüge

❶ Confiserie Felicitas in Hornow (→ S. 116)

❷ Ziegenhof Pusack (→ S. 118)

❸ Brauhaus Finsterwalde (→ S. 120)

⊗ Veranstaltungen

September

❶ Drebkauer Oldtimertreffen (→ S. 17)

❷ Hof- und Countryfest auf dem Ziegenhof Pusack (→ S. 18)

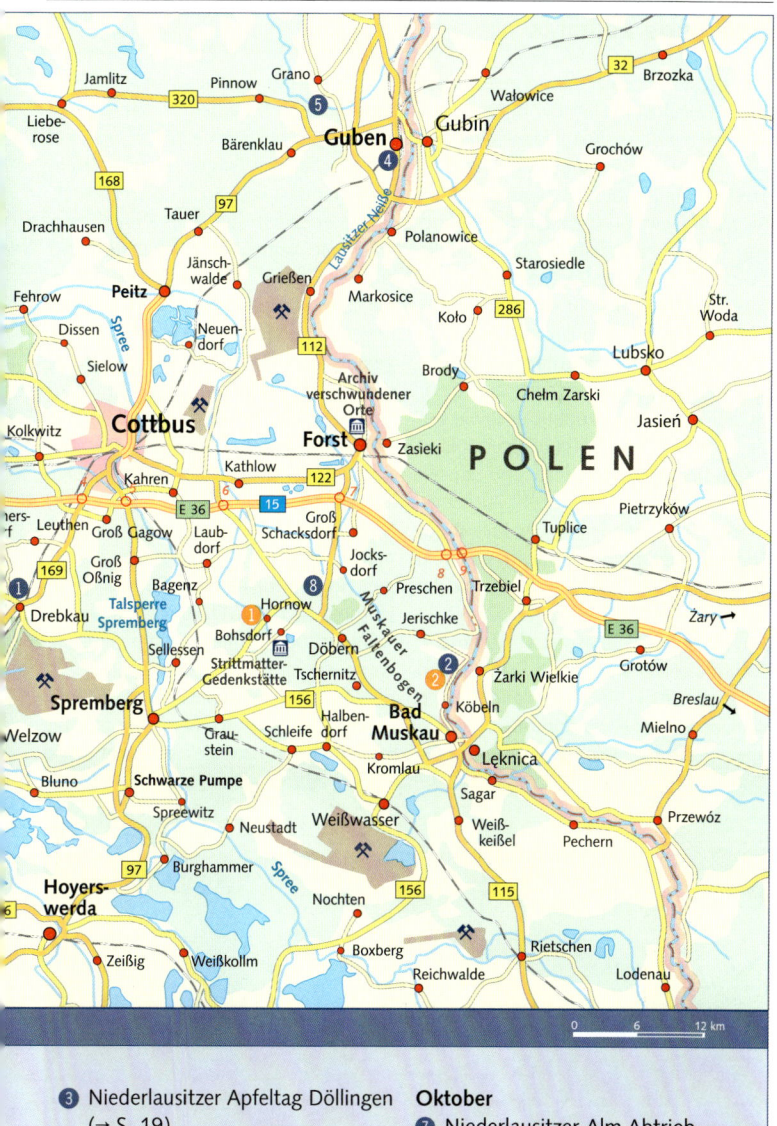

Niederlausitz und Elbe-Elster-Land

❸ Niederlausitzer Apfeltag Döllingen
(→ S. 19)
❹ Gubener Apfelfest (→ S. 20)
❺ Weinbergfest Grano (→ S. 20)
❻ Großräschener Federweißerfest
(→ S. 20)

Oktober
❼ Niederlausitzer Alm-Abtrieb
(→ S. 21)

Dezember
❽ Weihnachtsmarkt an der Alten
Ziegelei Klein Kölzig (→ S. 27)

Confiserie Felicitas

Wer das Lausitzer Unternehmen ›Confiserie Felicitas‹ in Hornow besucht, begibt sich auf den Schokoladenweg – und zwar im wahrsten Sinne des Wortes, denn dieser Teil der einstigen Dorfstraße wurde entsprechend umbenannt. Wer hier nicht bereits als Schokoholic ankommt, ist es spätestens nach dem Besuch – denn was in der Lausitz aus feinster belgischer Schokolade hergestellt wird, hat echtes Suchtpotenzial. Gemäß dem belgischen Reinheitsgebot wird nur Kakaomasse und Kakaobutter sowie wenig Zucker verwendet (in Billigprodukten finden sich auch Ersatzfette und Konservierungsstoffe sowie oft mehr Zucker als Schokolade). ›Schon das Gefühl auf der Zunge ist anders‹, schwärmt Goedele Matthyssen, gebürtige Belgierin, die die ›Schokoseite der Lausitz‹ 1992 mit ihrem Mann Peter Bienstman begründete. 25 Jahre später werden die Pralinen und kunstvoll verzierten Schokoladenfiguren der Confiserie Felicitas immer noch von Hand gefertigt. Und inzwischen dürfen Besucher den Mitarbeitern dabei durch eine große Fensterscheibe hindurch auf die geschickten Finger schauen. Aber nicht nur das: Wer ausprobieren möchte, ob er selbst das Zeug zum Chocolatier hat, kann in der Schauwerkstatt entweder eine Schokoladentafel verzieren, zum Beispiel mit einer Spritztülle und seit Neuestem sogar in Regenbogenfarben. Oder sich eine Figur aussuchen, etwa Bambi oder ein Auto oder einen Dinosaurier, und diese dann aus weißer, Vollmilch- und/oder Zartbitter-Schokolade selbst gießen. Als Schokokünstler dürfen sich auch schon (kleine) Kinder versuchen. Welches Projekt Spaß macht, hängt natürlich von der jeweiligen Fingerfertigkeit und Geduld ab. In Hornow ist das ›Mitarbeiten‹ jederzeit während der Öffnungszeiten möglich; wenn jedoch schon andere Besucher in der Manufaktur sind, muss man eventuell ein bisschen warten (vor allem sonntags

Karte S. 114/115

Geschickte Hände verarbeiten feinste belgische Schokolade

und während der Schulferien kann es voll werden). Außerdem werden zu festen Terminen Workshops angeboten, etwa zur Pralinen-, Figuren- oder Schokotafel-Herstellung. Auch eine reine Verkostung ist möglich. Der Ende 2014 eröffnete, 1000 Quadratmeter große Neubau am Firmensitz in Hornow beherbergt neben der Schauwerkstatt auch ein Café, in dem man unter anderem hausgemachte Torten und Trinkschokolade bekommt (Achtung: sonntags sehr gut besucht!), ein Kino, in dem bei Führungen der Film ›Die Schokoladenseite der Lausitz‹ ge-zeigt wird, sowie draußen ein Spielplatz und ein kleiner Streichelzoo. Natürlich gibt es auch einen großen Verkaufsraum. In Potsdam betreibt das Unternehmen eine Bio-Manufaktur, die für Tagesausflügler aus Berlin eine schneller zu erreichende Alternative darstellt. Dort existiert ebenfalls eine Schauwerkstatt und die Möglichkeit, Schokolade zu verzieren oder eine Figur zu gießen. Allerdings ist die Filiale in Potsdam deutlich kleiner, so dass eine vorherige Reservierung nötig ist. Auch stehen weniger Figuren zum selbst Gießen zur Auswahl.

Damit lässt sich der Ausflug verbinden

➲ Mit einer ›Radtour durch die Schokoladenseite der Lausitz‹: Der 49 km lange Rundkurs ab/nach Spremberg führt an der Talsperre Spremberg entlang, vorbei an der Confiserie, an der Erwin-Strittmatter-Gedenkstätte in Bohsdorf und an der Museumsscheune samt historischem Bauernhof in Bloischdorf. Der Weg ist nicht ausgeschildert. Tipp: In der kostenlosen App ›Urlaubsreich Aktiv‹ kann man sich die Tourenbeschreibung samt Karte herunterladen und während der Radtour offline nutzen.

➲ Im 12 km entfernten Jocksdorf gibt es einen kleinen, aber liebevoll angelegten Affen-Zoo, in dem rund zehn verschiedene Affenarten zu erleben sind, außerdem Schildkröten, Meerschweinchen, Kängurus, Emus, Alpakas, Papageien und Sittiche. Tel. 035695/7183, www.affengehege.de.

➲ Mit einem Besuch des 20 km entfernten Ziegenhofes Pusack (siehe Ausflug → S. 118), der idyllisch und einsam an der Lausitzer Neiße liegt, www.ziegenhof-pusack.de

---

ℹ Confiserie Felicitas

Adresse: Das SchokoLadenLand mit Mitmach-Schauwerkstatt, großem Verkaufsraum, Kino und Café befindet sich im Schokoladenweg 1, 03130 Spremberg, OT Hornow (am Hauptsitz des Unternehmens), Tel. 035698/805550. Die Bio-Manufaktur der Confiserie befindet sich in der Gutenbergstraße 26, 14467 Potsdam, Tel. 0331/2012470. www.schokoladenland.de

Öffnungszeiten: Hornow: Mo-Sa 8–18 Uhr, So 14–18 Uhr, außer an Brandenburger Feiertagen. Potsdam: Mo-Sa 10–18 Uhr, Schokolade selbst bearbeiten ist von 11–15.30 Uhr möglich, aufgrund der begrenzten Kapazitäten sollte man (für die Samstage sogar lange) im Voraus reservieren. In Potsdam ist das Figurengießen erst ab einer Körpergröße von 1,30 m möglich.

Preise: Hängt davon ab, was man bearbeitet. Spremberg: Figuren selbst gießen ab ca. 7 €, Schokotafel bemalen ab ca. 10 € (Größe A6). Potsdam: Hohlkörper Herstellen inkl. anschließender Trinkschokolade 15 € p. P., Schokotafel bemalen ab ca. 10 €.

Anreise: Nach Hornow mit dem Auto über die A13 und A15 bis Ausfahrt Roggosen und weitere 13 km über die L48. Nach Potsdam mit der Bahn bis Potsdam Hauptbahnhof, von dort 1,5 km zu Fuß oder mit Tram 92 oder 96 bis Brandenburger Straße.

Ziegenhof Pusack

Wenn Sie mit dem Auto anreisen und denken, ›Hier geht es nicht mehr weiter‹, dann sind Sie genau richtig: Der Ziegenhof Pusack liegt gefühlt am Ende der Welt. Auf der einen Seite Wald, auf der anderen die Neißeauen samt polnischer Grenze – und dazwischen eingebettet 20 Hektar Wiesen und Felder mitsamt dem Hof, auf dem nicht nur die namensgebenden Ziegen leben, aus deren Milch vor Ort allerlei Käse hergestellt wird, sondern auch Rinder, Schweine, Schafe, Hühner, Gänse, Enten, Katzen und Hunde. Dieser wunderschöne Flecken ist ein Paradies für Naturliebhaber – und für Menschen, die gerne einmal echtes Bauernhofleben kennenlernen wollen. Gäste, vor allem auch kleine Gäste, sind hier jederzeit herzlich willkommen und dürfen (nach Voranmeldung) bei der Käseherstellung zuschauen und sich sogar einmal selbst beim Melken versuchen! Voraussetzung für Letzteres ist allerdings, dass man zur richtigen Zeit auf dem Hof ist, denn gemolken wird früh am Morgen sowie abends. Wie gut, dass man auf dem Ziegenhof Pusack auch übernachten kann: Das ist entweder in der Ferienwohnung des Hofes möglich oder im eigenen Zelt. Dieses darf man, schöner geht es kaum, auf der Streuobstwiese aufschlagen. Die ist übrigens umzäunt, so dass man sich nicht um nächtliche Wildschwein-Besuche sorgen muss Gummistiefel sollte man ebenfalls nicht vergessen, denn auf dem Hof bewegt man sich überwiegend durch die Natur, nicht auf befestigten Wegen. Die Hofsaison beginnt eine Woche vor Ostern mit einem Schlachtfest. Die Winterpause liegt vor allem darin begründet, dass im Januar und Februar die Zicklein zur Welt kommen und die Mutterziegen daher ab November nicht mehr gemolken werden. In dieser Zeit gibt es also keinen Käse zu kaufen, aber die Baby-Ziegen dürfen gerne besucht werden. Im Frühjahr werden traditionell zwei Schweine geschlachtet, die den Winter über gemästet und in ihren letzten Lebenswochen zusätzlich mit Molke gefüttert wurden – und dann direkt verarbeitet: Grütz- und Leberwurst sowie Wellfleisch mit Sauerkraut und Brot kommen beim Schlachtfest auf den Tisch. In der Saison hat der Hofladen dann täglich geöffnet und bietet rund 15 Sorten Ziegenfrischkäse an – etwa mit Bärlauch oder Gartenkräutern oder auch mit Schoko und Chili verfeinert, sowie Feta, Camembert und Schnittkäse (unter Umständen ist nicht das gesamte Sortiment verfügbar). Am Wochenende bekommt man auf dem Hof auch Kaffee und frisch gebackenen Kuchen sowie eine Brotzeit mit Käseplatte, die man sich an der Käsetheke individuell zusammenstellen darf. Dazu wird Wein vom Weingut Patke aus Pilgram sowie Bier der Brauerei Landskron in Görlitz ausgeschenkt. Das Ende

Der heimische Stall ruft

Hofkäse aus Ziegenmilch

der Hofsaison wird ebenfalls mit einem Schlachtfest (meist um den Totensonntag herum) gefeiert, für das dann jeweils ein Schwein, Rind, Schaf und eine Ziege geschlachtet werden. Das Fleisch sowie einige Wurstspezialitäten (zum Beispiel Ziegensalami, Knacker und Bratwurst) werden ebenfalls im Hofladen verkauft. Der Hof ist zwar nicht bio-zertifiziert, die Tiere werden jedoch artgerecht gehalten und das Futter wird komplett selbst erzeugt.

Damit lässt sich der Ausflug verbinden

➔ Heiße Sommertage lassen sich wunderbar am Ufer der Neiße unweit des Hofes verbringen: Der Strand ist ganz flach und es gibt einige Sandbänke.

➔ Mit einer Radtour auf dem Oder-Neiße-Radweg: Der Ziegenhof liegt 7 km nördlich von Bad Muskau, auf der insgesamt 64 km langen Etappe Bad Muskau-Guben. www.oderneisse-radweg.de

➔ Mit einem Besuch des ›Archivs verschwundener Orte‹. Der Braunkohleabbau prägte diese Region über Jahrzehnte. Das Archiv in Forst/Lausitz, OT Horno, erinnert an die Dörfer, die ihm weichen mussten. www.archiv-verschwundene-orte.de

➔ Mit einer geführten Winter-Wanderung durch den UNESCO Global Geopark Muskauer Faltenbogen, die Wolfsschlucht und den märchenhaften Pusacker Wald, die eine Einkehr mit deftig-warmer Mahlzeit auf dem Ziegenhof Pusack beinhaltet. 6 € Teilnahmegebühr. Termine und Details unter Tel. 035600/368712 oder auf: www.muskauer-faltenbogen.de

➔ Der Museumsverein Forst erzählt die lange Geschichte des Tuchmacherhandwerks im ›deutschen Manchester‹. Details und Öffnungszeiten unter: www.museumsverein-forst.de.

➔ Der Ostdeutsche Rosengarten samt Wehrinselpark in Forst lädt zum Spaziergang durch die über 100-jährige Parkanlage. Öffnungszeiten und Details auf: www.rosengarten-forst.de.

Ziegenhof Pusack

Adresse: Pusack 4, 03159 Neiße-Malxetal, OT Jerischke, Tel. 035600/23155. www.ziegenhof-pusack.de
Öffnungszeiten: Die Hofsaison beginnt eine Woche vor Ostern mit einem Schlachtfest und endet am Totensonntag mit einem Schlachtfest. Hofladen: in der Saison Mo–So. Einkehr: in der Saison Sa–So. Hofführungen: Mo–So möglich, bitte jedoch mindestens einen Tag vorher anrufen. Gemolken wird morgens um 7 Uhr und abends gegen 17–19 Uhr (je nachdem, wann es dunkel wird).

Preise: Die Hofführung ist kostenlos. Übernachtung in der FeWo: 20 € p. P./Nacht, Kinder bis 10 J. frei, 10–15 J. 5 €. Camping mit Zelt/Bus/Wohnmobil: 5 € p. P./Nacht, Kinder bis 10 J. frei.
Anreise: Mit Bahn über Cottbus nach Forst/Lausitz (1 h 50 Min., mit Umstieg in Cottbus) und weitere 21 km mit dem Fahrrad auf dem Oder-Neiße-Radweg, immer am Fluss entlang. Mit dem Auto über A13 und A15 bis zur letzten Ausfahrt vor der polnischen Grenze (Ausfahrt Bademeusel) und weiter auf einer kleinen Straße an der Neiße entlang (Fahrstrecke ab Berlin-Alexanderplatz: 166 km).

Brauhaus Finsterwalde

Dass es nach Bayern jetzt auch in Brandenburg eine Bierstraße gibt, ist dem Verein Brandenburger Kleinbrauereien zu verdanken. Sie wurde am 23. April 2016 eingeweiht – an jenem historischen Tag, als Brauereien und Bierfreunde in ganz Deutschland das 500-jährige Jubiläum des Deutschen Reinheitsgebotes begingen. Auch in der Sängerstadt Finsterwalde wurde zur Feier des Tages so manches Bier gezapft und auf die funkelnagelneue, rund 400 Kilometer lange Bierstraße angestoßen. Ob man diese nun tatsächlich ›auf sportlichem Weg mit dem Rad entdeckt, wie es die Gründungsmitglieder vorschlagen, bleibt jedem selbst überlassen – ein Radweg entlang der Bierstraße ist noch in Planung. Hauptsache, man lässt sich genügend Zeit für genüssliche Verkostungs-Stopps: 17 Handwerks- und Gasthausbrauereien sind es derzeit, die den Verlauf der Bierstraße definieren.

In Finsterwalde sind es unfiltrierte, naturbelassene Biere, die dort seit 1997 gebraut und gezapft werden. Die Schankwirtschaft an Ort und Stelle existiert allerdings schon seit 1889; die Tradition wird heute in Form eines Bistros mit Mittagstisch fortgesetzt. Zwei Stammbiere, ein Pilsener und ein Dunkles, gibt es dort das ganze Jahr über frisch gezapft. Dazu kommt ein drittes, monatlich wechselndes – beispielsweise rot-braunes Bockbier, Whisky-Ale, Roggenbier oder ein Rauchbier in Bamberger Tradition. Und natürlich gibt es auch ein Festbier zum Fins-

Handwerklich Gebrautes an der Bierstraße

Karte S. 114/115

terwalder Sängerfest, das alle zwei Jahre (immer am letzten Augustwochenende) mehr als 100 000 Gäste und Musikanten in die Innenstadt zieht.

Im Brauhaus sind interessierte Bier-Liebhaber herzlich willkommen: Braumeister Markus Klosterhoff zeigt ihnen gerne sein Reich und teilt auf unterhaltsame Art und Weise sein umfassendes Fachwissen. Brauereiführungen sind bereits ab einer Person möglich – mit oder ohne Verkostung. Am besten ruft man einige Tage vorher an, um sicher zu gehen, dass Klosterhoff auch im Hause ist. Wer tiefer einsteigen

möchte, kann sich in Finsterwalde sogar zum Hobby-Brauer ausbilden lassen. Dafür benötigt man etwa zehn Stunden Zeit und ein Paar Gummistiefel, und darf dann einen Tag lang beim Ansetzen des Sudes mitarbeiten. In diesem Arbeitsschritt wird festgelegt, welche Art von Bier man herstellen möchte; es dauert jedoch weitere vier bis sechs Wochen, bis es seinen vollen Geschmack entwickelt hat. So lange darf der Gerstensaft in aller Ruhe reifen. Anschließend treffen sich die Seminarteilnehmer erneut, um ihr selbst Gebrautes zu verkosten.

Damit lässt sich der Ausflug verbinden

➲ Mit weiteren Brauerei-Besuchen entlang der ›Brandenburgischen Bierstraße‹. Informationen (Suchbegriff ›Bierstraße‹) unter www.reieseland-brandenburg.de

➲ Zwischen Finsterwalde und Crinitz, mit Zwischenstopp u. a. am Museumsbahnhof Kleinbahren, verkehrt die historische Niederlausitzer Museumseisenbahn. Bei der Fahrt in den zum Teil über 150 Jahre alten Zügen fühlt man sich in vergangene Zeiten versetzt. In Kleinbahren warten weitere Sonderzüge auf Bahnliebhaber. Fahrplan und Infos auf www.niederlausitzer-museumseisenbahn.de

➲ Südlich von Finsterwalde erstreckt sich die sogenannte Braunkohlenachfolgelandschaft, deren Geschichte sich

eindrucksvoll im Besucherbergwerk F 60 erleben lässt (8 km entfernt). Entstanden ist das Museum aus der weltweit größten beweglichen Tagebau-Förderbrücke, der legendären F60, die im Rahmen verschiedener Führungen besichtigt werden kann, www.f60.de

➲ Ebenfalls sehenswert ist die Brikettfabrik Louise, die älteste Brikettfabrik Europas. 1991 wurde sie stillgelegt, und seit 1992 ist sie ein technisches Denkmal und macht noch immer mit (allerdings nur für touristische Zwecke) betriebenem Teller- und Röhrentrockner, Schleudermühle und Stachelwalzenbrecher Technikgeschichte erlebbar, www.brikettfabrik-louise.de

Niederlausitz und Elbe-Elster-Land

ℹ Brauhaus Finsterwalde

Adresse: Sonnewalder Str. 13, 03238 Finsterwalde, Tel. 03531/2286 www.finsterwalder-brauhaus.de

Öffnungszeiten: Brauhaus: Mo-So ab 18 Uhr. Bistro: Mo-Fr 12.30–13.30. Wenn der Braumeister im Haus ist, sind auch spontan Führungen möglich; wer sichergehen will, ruft vorher an und vereinbart einen Termin.

Preise: Brauereiführung: 2,50 € p. P.; inkl. einem Probebier bzw. inkl. Kostebrett (4 x 0,1 l Bier) 4,50 € p. P. Brauseminare:

85 € p. P. inkl. deftigem Mittagsimbiss, alkoholfreien Getränken sowie freiem Genuss des Finsterwalder Bieres (für Gruppen von 5–15 Pers. möglich, Termin nach Absprache).

Anreise: Mit der Bahn nach Finsterwalde (1 h 40 Min. ab Berlin Ostkreuz, mit Umstieg in Calau), von dort 400 m zu Fuß. Mit dem Auto über die A113 bis Ausfahrt Duben und weiter über die B87 und B96 (Fahrstrecke ab Berlin-Alexanderplatz: 121 km).

Überregional bekannt ist die Region südwestlich von Berlin für ihren Spargel, der traditionell aus Beelitz kommt und dessen großflächiger Anbau der Landschaft ein Aussehen verleiht, das Spötter als ›märkische Streusandbüchse‹ bezeichnen. Dabei gibt es im Fläming auch einsame Wälder, fischreiche Seen, eine Thermalsole, zahlreiche Burgen im Naturpark Hoher Fläming und sogar eine Attraktion, auf die ganz Deutschland neidisch ist: 230 Kilometer feinste Asphaltpiste – ausschließlich für Skater und Radfahrer.

DER FLÄMING

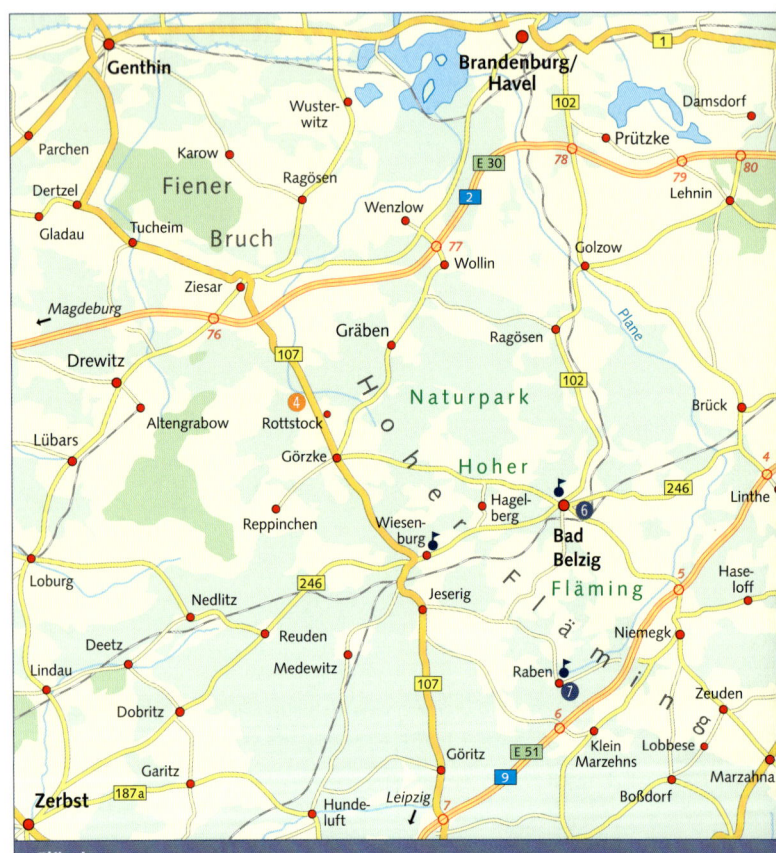

Fläming

➔ Kulinarische Ausflüge

❶ Das Bilderbuchdorf Blankensee
(→ S. 126)

❷ Im Grachtenkahn mit dem Fischer
auf den Mellensee (→ S. 128)

❸ Wanderung zu den Fischern und
Jägern (→ S. 130)

❹ Forellenhof Rottstock (→ S. 133)

➔ Veranstaltungen

Februar

❶ Schlachtfest in Blankensee (→ S. 10)

Mai

❷ Tag der offenen Höfe in der der
Nuthe-Nieplitz-Region (→ S. 11)

❸ Beelitzer Spargelfest (→ S. 12)

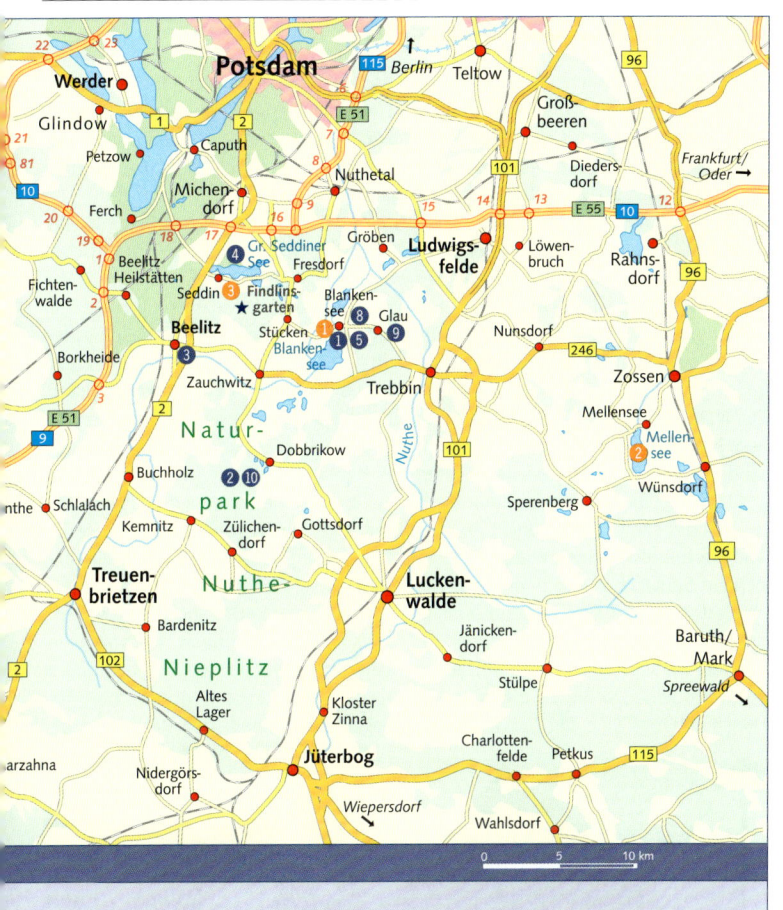

Fläming

Juli
4 Seddiner Fischerfest (→ S.15)
5 Traditionelle Roggenernte in Blankensee (→ S. 15)

September
6 48 Stunden Fläming (→ S. 17)
7 Rabener Apfeltage (→ S. 19)
8 Backofenfest in Blankensee (→ S. 21)
9 Naturfest im Wildgehege Glauer Tal (→ S. 21)

November
10 Tag der offenen Höfe in der Nuthe-Nieplitz-Region (→ S. 24)

Das Bilderbuch-Dorf Blankensee

Blankensee ist einer jener Orte, in denen das Landleben sich so idyllisch präsentiert, wie man sich das als Großstädter immer ausmalt. Der Ort ist deshalb auch schon mehrfach ausgezeichnet worden. Lieblich zwischen zwei Seen gelegen, besteht der Dorfkern aus wenigen Straßen, von denen einige lediglich als sandige Wege zwischen Häusern und Wiesen daherkommen. Und trotz nicht einmal 600 Einwohnern hat Blankensee allerhand Sehenswertes zu bieten: ein großes Naturschutzgebiet, das sich auf einem Naturlehrpfad sowie auf dem sehr schön angelegten, langen Bohlensteg am Ufer des Blankensees erleben lässt; ein Schloss samt Garten und Café; ein 1649 erbautes Fachwerkhaus, in dem sich ein Bauernmuseum befindet sowie im Garten ein historischer Lehmofen, in dem zum Beispiel beim Backofenfest (3. Sonntag im September) auch Brot gebacken wird; eine Dorfkirche mit hübscher Feldsteinmauer; eine alte Gutsschmiede;

das Atelier eines Holzbildhauer-Paares. Und jede Menge Kulinarisches: eine Imkerei mit kleinem Hofladen und Schau-Bienenstock, durch die Imker Brauße (nach Voranmeldung) gerne führt und seine Arbeit und die der Bienenvölker erklärt. Einen Fischer, der Fangfrisches aus dem Blankensee frisch und geräuchert verkauft sowie eine Räucherei mit eigener Fischzucht und ein paar Tischen im hübschen Vorgarten, an denen man die Fischbrötchen direkt verzehren kann. Die beiden Fischer nehmen auch an der ›Brandenburger Landpartie‹ und an den ›Offenen Höfen‹ teil (→ S. 11). Es gibt außerdem eine richtig gute Bäckerei, die seit 100 Jahren (und bereits in vierter Generation) traditionell geführt wird und deren köstliche Kuchen man wochentags, bei schönem Wetter auch sonntags und feiertags, im lauschigen Hofcafé genießen kann. Wer in der Ferienwohnung ›Zur Alten Backstube‹ übernachtet, hat sogar Gelegenheit, den Bäckern in der

▲ *Ein idyllisches Fleckchen: Blankensee*

Frühe bei ihrer Arbeit zusehen – und ofenfrische Brötchen zu ergattern. Und wer nach einer Wanderung oder Radtour richtig hungrig ankommt, der findet gleich zwei Restaurants: moderne deutsche und internationale Küche in der Museumsschänke im Bauernmuseum, etwa Fläminger Topfwurst, gebratenes Zanderfilet oder märkisches Goulasch vom Hirsch; zwei Mal jährlich wird zudem ein großes Schlachtfest mit Büffet gefeiert. Und in der Gaststätte Schmädicke bekommt man gute Hausmannskost serviert – vom Schweinebraten über Rouladen bis hin zu Wild aus der Region (je nach Verfügbarkeit).

Alleine in Blankensee lässt sich ein wunderbarer, ausgefüllter Ausflugstag verbringen. Weil der Ort jedoch inmitten des Naturparks Nuthe-Nieplitz liegt, lässt sich der Ausflug mit herrlichen Wanderungen verbinden. Ein 22-Kilometer-Rundkurs führt ab/nach Trebbin über die immerhin 87 Meter hohen, mit lichten Kiefernwäldern bewachsenen Glauer Berge nach Blankensee und zurück über den Rügen-Italien-Fernwanderweg (Beschreibung auf www.outdooractive.com). Eine Alternative ist die 25 Kilometer lange Etappe Trebbin–Seddin auf dem 66-Seen-Wanderweg, die flacher verläuft und Möglichkeiten zur Vogelbeobachtung bietet (Beschilderung mit blauem Punkt, Routenbeschreibung im Buch ›Die 66-Seen-Wanderung‹, Trescher Verlag). Und wem das kulinarische Angebot Blankensees nicht ausreicht, der

Fangfrisches aus dem Blankensee

wandert auf der 20 bis 25 Kilometer langen ›Genießertour: Landhaus & Fliederhof‹ (Details auf www.geniessertouren.org) am Restaurant Landlust Körzin, am Spargel- und Kürbishof Syring, am Fliederhof Juliane Syring und am Landhaus ›Zu Stücken‹ vorbei sowie am Wildgehege Glauer Tal, am Beobachtungsturm Pfefferfließ und an der Seifenmanufaktur Gabi Sußdorf.

An den Sommer-Wochenenden und natürlich zu den Festen (→ S. 10, 21, 15) wird Blankensee rege von Ausflüglern besucht. Kommt man aber unter der Woche oder außerhalb der Ferien hierher, dann begegnet man womöglich nur ein paar spielenden Kindern oder klönenden Nachbarn – die Fremde sehr wahrscheinlich freundlich grüßen. Für die als zurückhaltend geltenden Brandenburger ist das bemerkenswert; dies bemerkte einst schon Theodor Fontane.

Damit lässt sich der Ausflug verbinden

➲ Mit einem Besuch des 160 Hektar großen Wildgeheges Glauer Tal. Hier kann man Mufflons, Rot- und Damwild störungsfrei beobachten, samt Naturparkzentrum. Fernglas- und Bollerwagenausleihe.
www.wildgehege-glau.de

➲ Mit dem Ausflug ›Von Fischer und Jäger und der letzten Eiszeit‹ (→ S. 130)
➲ Mit einer Runde auf dem Fläming Skate, südlich von Luckenwalde, der Skatern und Radlern rund 230 Kilometer feinste Asphaltbahn bietet. Routenplanung auf www.flaeming-skate.de

Fläming

ℹ Blankensee

Adresse: In Blankensee sind überall Wegweiser aufgestellt, so dass man die Sehenswürdigkeiten, Restaurants und Geschäfte nicht verfehlen kann.

Öffnungszeiten: Landbäckerei Röhrig: Mo–Fr 8–17 Uhr, Sa 8–13 Uhr, So & feiertags ab 11 Uhr, Tel. 033731/10522. Imkerei Brauße: täglich geöffnet (einfach klingeln oder zur Sicherheit vorher anrufen, Tel. 033731/80026), im Mai/Juni Führungen nach Voranmeldung für Gruppen ab 5 bis 20 Personen. Brauße's Fischräucherei: tägl. 9–18 Uhr, Tel. 033731/80029. Fischer Bernd Wildemann & Räucherei: tägl. 9–17 Uhr, Tel. 033731/15563. Museumsschänke: Mi-So und feiertags ab 11 Uhr, am 2. So im Monat 11.30–14 Uhr Lunch-Büffet für 13,90 € p. P.; Reservierung empfohlen, auch für das Schlacht-

fest: Tel. 033731/12496, Termine auf www.bauernmuseum-blankensee.de. Bauernmuseum: Mi-Fr 11–12 & 13–17 Uhr, Sa, So & feiertags 13–17 Uhr. Gaststätte Schmädicke: von April bis Oktober Sa-Di und feiertags ab 12 Uhr, Do-Fr ab 17 Uhr; außerhalb der Saison Sa-/So/Feiertage ab 12 Uhr, für Gruppen nach Voranmeldung auch zu anderen Terminen, Tel. 033731/15657.

Anreise: Mit der Bahn stündlich in 30 Min. ab Berlin Hbf. bis Trebbin. Weiter wie oben beschrieben per Rad (direkt nach Blankensee: 9 km) oder zu Fuß. Mit dem Auto über die A115 und A10 bis Ausfahrt Ludwigsfelde West und weiter über die Landstraße bzw. auf der B96 und B101 aus Berlin gen Süden fahren und ein kleines Stück über die A10 (Fahrstrecke ab Berlin-Alexanderplatz: 59 bzw. 45 km).

Im Grachtenkahn mit dem Fischer auf den Mellensee

Seit 1986 ist Ralf Dowhaluk bereits Fischer am Mellensee. Er kennt das Gewässer in- und auswendig, das er rund ums Jahr befährt, um seine Netze zu kontrollieren und den Fang einzuholen – sogar bei Eis. Und er ist ein guter Geschichtenerzähler, der nicht nur gerne vom See und seinen Bewohnern und der Arbeit der Fischer berichtet, sondern auch mit Anekdoten zu unterhalten weiß. Etwa mit jener vom Weißen Hai im Mellensee – oder vielmehr: von dem, was ein Badegast einst dafür hielt. Dieser sprang nämlich seinerzeit derart nah neben den Netzen der Fischer ins Wasser, dass sich die darin gefangenen Fische erschreckten und ein großer Marmorkarpfen einen Satz aus dem Wasser machte. ›Sie können sich nicht vorstellen, wie schnell der Mensch wieder in sein Boot geklettert war‹ Immerhin bis zu 80 Kilogramm schwer können Mar-

morkarpfen werden, die ursprünglich aus Südostasien stammen und zu DDR-Zeiten in zahlreichen Gewässern Brandenburgs angesiedelt wurden. Der Original Grachtenkahn, in dem Dowhaluk seine Gäste für 75 Minuten mit hinaus auf den See nimmt, stammt aus den Niederlanden und bietet Platz für bis zu 50 Personen; Fahrten bietet der Fischer aber bereits ab 20 Anmeldungen an (alternativ kann der Kahn auch für 140 € pauschal gebucht werden). Die Seerundfahrt ist ganzjährig möglich, solange der See eisfrei ist. Der Kahn ist zwar nicht beheizt, es gibt jedoch warme Decken und Glühwein für die Gäste.

Mellensee nennt sich auch ›Das Dorf der Fischer‹. Vier davon gibt es hier noch immer, obwohl die Bedingungen wegen der Motorboote auf dem See nicht besser werden. Noch tummeln sich jedoch neben dem beliebten Zander und den Mar-

▲ Karte S. 124/125

Hier leben keine Haie. Aber sehr große Marmorkarpfen

morkarpfen auch Aale, Plötzen, Forellen, Hechte, Bleien sowie Exoten wie Rotfeder oder Ukelei darin. Den Fang des Tages verarbeitet Ralf Dowhaluk jeweils direkt in der Küche seines Restaurants, denn er ist auch Koch – und darüber hinaus eine wandelnde Speisekarte. Weil sich nämlich das Menü, je nach Fang, Tag für Tag ändert, schreibt er es gar nicht erst auf, sondern empfiehlt seinen Gästen die Gerichte des Tages lieber selbst. Die Küche schließt, sobald der letzte Fisch verkauft ist, denn in Pfanne und Topf kommen bei ihm ausschließlich die selbst gefangenen und von Hand filetierten Fische sowie Bioprodukte. Frühes Kommen empfiehlt sich daher, eine Tischreservierung ebenfalls. Das Restaurant befindet sich direkt am See. Im Sommer sitzt man hier wunderbar auf dem überdachten, breiten Steg. Aber auch im Winter ist der See sehr schön und lohnt einen Besuch. Zumal der Fischer bei kühleren Temperaturen meist einen deutlich größeren Fang macht und üblicherweise weniger Gäste kommen – da klappt es dann sogar mit einem spontanen Mittagessen. Probieren Sie doch mal den Marmorkarpfen, sollte er am Tag Ihres Besuches ins Netz gegangen sein. »Es muss nicht immer Zander sein«, findet der Fischer. »Jeder Fisch hier hat seinen ganz besonderen Geschmack!«

Fläming

Damit lässt sich der Ausflug verbinden

➔ Wer nach dem Ausflug selbst einmal die Angel auswerfen möchte, kann dies an den ›Mellenseer Teichen‹ am Nordende des Sees tun, gleich neben der Hauptstraße. Ein Angelschein wird nicht benötigt. Tel. 03377/998609. www.mellenseer-teiche.de

➔ Mit einer Draisinenfahrt ab dem ›Erlebnisbahnhof Mellensee‹, ebenfalls am Nordende des Sees. Zur Auswahl stehen Hebel- und Fahrrad-Draisinen sowie ganz unterschiedliche Touren – von der zweistündigen Schnuppertour bis zur Weihnachtsfeier-Glühwein-Lagerfeuer-Gänsebraten-Tour, www.erlebnisbahn. de/Draisine-fahren-suedlich-Berlins.html

➔ In Klausdorf, 1 km südlich am Mellensee, liegt ein Strandbad mit großer Rutsche, Spielplatz und Bootsverleih. Tel. 033703/95913.

Grachtenkahn und Restaurantterrasse am Mellensee

➲ Am westlichen Ortsrand von Zossen, an der L246, gibt es einen Badesee, dessen flachen, breiten Sandstrand manche als karibisch bezeichnen (3 € Eintritt). An einer Seite des Sees befindet sich eine Wasserski- und Wakeboard-Anlage. Preise und Öffnungszeiten auf: www.wasserskipark-zossen.de.

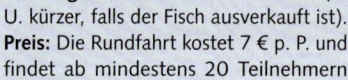

Mellensee

Adresse: Am Wildpark 6, 15838 Am Mellensee, Tel. 03377/393865.
Öffnungszeiten: Mi-So 11–14 Uhr (u. U. kürzer, falls der Fisch ausverkauft ist).
Preis: Die Rundfahrt kostet 7 € p. P. und findet ab mindestens 20 Teilnehmern statt.

Alternativ kann der Kahn für 140 € komplett gebucht werden.
Anreise: Mit der Bahn bis Zossen (ca. 1 h, direkt ab Berlin Hbf) und weitere ca. 25 Min. mit Bus 771 bis Mellensee, Wildpark oder 7 km mit dem Rad. Mit dem Auto über die B96 gen Süden (Fahrstrecke ab Berlin-Alexanderplatz: 54 km).

Wanderung zu den Fischern und Jägern

Wenn Sie beim Stichwort ›Beelitz‹ sofort an Spargel denken und als nächstes an endlose Äcker in der ›märkischen Streusandbüchse‹, dann wird Sie dieser Ausflug überraschen! Beginnend in Neuseddin, dem Nachbarort von Beelitz, führt er durch eine sehr abwechslungsreiche Landschaft mit Seen und sogar Bergen (auch wenn es nur Brandenburger Berge mit knapp 80 Metern Höhe sind), bis nach Stücken und wieder zurück. Die etwa 22 Kilometer lange Tour ist für eine Wanderung ebenso geeignet wie für eine Radtour; zu Fuß kann man auf dem Rückweg auch nördlich des Sees (auf der 66-Seen-Route) laufen.

Als erster Stopp bietet sich der Fischerhof am Seddiner See an. Manfred Mannheim und sein Sohn Mirko sind dort inzwischen die letzten Fischer – weil der Wasserspiegel des Sees sinkt, gibt es darin immer weniger Fische. Wenn man auf ihren großen Hof läuft, sieht man allerlei Netze und Zubehör, kann einen Blick in die Becken mit Aalen werfen und auf die qualmenden Räucheröfen. Im Hofladen bekommt man frischen und geräucherten Fisch (je nach Tagesangebot) und wenn

Karte S. 124/125

man freundlich fragt, erzählen die Fischer auch bereitwillig etwas von ihrer Arbeit. Weiter geht es am Südufer des Sees entlang durch das Dorf. Der Weg führt direkt vorbei am ›Findlingsgarten Skulpturenpark‹, in dem sehr anschaulich gezeigt wird, welche Kräfte in dieser Gegend während der Eiszeit am Werk waren. Wenige Schritte weiter erreicht man die Kulturscheune/Heimatstube, die in einem um 1700 erbauten, reetgedeckten Haus untergebracht ist. Hier kann man sich traditionelles Handwerk und Gebräuche anschauen, wie sie in den letzten Jahrhunderten in dieser Gegend üblich waren, sowie zeitgenössische Kunst aus der Region. Direkt dahinter führt der Weg zwischen zwei Seen hindurch und weiter in ein kleines Waldstück. Unmittelbar nach einem Parkplatz gabelt er sich. Links geht es zur Badestelle mit breitem Sandstrand – hier biegt man ab, wenn man auf dem Rückweg am Nordufer des Sees entlang wandern möchte. Ein paar Schritte weiter und dann rechts führt der

Weg zwischen Kähnsdorfer See und Rauher Berg entlang nach Stücken.

In der kleinen Ortschaft Stücken gibt es gleich zwei empfehlenswerte Restaurants, die mit Produkten aus der Region arbeiten. Das ›Landhaus zu Stücken‹ setzt einen Schwerpunkt auf Wildgerichte, etwa Scheiben aus der Rehkeule oder Wildschweinschnitzel, jeweils mit Weinempfehlung. Falls Ihnen das Haus bekannt vorkommen sollte: Es war mehrfach Kulisse für Kinderfilme. Bei gutem Wetter sitzt man sehr schön auf der großen Terrasse mit Blick auf Hühner, Kälbchen und Ziegen; auch gibt es einen kleinen Spielplatz. Das Wild bezieht die Inhaberin von ihrem Vater, der es wiederum von Jägern aus der Gegend erhält. Sein Hof befindet sich nur ein paar Schritte weiter, und obwohl Alfred Schreinicke inzwischen Rentner ist, verkauft er (mit eingeschränkten Öffnungszeiten) noch immer Wurst und Schinken vom Wild. Das zweite Restaurant, der ›Fliederhof Syring‹, bietet zünftige brandenburgische

Fläming

Der Fischerhof am Seddiner See

Die Kulturscheune zeigt traditionelles Handwerk

Hausmannskost aus saisonalen Produkten – vom Beelitzer Spargel über Riebener Kartoffeln bis hin zu Fisch aus Blankensee sowie ebenfalls Wildgerichte. Dazu hausgebackene Torten und Kuchen (auch zum Mitnehmen). Der namensgebende Flieder findet sich dabei in so ungewöhnlichen Delikatessen wie Fliederbeersuppe oder Fliederblüten-Secco. Auf dem Rückweg kann man einen Schlenker über Fresdorf machen (3 km entlang der L73 oder zurück bis zum Parkplatz und dann rechts, ca. 4,5 km). Dort, direkt am hübschen Dorfanger, lädt die Wein-Schmiede zur Einkehr in ihren verwunschenen kleinen Garten (und winters an den offenen Kamin). Wer vor der nächsten Einkehr noch einen etwas größeren Verdauungsspaziergang benötigt, kann ab Stücken den 6,4 Kilometer langen, beschilderten Ortolan-Rundweg über die ›Berge‹ wandern. Mit etwas Glück hören Sie dabei den Ortolan singen, der angeblich einst Ludwig van Beethoven zu seiner Fünften Sinfonie inspirierte.

Damit lässt sich der Ausflug verbinden

➡ Mit einer Verlängerung der Tour bis ins Bilderbuchdorf Blankensee (Ausflug → S. 126)

➡ Mit einer Etappe der 66-Seen-Wanderung, die von Stücken weiter nach Blankensee und bis zum Trebbiner Bahnhof führt (insgesamt 25 km). Beschilderung: blauer Punkt auf weißem Quadrat. Eine ausführliche Beschreibung bietet das gleichnamige, im Trescher Verlag erschienene Buch.

➡ Mit der 20–25 Kilometer langen ›Genießertour: Landhaus & Fliederhof‹, die in einem weiten Bogen um den Blankensee herumführt, unter anderem am Restaurant Landlust Körzin vorbei, am Spargel- und Kürbishof Syring und am Fliederhof Juliane Syring, am Wildgehege Glauer Tal, am Beobachtungsturm Pfefferfließ und an der Seifenmanufaktur Gabi Sußdorf. Auf www.geniessertouren.org kann man eine Karte mit allen Stationen herunterladen.

◀ Karte S. 124/125

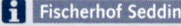 **Fischerhof Seddin**

Adresse: Fischerhof Seddin, Fischergasse 1, Seddiner See, Tel. 033205/45520. www.seddinersee.com Landhaus zu Stücken, Stückener Dorfstr. 6, Tel. 033204/61050. www.landhaus-stuecken.de Wildhandel Alfred Schreinicke, Zauchwitzer Straße 34, Stücken, Tel. 033204/42246. Fliederhof Syring, Stückener Dorfstr. 21, Stücken, Tel. 033204/62900. www.fliederhof-syring.de Wein-Schmiede, Luckenwalder Straße 222, Fresdorf, Tel. 033205/46795. www.weinschmiede-fresdorf.de

Öffnungszeiten: Fischerhof Seddin: Mo-Do 12–16 Uhr, Fr 9–18 Uhr, Sa 9–12 Uhr. Landhaus Zu Stücken: Mi–So ab 12 Uhr. Fliederhof Syring: Mi–So 12–21 Uhr (Küchenschluss: 20 Uhr), Mi/Do 17–21 Uhr eingeschränkte Abendkarte. Wildhandel Alfred Schreinicke: Di-Do 9.30–12 Uhr. Wein-Schmiede: Fr-So ab 14 Uhr. Kulturscheune und Heimatstube: Mi, Do, Sa, So 11–16 Uhr.

Anreise: Mit der Bahn stündliche Direktverbindung nach Seddin Bhf. (38 Min. ab Berlin Hbf). Mit dem Auto über den Berliner Ring bis Abfahrt Michendorf, von dort sind es noch 3 km (Fahrstrecke ab Berlin-Alexanderplatz: 48 km).

Forellenhof Rottstock

Ende 2013 haben Susanne und Matthias Engels den Forellenhof als Quereinsteiger übernommen und ihn seitdem zum Lieferanten Berliner Spitzenköche sowie zum beliebten Ausflugsziel für Feinschmecker und Angler gleichermaßen entwickelt. Dieser Erfolg hängt vor allem damit zusammen, dass hier der Fisch als frisches, regionales Produkt im Mittelpunkt steht. Und zwar nicht nur die namensgebenden Forellen (neben Regenbogen- und Lachs- auch Bachforellen!), sondern auch Saiblinge und Störe. Insbesondere letztere haben sich mittlerweile zum Aushängeschild des Betriebes entwickelt: Nicht etwa wegen des Kaviars, sondern weil der lange in Vergessenheit geratene Stör sich als grätenfreier Speisefisch wachsender Beliebtheit erfreut. In Rottstock wird dieser übrigens nicht, wie in vielen Zuchtbetrieben üblich, in Betonbecken gehalten, sondern in Teichen, durch die kaltes Quellwasser fließt. Gerne bieten die Engels Führungen zum Thema Stör an, auch für kleine Gruppen und (soweit möglich) kurzfristig. Wie umfangreich die Führung werden darf, entscheiden dabei die Gäste. Eine anschließende Verkostung des Störs ist ebenfalls möglich, auf Wunsch werden auch Kaviar und Wodka

Fläming

Angelcamps für Kinder: Wie wird aus dem Lebewesen Fisch ein Essen auf dem Teller?

So sieht also ein Stör aus: Matthias und Susanne Engels wollen ihn als Speisefisch bekannt machen

serviert. Den Wodka, einen exklusiven Tropfen, stellt eine österreichische Manufaktur für den Forellenhof her. Der Kaviar wiederum wird zwar aus den hofeigenen weiblichen Stören, jedoch von einem britischen Unternehmen in Sachsen-Anhalt produziert. Man bekommt ihn auch gläschenweise im Hofladen (30g für 30 €). Geangelt werden darf auf die männlichen Störe sowie auf die oben genannten Fische an insgesamt acht Teichen; einer davon ist von Oktober bis Ostern ein reiner Forellenteich und Tremarella-Anglern vorbehalten.

Auch ohne Angelschein darf man in Rottstock die (Leih-)Angel auswerfen. Dabei wird jedoch großer Wert darauf gelegt, dass die Tiere ›waidgerecht und so schonend wie möglich‹ gefangen werden. Deshalb ist zum einen die Benutzung eines

so genannten Unterfangkeschers Pflicht. Auch gibt es zahlreiche Angelkurse. Mit dem ehemaligen Jugend-Landesmeister Robert Müller wurde ein Coach gewonnen, der Erwachsenen und auch Kindern mit Spaß, Geduld und Erfahrung die richtige Technik beibringt. Gerade bei den Angelcamps für kleine Menschen steht die Frage im Mittelpunkt: Wie wird aus dem lebendigen Fisch ein leckeres Essen auf meinem Teller? Der Forellenhof bietet außerdem Räucherseminare an, bei denen Stör verarbeitet wird. Wer den Fisch einfach nur essen möchte, kann im gemütlichen Bistro einkehren oder im Hofladen frischen und frisch geräucherten Fisch einkaufen. Und seit 2018 gibt es sogar die Möglichkeit, in einem von fünf hippen Türmen, die auf dem Gelände aufgestellt wurden, zu übernachten.

Karte S. 124/125

Damit lässt sich der Ausflug verbinden

➔ Das Burgbräuhaus in Bad Belzig (20 km entfernt) gehört zur Brandenburger Bierstraße und liegt direkt am Europa-Radweg R1 (in der Remise werden auch fünf einfache Zimmer vermietet). In der kleinen Spezialitätenbrauerei bekommt man neben den drei ständig angebotenen, unfiltrierten Craft Bieren Burgbräu Hell, Spezial und Dunkel saisonal auch Außergewöhnliches, wie etwa im Whiskyfass gereiftes Starkbier oder Champagner-Roggenbier. Seit 2012 wird dort auch Single Malt Whisky hergestellt; Termine für Verkostungen auf www.eiscafe-bad-belzig.de.

➔ Die Obstbrennerei Kullmann & Sohn (11 km entfernt) stellt seit 1993 Edelbrände, Obstgeiste und Liköre her, die man im Hofladen erwerben (Mo-Fr 9.30–15.30 Uhr) oder nach vorheriger Terminvereinbarung unter Tel. 033847/40001 im Schnapsstübchen verkosten kann. Hohenlobbeser Weg 2, 14827 Wiesenburg, OT Reppinichen. www.havelland-obstler.de
Eine Auswahl wird flaschenweise in der Schloss-Schänke ›Zur Remise‹ in Wiesenburg verkauft bzw. steht dort auf der Karte. Schlossstraße 2a, 14827 Wiesenburg, Di-So 11–21 Uhr. www.schlossschaenke-wiesenburg.de

➔ Vom Turm des Schlosses Wiesenburg (13,5 km entfernt) hat man einen wunderbaren Ausblick auf den zugehörigen Landschaftspark – bei klarer Sicht weit über den Naturpark Hoher Fläming. Auch ein Spaziergang durch den 150 Jahre alten Park lohnt sich: In Gartennähe königlich gestaltet, wird er im hinteren Teil weitläufig und märchenhaft. www.schloss-wiesenburg.de

➔ Mit einem Besuch der mittelalterlichen Burg und einstigen Bischofsresidenz in Ziesar (8 km entfernt). www.burg-ziesar.de

➔ Von Wiesenburg nach Bad Belzig führt der Internationale Kunstwanderweg Hoher Fläming. Die beiden Routen (Nord, 19 km, und Süd, 16 km, Querverbindung möglich) führen an derzeit 28, in die Landschaft eingefügten Skulpturen vorbei. Alles Wichtige für die Routenplanung auf: www.kunst-land-hoher-flaeming.de

---

ℹ Forellenhof Rottstock

Adresse: Dorfstrasse 26 a, 14793 Rottstock, Tel. 033847/40241. www.forellenhof-rottstock.de
Öffnungszeiten: Ganzjährig. Angeln: April-Okt Di-So 8–18 Uhr, in den Ferien und an Feiertagen auch Mo.; Nov-März Di-So 8–16 Uhr. Bistro und Hofladen: von April-Okt Di-Fr 10–18 Uhr, Sa/So 9–18 Uhr (warme Küche bis 17.30 Uhr). In den Ferien sowie an Feiertagen auch Mo geöffnet. Von Nov-März Di-So 10–16 Uhr (warme Küche bis 15.30 Uhr). Am 24.+ 31.12. Angeln, Bistro, Hofladen: 8–13 Uhr. Geschlossen am 25.+ 26.12. sowie am 1.1.
Preise: Angelgebühr: 3 € pro Rute plus Kilopreise für den gefangenen Fisch. Alternativ Halbtages-/Tageskarten für 10/18 €

(Zweitangel 3€ extra). Tremarella-Teich 35 € für 5 h. Leihgeräte (am besten vorher telefonisch reservieren): Angel 5 €, Unterfangkescher (auf dem Hof obligatorisch) 5 €. Führungen: 5 € p. P., Kinder kostenfrei. Räucherseminare ab 49 €. Übernachtung im Turm ab 39/49 € (1/2 Pers./Nacht).
Anreise: Mit der Bahn bis Bad Belzig (1 h, direkt ab Berlin Hbf) und weiter mit Bus 588 bis Rottstock (55 Min, fährt nur unregelmäßig) oder mit dem Rad (ca. 23 km auf der ›Tour Brandenburg‹). Oder mit der Bahn bis Wiesenburg/Mark (1 h 10 Min., direkt ab Berlin Hbf) und weitere 15,5 km mit dem Rad. Mit dem Auto über die A10 und A2 bis Ausfahrt Wollin und weiter über die L94 und B107 (Fahrstrecke ab Berlin-Alexanderplatz: 105 km).

Fläming

Potsdam mit seinen Schlössern und Prachtbauten überstrahlt
die Region leicht, dabei hat das Havelland allerhand zu bieten.
Da wäre die namensgebende Havel, die stellenweise einer Seenlandschaft gleicht. Zudem Deutschlands erster Sternenpark –
nirgendwo sonst ist der Himmel nachts so dunkel wie hier. Außerdem locken das durch
Fontane berühmt gewordene Ribbeck samt Schloss und
Birnbäumen sowie nicht zuletzt die Domstadt Brandenburg,
die Wiege der Mark.

HAVELLAND UND POTSDAM

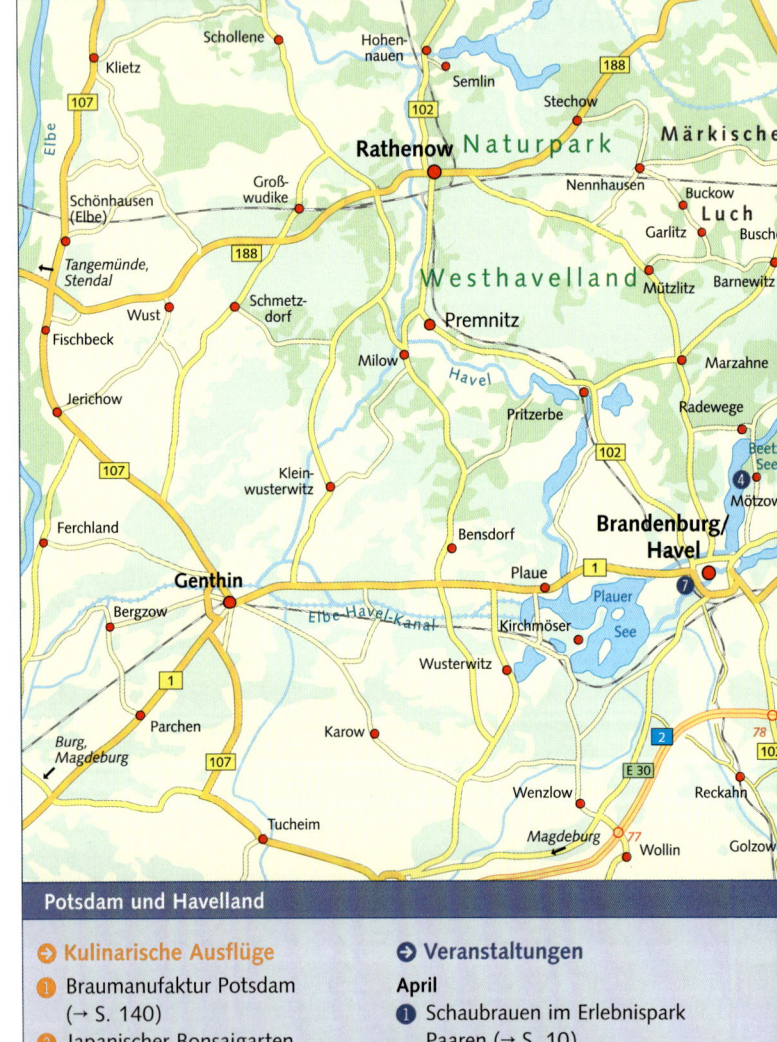

Potsdam und Havelland

➔ Kulinarische Ausflüge

1 Braumanufaktur Potsdam
(→ S. 140)

2 Japanischer Bonsaigarten
(→ S. 142)

3 Sanddorngarten Berger (→ S. 145)

4 Schultz'ens Siedlerhof & Glina
Whisky (→ S. 148)

5 Spargelhof Klaistow (→ S. 150)

6 Obstgut Marquardt (→ S. 153)

7 Weingut Klosterhof Töplitz
(→ S. 155)

➔ Veranstaltungen

April

1 Schaubrauen im Erlebnispark
Paaren (→ S. 10)

2 Baumblütenfest Werder (→ S. 11)

3 Wanderung zu den Morcheln,
Caputh (→ S. 11)

4 Spargel-Führung auf dem Viel
fruchthof Mötzow (→ S. 11)

Juni

1 Historisches Schaubrauen
im Erlebnispark Paaren (→ S. 14)

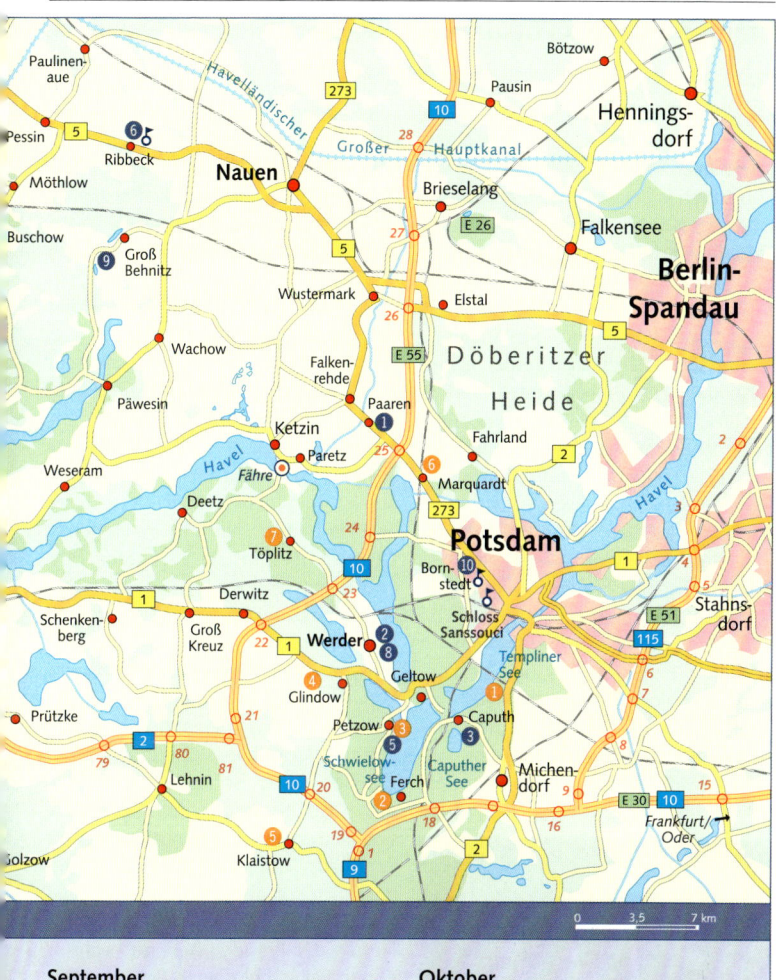

September

❶ Historisches Schaubrauen im Erlebnispark Paaren (→ S. 17)

❸ Geführte Pilzwanderung, Caputh (→ S. 18)

❺ Sanddorn-Erntefest, Petzow (→ S. 18)

❻ Ribbecker Birnenfest (→ S. 18)

❼ Regionalmarkt Brandenburg an der Havel (→ S. 21)

Oktober

❶ Schaubrauen und Schlachtfest im Erlebnispark Paaren (→ S. 22)

November

❽ Tag der offenen Kelterei bei Weinbau Dr. Lindicke in Werder (→ S. 24)

Dezember

❾ Adventsmarkt auf dem Landgut Stober, Groß Behnitz (→ S. 26)

❿ Romantisches Weihnachtsdorf Krongut Bornstedt (→ S. 27)

Braumanufaktur Potsdam

Die ›Potsdamer Stange‹ ist wohl das bekannteste Bier der Braumanufaktur: Ein unfiltriertes, spritziges, feinherb gebittertes Vollbier, das nachweislich schon vor 200 Jahren in der Region gebraut wurde. Und seit 2003 nun eben im Forsthaus Templin, das ebenfalls auf eine rund 200-jährige Geschichte zurückblickt. Die beiden Gründer der Braumanufaktur, Thomas Köhler und Jörg Kirchhoff, lernten sich noch zu DDR-Zeiten bei der Ausbildung zum Brauer kennen, studierten anschließend gemeinsam und arbeiteten dann zunächst einige Jahre in Gasthaus-Brauereien in Westdeutschland. Nach der Jahrtausendwende kehrten sie dann mit der Idee in ihre Heimatstadt Potsdam zurück, dort wieder eine regional verwurzelte Brauerei zu gründen. Nach zum Teil historischen Rezepten und aus Bio-Rohstoffen werden seitdem am Ufer des Templiner Sees rund ein Dutzend verschiedener Biere handwerklich gebraut. Sie werden nicht filtriert und behalten dadurch ihre natürliche Trübung sowie allerlei Spurenelemente, Vitamine und, nicht zu vergessen, einen vollmundigeren Geschmack. Auch die kalte Gärung und lange Reifezeit machen die Biere reiner im Geschmack sowie bekömmlicher. Vier Biere gibt es im Brauhaus stets vom Fass: die Potsdamer Stange, ein Helles, ein Dunkles sowie ein saisonal wechselndes Bier. Auch das zweite Regionalbier, das Werdersche, bekommt man immer – eventuell jedoch nur aus der Flasche.

Was da im Einzelnen in den Braukesseln passiert, kann man sich bei einer Führung anschauen: immer mittwochs um 19 Uhr, ohne Voranmeldung und sogar kostenlos sowie für Gruppen zu individuellen Terminen. Und wer es noch genauer wissen will, bucht ein Brauseminar, das mehrmals im Jahr angeboten wird und jeweils von Freitagnachmittag bis Sonntagnachmittag geht. Die Seminarteilnehmer lernen dann die notwendige Theorie und dürfen diese, unter fachkundiger Anleitung, direkt in die Praxis umsetzen. Ob das Ergebnis schmeckt, erfährt man allerdings erst fünf bis sechs Wochen später. So lange braucht das Bier nämlich, um zu reifen. Dann trifft sich die Seminargruppe noch einmal im Forsthaus Templin zur Verkostung und darf auch Kostproben in Flaschen abgefüllt mit nach Hause nehmen.

Neben der Brauerei befindet sich im Forsthaus Templin auch eine gemütliche, rustikal eingerichtete Gaststätte mit gutbürgerlicher Küche. Dank ihrer Lage am See, direkt neben der Bootsanlegestelle und dem Waldbad Templin, sowie dank dem großen Biergarten samt Spielplatz und Streichelgehege, ist die Braugaststätte ein klassisches Ausflugsziel. Hier finden regelmäßig Veranstaltungen ganz unterschiedlicher Art statt, etwa Jazz-Frühschoppen, Schlachtfest, Martinsgans-Essen oder auch der Hobby-

Karte S. 138/139

Bier mit Geschmack und Geschichte

Aus Bio-Rohstoffen entsteht hier in Handarbeit richtig gutes Bier

brauer-Stammtisch. Fünfmal im Jahr wird außerdem der Anstich des neuen saisonalen Bieres gefeiert. Dabei geht das erste 30-Liter-Fass stets als Freibier über den Tresen. Feste Termine sind der 30.4. (Maibock), 2.10. (Erntebock) und 6.12. (Nikolator), die Termine für Märzen und Weizen sind etwas variabler (jedoch immer an einem Samstag) und werden auf der Webseite bekannt gegeben.

Damit lässt sich der Ausflug verbinden

➔ Mit einer Havelseenrundfahrt ab Potsdam (die Station Lange Brücke ist zu Fuß in 3 Min. ab Potsdam Hbf. erreichbar) mit Stopps unter anderem am Forsthaus Templin (Brauerei), in Caputh, Petzow (Sanddorngarten), Ferch und Werder (Obstbaumuseum). Man kann dort jeweils aussteigen und mit einem der nächsten Schiffe weiterfahren. Servicetelefon 0331/27592-10/-20/-30, Fahrplan und Strecken auf: www.schifffahrt-in-potsdam.de

➔ Mit einer Radtour um den Templiner und Schwielowsee, die immer am Seeufer entlangführt und direkt an der Brauerei vorbei (26,5 km mit Start/Ende am Potsdamer Hbf.; Verlängerung entlang der Havel bis nach Werder möglich, dann 30,5 km Rundkurs). Eine Karte kann man in der App ›Outdoor Active‹ herunterladen und offline nutzen.

➔ Mit der ›Genießertour: 700 Jahre Leben am Wasser‹, die rings um den Schwielowsee führt. Auf www.geniesser-touren.org kann man eine Karte herunterladen, auf der die Stationen der Tour eingezeichnet und beschrieben sind. Insgesamt 12 Genießertouren unterschiedlicher Länge werden auf der Webseite vorgeschlagen, auf denen sich Natur, Kultur, Handwerkskunst und Kulinarik in der Nuthe-Nieplitz-Region erleben lassen – je nach Tour zu Fuß, per Rad und/oder per Auto.

➔ Schwimmen, relaxen oder Wassersport treiben im Waldbad Templin gleich nebenan: Tretbot-Verleih, Großwasserrutsche und Wakeboardanlage, Übernachtung in Bungalows möglich. Geöffnet Ende April–Mitte Sept (genaue Zeiten auf www.swp-potsdam.de), Tel. 0331/6619837.

Havelland und Potsdam

Im Biergarten schmeckt's nochmal so gut

➲ Mit einem Besuch des Sanddorngartens Christine Berger samt Schauproduktion, Hofladen und Restaurant in Ferch (16 km entfernt, Ausflug → S. 145)

➲ Mit einer kleinen Verkostung und einem Einkauf von Obstweinen und -bränden, Gin und Whisky auf Schultz'ens Siedlerhof (31 km entfernt, Ausflug → S. 148)

➲ Mit einem Besuch des Obstbaumuseums Werder: Die Jahrhunderte zurückreichende Obstbau-Tradition der Region wird anhand vieler Exponate erzählt. Mo, Di, Do, Fr 10–12.30 Uhr und 13–17 Uhr, Sa–So 13–17 Uhr. Kirchstraße 6/7, 14542 Werder (Havel), Tel. 03327/783374.

ℹ Braumanufaktur Potsdam

Adresse: Templiner Str. 102, 14473 Potsdam, Tel. 033209/217979. www.braumanufaktur.de

Öffnungszeiten: Führungen können mit Voranmeldung Mo-Fr von 11–15 Uhr vereinbart werden (ab 10 Teilnehmern); immer Mi um 19 Uhr ohne Voranmeldung und dann sogar kostenlos. Gastronomie tägl. außer Di 11–22 Uhr, von Okt bis Ostern auch Mo geschlossen.

Preise: Führung 3,50 € p. P., mit Verkostung (4 x 0,1l) 6,50 €. Mi 19 Uhr kostenlose Führung. Das Brauseminar kostet 270 € p. P., im Preis enthalten sind das verköstigte Bier, der Imbiss in den Pausen und eine Kostprobe des selbst Gebrauten.

Anreise: Mit der Bahn bis Potsdam Pirschheide (ca. 37 Min, mit Umstieg in Potsdam Hbf., oder ca. 1 h 14 Min., mit Umstieg in Michendorf), von dort über den Bahndamm auf die andere Seite des Templiner Sees (ca. 2 km Fußweg; Räder können mitgenommen werden, müssen aber ein paar Stufen getragen werden) oder mit dem Potsdamer Wassertaxi übersetzen. Alternativ ab Potsdam Hbf./Hafen (400m Fußweg vom Bahnhof) 45 Min. mit dem Wassertaxi. Fahrplan auf: www.potsdamer-wassertaxi.de

Mit dem Auto über die A115 bis Abfahrt Michendorf, weiter über die B2 (Fahrstrecke ab Berlin-Alexanderplatz: 53 km).

Japanischer Bonsaigarten

Am Südende des Schwielowsees, nur wenige Kilometer von Potsdam entfernt, liegt ein kleines Stück Japan. Genauer gesagt: Ein mit sehr viel Hingabe und Kennerschaft angelegter Bonsaigarten mit kleinen Teichen und einem japanischen Teehaus mit Zen-Garten davor. Beim Betreten löst sich sofort jeglicher (Großstadt-)Stress, den man womöglich mitgebracht hat, in Luft auf. Staunend spaziert man durch die friedliche Oase, bewundert die kunstvolle Gartenarchitektur, genießt die Ruhe und zur schönen Jahreszeit den Duft der Blüten: Im April sind es die Kirschen, im Sommer Hortensien und im Spätsommer verwandeln

Chrysanthemen, welche als kaiserliche Blume Japans gelten (darunter deutschlandweit einmalige Chrysanthemen-Bonsai), den Garten in ein Blütenmeer.

Heute ist es nicht mehr vorstellbar, dass sich an dieser Stelle nach der Wende nur ein verwildertes Stück Land befand. Doch Tilo Gragert, der sich bereits seit 1979 mit den Miniatur-Bäumen beschäftigt und 1994 eine Studienreise zu den Bonsaimeistern in Japan unternahm, nahm das Grundstück mit einem Kopf voller Ideen in Angriff und gestaltete es Stück für Stück um. Heute leitet er den Japanischen Bonsaigarten, der den Beinamen ›Zentrum Japanischer Kunst und Kultur im Land Brandenburg‹ trägt. Seine Frau, selbst passionierte Tee-Trinkerin, betreibt den Teepavillon.

Ein japanisches Sprichwort lautet: »Wenn Sie nicht wissen, was Sie zuerst tun sollen – trinken Sie eine Schale Tee.« Im Bonsaigarten in Ferch ist das grundsätzlich ein gutes Vorhaben, denn dort werden feinste Tees aus den besten Anbaugebieten der Welt aufgegossen. Und zwar in traditionellen japanischen Tonkännchen (›Kyusu‹), die durch den jeweils verwendeten Ton die unterschiedlichen Nuancen eines Tees noch stärker hervorbringen. Auf der Karte stehen neben zahlreichen japanischen Tees (insbesondere aus der Präfektur Kagoshima) auch Spezialitäten aus China, Taiwan, Nepal, Südkorea, Kenia, Südafrika sowie einige deutsche Kräutertees. Gerne berät Katja Gragert bei der Auswahl, denn an manche Tees muss man sich erst herantrinken – entsprechend macht es einen Unterschied, ob jemand einfach nur als Ausflügler kommt oder als Tee-Kenner auf der Suche nach einem ganz besonderen Aufguss. Die einen werden vielleicht einen Grüntee mit Kirschbaumblättern und einer würzigen, leicht zimtigen Note zu schätzen wissen, während der edle Gyokuro, ›Schattentee‹, eher Grüntee-Liebhaber begeistert.

Dazu werden verschiedene süße Knabbereien angeboten, die Katja Gragert direkt aus Japan bezieht: Mochi zum Beispiel, traditionelle Klebereisbällchen, die mit süßen Bohnen oder Walnüssen oder auch Matcha-Eis gefüllt sind und schon

Aus einer Brache entwickelte Tilo Gragert dieses Kleinod japanischer Gartenkunst

Havelland und Potsdam

aufgrund ihrer ungewohnten Konsistenz einen Versuch wert sind. Toll sind auch die japanischen Gebäckteller mit einer Auswahl an Knabbereien. Im Teehaus selbst finden bis zu 18 Personen Platz (für Gruppen rechtzeitig reservieren!), im Außenbereich kann man entweder auf der Sonnenterrasse mit Blick auf den Zen-Garten oder in Richtung Teegarten sitzen.

Als besonderes Event werden– ein bis zwei Mal im Jahr – traditionelle Teezeremonien mit Teemeisterin Mineko Sasaki-Stange veranstaltet, Präsidentin der Chao Urasenke Teeweg-Verein Berlin e.V., welche mit japanischem Humor tiefe Einblicke in diese Jahrhunderte alte Tradition ermöglicht. Weiterer Höhepunkt im Jahr ist, neben dem Chrysanthemen-Festival (Mitte September bis Mitte Oktober), das Laternen-Festival (Mitte bis Ende Oktober), bei dem unzählige handgearbeitete japanische Laternen, Lampions, Feuerschalen, Fackeln und Steinlaternen den herbstlichen Garten in ein Märchenland verwandeln. Entzündet werden sie täglich um 17 Uhr. Für einen Teehaus-Besuch am Wochenende empfiehlt es sich, während des Festivals einen Tisch vorzubestellen.

Damit lässt sich der Ausflug verbinden

❯ Mit einer Havelseenrundfahrt ab Potsdam (die Station Lange Brücke ist zu Fuß in 3 Min. ab Potsdam Hbf. erreichbar) mit Stopps am Forsthaus Templin (Brauerei), in Caputh (Strandbad), Petzow (Sanddorngarten), Ferch (Bonsaigarten) und Werder (Obstbaumuseum). Man kann dort jeweils aus-steigen und mit einem der nächsten Schiffe weiterfahren. Ab Anfang Oktober bis etwa Ostern fahren nur wenige Schiffe pro Tag auf dieser Strecke. Informationen beim Servicetelefon 0331/27592-10/-20/-30. Den Fahrplan und die Strecken findet man auf: www.schifffahrt-in-potsdam.de

▲ *Tee aus den besten Anbaugebieten der Welt und dazu japanische Knabbereien*

● Mit einem Besuch des Sanddorngartens von Christine Berger samt Schauproduktion, Hofladen und Restaurant in Ferch (3 km entfernt, siehe nächster Ausflug).

● Im Märkischen Ziegeleimuseum Glindow (9 km entfernt bzw. per Rad weitere 2,5 km ab Sanddorngarten) die (Kultur-)Geschichte und Technik der Ziegelherstellung kennenlernen. Ein historischer Ofen ist noch immer in Betrieb. Mi, Sa,

So, feiertags 10–16 Uhr und nach Vereinbarung. Alpenstraße 47, 14542 Glindow, Tel. 03327/669395.
www.ziegelmuseum-glindow.de

● Im Obstbaumuseum Werder in die Jahrhunderte zurückreichende Obstbau-Tradition der Region eintauchen (8 km entfernt). Mo, Di, Do, Fr 10–12.30 Uhr und 13–17 Uhr, Sa–So 13–17 Uhr. Kirchstraße 6/7, 14542 Werder (Havel), Tel. 03327/783374.

ℹ Japanischer Bonsaigarten

Adresse: Fercher Str. 61 (Mittelbusch), 14548 Schwielowsee, OT Ferch, Tel. 033209/72161 bzw. für Reservierungen im Teehaus Tel. 033209/208903. www.bonsai-haus.de
Öffnungszeiten: April–Okt Di–So und feiertags 10–18 Uhr (letzter Einlass 17.30 Uhr). Zum japanischen Laternenfest im Oktober 11–20 Uhr, Sa 11–21 Uhr. Ist der Montag ein Feiertag, bleibt der Garten am darauffolgenden Dienstag geschlossen.
Preise: Eintritt 4 €, Kinder 2 €. Bei Sonderveranstaltungen ggf. abweichend. Zum Chrysanthemen-Festival 5 € bzw. 3 €.

Anreise: Mit der (S-)Bahn nach Potsdam Hbf. (20–35 Min.) und weitere 38 Min. mit Bus 607 bis Endhaltestelle Ferch, von dort 100 m Fußweg.
Alternativ mit der Bahn bis Werder/Havel (ca. 45 Min., ab Berlin Ostbahnhof), von dort 9 km per Fahrrad durch Werder, an der Havel entlang, über die sogenannten ›Glindower Alpen‹ und am Schwielowsee entlang.
Mit dem Auto über die A10 südlicher Berliner Ring bis Abfahrt Ferch und weitere 7 km über Nebenstraßen (Fahrstrecke ab Berlin-Alexanderplatz: 50 km).

Sanddorngarten Christine Berger

Die länglichen, gelb-orangen Beeren gelten als ›Zitrone des Nordens‹, was nicht nur an ihrem sauren Geschmack liegt: Sanddorn enthält nämlich etwa zehnmal so viel Vitamin C wie die Zitrusfrüchte sowie die Vitamine A, K und E und dürfte sich insofern guten Gewissens als ›Superfood‹ bezeichnen. Vor allem in Mecklenburg-Vorpommern sind die stacheligen Büsche mit den ausladenden Ästen, an denen die kleinen Beeren im Hochsommer dicht an dicht sitzen, weit verbreitet; aber auch Brandenburg zählt zu den Hauptanbaugebieten in Deutschland. In der DDR, wo es kaum Südfrüchte zu kaufen gab, war Sanddorn überaus

beliebt und wurde zu Marmeladen, Säften und Likören verarbeitet.
Als das Ehepaar Berger jedoch seine Firma Anfang der 1990er Jahre gründete, war die Nachfrage nach Sanddornprodukten zunächst gering: Im Osten wollten kurz nach der Wende alle Westprodukte kaufen, im Westen wiederum war Sanddorn bestenfalls Reformhaus-Kunden bekannt. Wie sich das Unternehmen dennoch erfolgreich weiterentwickelte und wie die Beeren, die kontrolliert biologisch auf Feldern ganz in der Nähe wachsen, weiterverarbeitet werden – all das erfährt man bei einer Führung durch den Sanddorngarten und das neue, gläserne

Die ›Zitrone des Nordens‹ liebt es sandig und trocken

Produktionsgebäude. Diese ist äußerst unterhaltsam gestaltet und gespickt mit vielen Anekdoten aus der Werderaner Geschichte. Durch große Scheiben kann man bei der Produktion zuschauen, ergänzend wird ein etwa 20-minütiger Film über das Unternehmen gezeigt. Natürlich gibt es auch ein paar Kostproben, neben Saft zum Beispiel Aufstrich oder Gummibärchen. Und wenn man im Spätsommer kommt, darf man auch Beeren direkt vom Strauch probieren. Über 50, zum Teil bio-zertifizierte Sanddorn-Produkte umfasst das Sortiment inzwischen: Säfte, Tee, Fruchtaufstriche, Senf, Öl, Wein, Likör, diverse Süßigkeiten sowie getrocknete Sanddornbeeren.

Auf dem weitläufigen Grundstück, das direkt am Ufer des Glindower Sees liegt, befindet sich außerdem ein Hofladen, in dem neben den eigenen auch ausgewählte Produkte aus der Region verkauft werden (Käse, Wurst, Keramik, Accessoires), sowie ein Bistro, in dem man beispielsweise Kartoffeln mit Quark und Leinöl bekommt. Bei gutem Wetter sitzt man lauschig direkt neben dem großen Kräu-

ter- und Blumengarten, durch den man auch spazieren darf. Ein paar Schritte weiter befindet sich das Restaurant samt Seeterrasse, das größeren Gruppen Platz bietet (nur nach Vorbestellung!). Das Küchenteam des Restaurants verwendet vor allem Produkte aus der Region (Fisch, Wild, Gemüse) und variiert Bekanntes auch mal mit den hofeigenen Früchten. So finden sich auf der Karte zum Beispiel Sanddorn-Bandnudeln mit hausgemachtem Pesto, Burger mit feuriger Sanddorn-Barbecue-Soße und Blattsalat mit in Sanddorn-Honig gratiniertem Ziegenkäse. Morgens wird außerdem Frühstück angeboten und Kuchen gibt es auch. Im Spätsommer wird im Sanddorn-Garten ein Wochenende lang Erntefest gefeiert (siehe Veranstaltungskalender): mit großem Genießer- und Handwerkermarkt, Show-Kochen, Kinderprogramm, Live-Musik und natürlich Besichtigung der Produktion samt Verkostung des ersten Sanddorn-Federweißen. An diesem Wochenende fährt ein Oldtimer-Bus Interessierte auf die einige Kilometer entfernt liegende Sanddornplantage.

▲ Karte S. 138/139

Damit lässt sich der Ausflug verbinden

❯ Mit einer Havelseenrundfahrt ab Potsdam (die Station Lange Brücke ist zu Fuß in 3 Min. ab Potsdam Hbf. erreichbar) mit Stopps am Forsthaus Templin (Braumanufaktur), in Caputh (Strandbad), Petzow (Sanddorngarten), Ferch (Bonsaigarten) und Werder (Obstbaumuseum). Man kann dort jeweils aussteigen und mit einem der nächsten Schiffe weiterfahren. Servicetelefon 0331/27592–10/–20/-30, Fahrplan und Strecken auf www.schifffahrt-in-potsdam.de

❯ Mit einem Kurzbesuch in Fernost bei einem Spaziergang durch den japanischen Bonsaigarten mit anschließender Teezeremonie (3 km entfernt, Ausflug → S. 142)

❯ Im Obstbaumuseum Werder in die Jahrhunderte zurückreichende Obstbau-Tradition der Region eintauchen (5,5 km entfernt). Mo, Di, Do, Fr 10–12.30 Uhr und 13–17 Uhr, Sa–So 13–17 Uhr. Kirchstraße 6/7, 14542 Werder (Havel), Tel. 03327/783374.

❯ Mit einer kleinen Verkostung und einem Einkauf von Obstweinen und -bränden, Gin und Whisky auf Schultz'ens Siedlerhof (6 km entfernt, Ausflug → S. 148)

❯ Im Märkischen Ziegeleimuseum Glindow die (Kultur-)Geschichte und Technik der Ziegelherstellung kennenlernen (7 km entfernt). Ein historischer Ofen ist noch immer in Betrieb! Mi, Sa, So, Feiertage 10–16 Uhr und nach Vereinbarung. Alpenstraße 47, 14542 Glindow, Tel. 03327/669395.
www.ziegeleimuseum-glindow.de

❯ Regionale Produkte im riesigen Hofladen des Spargelhof Klaistow probieren; zur Saison Spargel satt essen; Obst selbst pflücken; auf Kaffee und Kuchen einkehren; im Kletterwald oder auf dem Spielplatz verausgaben; über den Waldlehrpfad spazieren (9 km entfernt, Ausflug → S. 150)

❯ Mit einem Besuch der Braumanufaktur Potsdam am Forsthaus Templin, wo man die frisch gezapften Bio-Biere (u. a. ›Potsdamer Stange‹) naturtrüb und unpasteurisiert verkosten kann (14,5 km entfernt, Ausflug → S. 140)

Havelland und Potsdam

Hier befinden sich Schauproduktion, Hofladen und Gastronomie des Sanddorngartens

ℹ Sanddorngarten Christine Berger

Adresse: Fercher Str. 60, 14542 Werder/Havel, OT Petzow, Tel. 03327/46910, www.sanddorn-garten-petzow.de
Öffnungszeiten: Führungen: zu festen Terminen jeweils So (siehe Webseite); für Gruppen ab 10 Personen individuelle Termine möglich. Hofladen und Garten: tägl. 10–18 Uhr. Restaurant: Fr–So 10–18 Uhr, für Gruppen nach Absprache auch zu anderen Zeiten.

Preise: Führung 5 € p. P.
Anreise: Mit der Bahn bis Caputh-Geltow (52 Min. ab Berlin Ostbahnhof, mit Umstieg in Potsdam Hbf), von dort 5 km am Schwielowsee entlang radeln oder mit der Bahn bis Werder/Havel (45 Min. ab Berlin Ostbahnhof), von dort 6 km durch Werder und an der Havel entlang. Mit dem Auto über den südl. Berliner Ring bis Abfahrt Glindow, von dort 7 km über die L 90 (Fahrstrecke ab Berlin-Alexanderplatz: 66 km).

Schultz'ens Siedlerhof & Glina Whisky

Wenn man den Familienbetrieb an einem ganz normalen Tag besucht und im Hofladen das umfangreiche Sortiment an Obstweinen, -likören und -bränden betrachtet, die Marmeladen und Gelees, den Senf mit leichter Whisky-Note und die verschiedenen Sorten Whisky und Gin – dann kann es leicht passieren, dass man zu einer spontanen Verkostung gebeten wird. Und schon sitzt man mit dem Seni-

Whisky-Genussbotschafter Schultz

Karte S. 138/139

or- oder Juniorchef zusammen, als wäre man ein alter Bekannter, bekommt allerlei Anekdoten erzählt und erfährt, wie die Schultzens regionale Rohstoffe zu Spirituosen mit ganz besonderem Charakter verarbeiten. Sowohl Günter Schultz, der das Unternehmen kurz nach der Wende zunächst als Obst- und Gemüsebaubetrieb gründete, wie auch sein Sohn Michael Schultz, Master Destiller und Whisky-Genussbotschafter, brennen für das, was sie tun.

Wer sich wirklich für Whisky und seine Herstellung interessiert, dem sei allerdings eine der Veranstaltungen in der ›Glina Whisky Erlebniswelt‹ empfohlen, die sich ebenfalls auf dem Hof befindet. Die neue, gläserne Produktionshalle wurde 2016 eingeweiht. Da war die Produktion, mit der Michael Schultz 2004 mit gerade mal zwei Fässern begann, bereits auf rund 100 Fässer pro Jahr gewachsen und der Whisky hatte mehrere internationale Preise gewonnen. Auf rund 1000 Quadratmetern kann das Volumen jetzt auf bis zu 1000 Fässer pro Jahr gesteigert werden. Rund ums Jahr bietet Michael Schultz persönlich Führungen durch seine Destille an und gibt Einblicke in die einzelnen Verarbeitungsschritte; dabei geht es schwerpunktmäßig um den Whisky,

Viel Platz für Gäste: Schultz'ens Siedlerhof mit Hofladen und Garten

aber auch der Gin spielt eine Rolle. Direkt neben der Halle, und dank der großen Glasfront praktisch direkt neben der Brennblase, wächst das Getreide, das hier verarbeitet wird.

Im Anschluss an den Rundgang werden dann verschiedene Sorten Whisky verkostet: Glina Whisky reift entweder in Fässern aus Spessart-Eiche, die ein Böttchermeister aus Neu Zittau bei Erkner anfertigt, in gebrauchten Fässern aus Bordeaux und Burgund, in Portwein- und Sherry-Fässern oder aber – und das ist eine echt Brandenburger Besonderheit – in Fässern, in denen der Betrieb zuvor seinen eigenen Fruchtweine gekeltert hat. Künftig darf der Whisky möglicherweise auch in Fässern reifen, die von Werderaner Weingütern stammen. Nur im Herbst (ab etwa September bis Jahresende) finden außerdem Whisky-

abende statt, bei denen Führung und Whiskyverkostung eingebettet sind in ein Drei-Gänge-Menü aus regionalen und selbst angebauten Zutaten, dazu spielt eine Irish Folk Band live. Die wenigen Termine sind meist schnell ausgebucht, am besten reserviert man frühzeitig. Schultz'ens Siedlerhof ist aber auch immer noch ein Obst- und Gemüsebaubetrieb. Jedes Jahr zur Spargelsaison (ca. April bis Juni) tischt die Hofküche (mit überdachter und beheizter Einkehrmöglichkeit) allerlei Gerichte vom frisch gestochenen Stangengemüse auf. Und während des Werderaner Baumblütenfestes (Ende April/Anfang Mai) lohnt sich ebenfalls ein Abstecher. Denn auch bei Schultz'ens sitzt man unter blühenden Bäumen, trinkt Obstweine, dazu gibts Live-Musik und für die ganz kleinen Ausflügler einen Spielbereich mit Sandkiste.

Damit lässt sich der Ausflug verbinden

❶ Mit einem Besuch im Obstbaumuseum Werder, um noch mehr über die Obstbau-Tradition der Region zu erfahren (7 km entfernt). Mo, Di, Do, Fr 10–12.30 Uhr und 13–17 Uhr, Sa–So 13–17 Uhr. Kirchstraße 6/7, 14542 Werder (Havel), Tel. 03327/783374.

❶ Nur 500 m entfernt, in der Karl-Liebknecht-Straße 9, steht der Eier-Automat von Bauer Stefan, der täglich rund um die Uhr zugänglich ist. Gleich nebenan befindet sich die Streuobstwiese samt mobilem Stall, wo seine glücklichen Hühner herumlaufen, scharren und picken dürfen.

Havelland und Potsdam

---

i Schultz'ens Siedlerhof

Adresse: Karl-Liebknecht-Str.17, 14542 Werder/Havel, OT Elisabethhöhe, Tel. 03327/40800 oder 0177/2666367.
www.bauerschultz.de
www.glina-whisky.de

Öffnungszeiten: Hofladen: tägl. 10–18 Uhr, April-Juni bis 20 Uhr. Hofküche: April-Juni Di-So 11.30–18.30 Uhr, sonst nach Vereinbarung für Gruppen ab 20 Personen.

Preise: Führung durch die Destille mit Verkostung zu festen Terminen (etwa einmal pro Monat) oder nach Vereinbarung für Gruppen: 25 € p. P., Whiskyabend mit Ein-

blick in die Herstellung, Verkostung, deftigem Drei-Gänge-Menü und Live-Musik (immer ab Herbst bis Jahresende, in der Regel 19–24 Uhr) 79 € p. P. Rechtzeitige Buchung empfohlen!

Anreise: Für Teilnehmer der Verkostung empfiehlt sich die Anreise mit der Bahn bis Werder/Havel (ab Berlin Ostbahnhof alle 30 Min., direkt in 45 Min) und weiter per Taxi (ca. 25 €/einfache Fahrt bzw. 30 € im Bustaxi; vorher reservieren unter Tel. 03327/40000!).

Per Auto über den südl. Berliner Ring bis Abfahrt Glindow (Fahrstrecke ab Berlin-Alexanderplatz: 60 km).

Spargel- und Erlebnishof Klaistow

Was 1990 mit einem kleinen Spargelacker samt Feldverkauf begann, ist im Laufe der Jahre zu einem Erlebnishof mit vielseitigem Angebot für die ganze Familie geworden. Spargel gibt es natürlich immer noch – genauer gesagt, ist der Betrieb inzwischen der größte Spargelerzeuger der Beelitzer Region, das Stangengemüse wird auch in Berlin und andernorts in Brandenburg verkauft. Bei einem Hofbesuch allerdings kann man – wie bei der Sendung mit der Maus, nur eben live – den Weg des Spargels vom Acker bis auf den Teller miterleben, natürlich nur während der Spargelsaison. Das frisch gestochene Gemüse wird dann auf dem hofeigenen Wochenmarkt verkauft. Man kann es außerdem im Hof- und Scheunenrestaurant, der Bäckerei und im Hofladen in verschiedenen Darreichungsformen genießen: vom Klassiker mit Sauce Hollandaise, Kartoffeln und Schinken über Spargel-Ciabatta bis hin zum hochprozentigen Spargelgeist. Höhepunkt der Saison ist das Spargelfest im Mai, bei dem man sich unter anderem beim Spargel-Wettschälen messen

kann, dazu gibt es natürlich Spargel satt. Besucher sind ganzjährig auf dem Hof willkommen und finden dort ein vielseitiges, durch die Jahreszeiten wechselndes Angebot. Im Sommer dürfen Erdbeeren (ca. Juni, je nach Witterung) und Heidelbeeren (ca. Juli bis Sept) selbst gepflückt werden; letztere kann man auch im Heidelbeercafé im Wald genießen, zum Beispiel als Eis oder Muffins, mit Hefeklößen oder Windbeuteln. Anfang September beginnt die Kürbiszeit, dann lässt eine gigantische Ausstellung von Zier- und Speisekürbissen den Hof in allen Gelb- und Orangetönen leuchten, man darf sich am Kürbisschnitzen versuchen, das eigene Gartengemüse zum Wiege-Wettbewerb vorbeibringen und in der Hofgastronomie Kürbis-Ravioli, Kürbis-Eis und Kürbis-Kuchen schlemmen. Im Oktober dient das Gemüse dann als schaurig-schöne Kulisse für die Halloween-Wochen mit Monsterparty, zu denen auch Kostüme, Kinderschminken und Gerichte wie Blut-Pommes und Augen-Bowle gehören. Das Hof-Jahr

Karte S. 138/139

endet mit dem traditionellen Gänsee-ssen sowie einem Weihnachtsmarkt.

Ganzjährig geöffnet ist der scheunengro-ße Hofladen, in dem hofeigene Erzeug-nisse (z. B. Marmeladen, Fruchtweine, eingeweckte Spargelsuppe oder Blau-beernudeln – eine echte Entdeckung!) sowie ausgewählte Produkte der Region verkauft werden (z. B. Spreewälder Gur-ken vom Fass, Senf, Öle, Liköre, Tee). Einiges davon kann dort auch verkostet werden. Ebenfalls ganzjährig geöffnet sind der große und liebevoll angelegte Spielplatz mit Riesenrutsche, Hüpfkissen, Bobbycar-Bahn, Wasser- und Matschbe-reich, die Streichelwiese, auf der zahme

Ziegen und Schafe leben, sowie das Na-turwildgehege, durch das ein Waldlehr-pfad mit zahlreichen Erlebnisstationen führt, vorbei an Rothirschen, Damwild und Wildschweinen. Hier, im Branden-burger Forst, ist das Getümmel des nur wenige Schritte entfernten Hofes plötzlich ganz weit weg. Vor allem an den Wochenenden während der Spar-gelsaison oder auch bei besonderen Veranstaltungen kann dort schon mal Volksfeststimmung aufkommen. An den meisten Tagen im Jahr fühlt es sich aber dank der Weitläufigkeit des Hofes und seiner unterschiedlichen Angebote selten voll an.

Damit lässt sich der Ausflug verbinden

❷ Im CLIMB Up!-Kletterwald gleich nebenan können nicht nur Erwach-sene, sondern im Kids-Parcours auch schon Dreijährige ihre Kraft und Ge-schicklichkeit erproben. Geöffnet Mit-te März bis Ende Oktober (außer bei extremem Wetter), Zeiten und Preise auf www.climbup.de/klaistow

❷ Mit einem Spaziergang auf dem Baumkronenpfad in Beelitz-Heilstätten: Ein stabiler Holzsteg mit kindersicherem Zaun schlängelt sich 320 Meter weit um die Wipfel alter, ausladender Bäume he-rum. Das Ganze auf dem Gelände eines Anfang des 20. Jahrhunderts erbauten Lungensanatoriums, dessen spektakuläre,

Havelland und Potsdam

Der Hofladen ist eine Wundertüte regionaler Produkte und einige darf man verkosten

inzwischen verfallene Architektur (›Lost Place‹) nicht nur Fotografen begeistert. Historische Führungen durch das Sanatorium werden ebenfalls angeboten (8 km entfernt). www.baumundzeit.de

❷ Im Barfußpark Beelitz-Heilstätten durch Laub-, Nadel- und Birkenwälder, über pieksende Bucheckern, Stroh oder durch wadentiefen Schlamm laufen, dazu gibt es 60 Stationen für alle Sinne (9 km entfernt). www.derbarfusspark.de

❷ Im Märkischen Ziegeleimuseum Glindow die (Kultur-)Geschichte und Technik der Ziegelherstellung kennenlernen. Ein historischer Ofen ist noch immer in Betrieb (9 km entfernt). Tel. 03327/669395. www.ziegeleimuseum-glindow.de

❷ Im Obstbaumuseum Werder in die Jahrhunderte zurückreichende Obstbau-Tradition der Region eintauchen (12 km entfernt). Tel. 03327/783374.

ℹ Spargel- und Erlebnishof Klaistow

Adresse: Glindower Straße 28, 14547 Beelitz, OT Klaistow. Tel. 033206/61070. www.spargelhof-klaistow.de

Öffnungszeiten: Ganzjährig täglich zu folgenden Zeiten geöffnet: Hofbäckerei 8–18 Uhr, Hofladen und Obst/Gemüsemarkt 9–18 Uhr, Scheunenküche (Selbstbedienung), 11–18 Uhr, Hofrestaurant 11–20 Uhr (an Buffetabenden bis 21 Uhr). Für die Selbstpflücke am besten vorher telefonisch erfragen, ob genügend Früchte reif sind. Führungen durch die Spargelproduktion: Etwa April bis Mitte/Ende Juni (abhängig von der Witterung!) Sa/So/feiertags stdl. von 11–15 Uhr.

Preise: Eintritt frei für Spielplatz (mit Ausnahme des Karussels), Streichelwiese, Naturwildgehege samt Waldlehrpfad sowie zu den Veranstaltungen.

Anreise: Mit der Bahn bis Beelitz-Heilstätten (52 Min. ab Berlin Ostbahnhof, mit Umstieg in Potsdam Hbf), weiter mit dem Bus 643 bis ›Klaistow, Dorf‹, von dort 1 km zu Fuß. Während der Spargel- und Kürbiszeit fährt ein Shuttlebus von Berlin-Spandau bzw. Potsdam Hbf. zum Hof (Fahrplan und Preise auf www.spargelhof-klaistow.de). Mit dem Auto über den südl. Berliner Ring bis Abfahrt Glindow (Fahrstrecke ab Berlin-Alexanderplatz: 56 km).

Karte S. 138/139

▲ *Originelle Eigenproduktionen machen Appetit*

Pflücken und Verkosten: Wer hätte gedacht, dass Äpfel so unterschiedlich schmecken können

Obstgut Marquardt

Ein gutes Dutzend Selbstpflück-Höfe gibt es in Brandenburg. Manche bauen nur eine Obstsorte an, etwa Erdbeeren oder Blaubeeren, andere ein breites Sortiment an Früchten. Manche Betriebe sind ganz klein, andere zum massentauglichen Veranstaltungsort ausgebaut. Das Obstgut Marquardt hat hier einen angenehmen Mittelweg gewählt. Genau dies macht es zum entspannten Ausflugsziel vor allem (aber nicht nur!) für Familien mit kleinen Kindern. Es beginnt damit, dass man den Hof prima mit öffentlichen Verkehrsmitteln erreichen kann: Die Scheune, in der sich der große Hofladen samt Imbiss befindet und wo man sich auch für die Selbstpflücke anmeldet, liegt nur 650 Meter vom Bahnhof Potsdam-Marquardt entfernt. Ein Besucherparkplatz ist ebenfalls vorhanden. Die Erdbeerfelder und die Bäume mit den Pflaumen, Kirschen, Pfirsichen, Aprikosen und Äpfeln sind fußläufig auch für Menschen mit kurzen Beinchen gut zu erreichen. Es sind zudem niedrigstämmige Sorten, so dass Erwachsene bequem ohne Leiter pflücken können. In der Scheune werden kostenlos Pflücksäcke mit Haken verliehen, die man an einen Ast hängen kann, so dass man die Hände frei hat – zum Beispiel, um das auf den Schultern thronende Kind festzuhalten, während es nach den Früchten greift. Nur ein Teil der Apfelplantage befindet sich einen Kilometer entfernt; wer Äpfel pflücken möchte und nicht mit dem Auto anreist, kann vorab erfragen, welcher Teil der Plantage gerade zur Selbstpflücke freigegeben ist. Überhaupt empfiehlt es sich, kurz vor dem Ausflug noch einmal auf die Webseite zu schauen oder per Anruf zu klären, ob das gewünschte Obst schon (oder noch) geerntet werden kann. 2017 beispielsweise gab es während der Apfelblüte noch einmal Frost, so dass im Spätsommer kaum Früchte an den Bäumen hingen.

In der Scheune stehen während der Apfelpflücke Kisten mit den rund zehn

Havelland und Potsdam

verschiedenen Apfelsorten, die auf dem Hof angebaut werden, und man darf sich überall ein Verkostungs-Scheibchen abschneiden. Ideal, um sich zu überlegen, welche davon man anschließend ernten will. Außerdem bekommt man dort eine Tasse Kaffee, am Wochenende auch frisch gebackenen Kuchen und Brot, sowie eine Wurst im Brötchen. Viele Sitzgelegenheiten gibt es leider nicht; am besten bringt man sich eine Picknickdecke mit. Wer mit Kindern kommt, kann sich direkt neben der großen Sandkiste ins Gras setzen und die Beine langmachen, während die Kurzen im Sand buddeln oder auf den beiden dort fest installierten Traktoren herumkraxeln. Im Hofladen erfährt man auch, welche der Äpfel lagerfähig sind und unter welchen Bedingungen. Verkauft werden dort außerdem Säfte, Obstweine und Liköre, Freilandeier, Gemüse, Wurst, Wildprodukte, Spreewaldgurken, Honig und Bier aus der Region.

Damit lässt sich der Ausflug verbinden

❯ Wer nach dem Obstpflücken größeren Hunger bekommen hat, erreicht fußläufig den Landgasthof ›Zum alten Krug‹ in Marquardt. Deftiges aus Brandenburg steht hier auf der Karte sowie Kaffee und Kuchen, einen Biergarten gibt es auch. Hauptstraße 2, 14476 Potsdam, OT Marquardt, Di-So 11–23 Uhr, www.krug-marquardt.de

❯ Ebenfalls in Marquardt, gleich hinter dem Landgasthof, liegt das denkmalgeschützte (und teils noch renovierungsbedürftige) Schloss Marquardt samt weitläufigem, von Lenné gestaltetem Park am Ufer des Schlänitzsees. Abseits der Touristenströme, die zu den bekannten Potsdamer Sehenswürdigkeiten pilgern, kann man hier durch den öffentlichen (und jederzeit zugänglichen) Park spazieren. Es gibt sogar eine große Badestelle, die sehr flach und damit ideal zum Plantschen geeignet ist – vorausgesetzt, man stört sich nicht an eventuell dort badenden Hunden. Das Schloss selbst hat keine regulären Öffnungszeiten, Besichtigungen sind auf Anfrage unter Tel. 0173/4246053 und gegen eine Spende jedoch möglich: Hauptstraße 14, 14476 Potsdam, OT Marquardt, www.schloss-marquardt.com

❯ Mit einem Gourmetpicknick mit Ausblick auf dem Weinberg des Weingutes Töplitz (18,5 km entfernt, Ausflug → S. 155)

Obstgut Marquardt

Adresse: Dorfstraße 10, 14476 Potsdam, OT Satzkorn, Tel. 033208/57718. www.obstgut.de

Öffnungszeiten: Hofladen: tägl. 9–18 Uhr, von Jan bis April ist Mi Ruhetag. Die folgenden Zeiträume für die Selbstpflücke sind nur Anhaltspunkte und vom Wetter abhängig, deshalb bitte vorher anrufen bzw. auf der Webseite schauen! Erdbeeren: Juni. Kirschen: Mitte Juni–Mitte Juli. Aprikosen: Aug.-Sept. Pfirsiche: Anf.–Mitte Sept. Pflaumen: Mitte Aug–Okt. Äpfel: Anf. Sept bis Ende Okt; zum Auftakt findet auf dem Hof ein Fest statt mit Sortenausstellung und -bestimmung durch einen Pomologen. Gruppen ab 20 Pers. bitte für die Selbstpflücke anmelden unter Tel. 0172/3218127.

Anreise: Mit der (S-)Bahn bis Potsdam/Marquardt (1 h ab Berlin Hbf., mit Umstieg am S-Bahnhof Griebnitzsee oder in Wustermark), von dort 650 m zu Fuß (gleich auf der anderen Seite des Kreisverkehrs der B273).

Mit dem Auto über die B5 gen Westen aus der Stadt fahren und weiter über die A10 bis zur Ausfahrt Potsdam Nord (Fahrstrecke ab Berlin-Alexanderplatz: 42 km).

Karte S. 138/139

Weingut Klosterhof Töplitz

Auch das gibt es in Brandenburg: sanfte Hügel, von denen aus man einen herrlichen Ausblick in die Landschaft genießt. Auf der Insel Töplitz ist einer dieser Hügel sogar ein Weinberg, auf dessen Gipfel an sonnigen Tagen tatsächlich so etwas wie Toskana-Gefühl aufkommt. Vor allem, wenn man dort oben, an einem der überdachten Holztische samt Bänken, mit einem Picknickkorb des Weingutes Platz nimmt, der zuvor mit einer guten Flasche Wein, einer Flasche Wasser und hausgemachten Köstlichkeiten gefüllt wurde – zum Beispiel mit Zwiebelkuchen oder einem Stück Tarte Vianде. Einige der Rezepte für die kleinen, auf den Wein abgestimmten Gerichte hat die Familie von Korsika mitgebracht, wo sie über 20 Jahre gelebt hat. Unter Weinkennern, zumindest jenen aus der Region, hat es sich inzwischen herumgesprochen, dass Brandenburg über eine viele Jahrhunderte zurückreichende Winzertradition verfügt, die vor allem von den Zisterziensermönchen kultiviert wurde. So auch in Töplitz, wo sich ein Wirtschaftshof des Klosters Lehnins befand. Nach einigen historisch bedingten Unterbrechungen wurden hier in Töplitz – auf einem drei Hektar großen Südosthang mit günstigem Mikroklima und sechs verschiedenen Bodenarten – 2006 wieder Rebstöcke gepflanzt. Acht verschiedene Weine keltert das Weingut Klosterhof Töplitz heute: Weißburgunder, Riesling, Grauburgunder, Baccus, Cabernet Blanc, Saint Laurent, Regent und Spätburgunder. Alle sind trocken ausgebaut, einige von ihnen im Barriquefass. Während der Öffnungszeiten der Besenwirtschaft kann man die Weine jederzeit verkosten: ›Wir sind hier nicht so überlaufen, dass man sich ewig im Voraus anmelden müsste‹, sagt Winzer Klaus Wolenski schmunzelnd. ›Wir sind hier schließlich am Ende der Welt.‹ Tatsächlich fühlt es sich ein bisschen so an – selbst, wenn man über die Autobahn kommt: Auf dem letzten Stück wird die Straße schmal und etwas holprig, bevor sie schließlich in einer Sackgasse endet. Gut so! Denn wer möchte schon lauten Durchgangsverkehr hören, wenn er auf

Ein Stück Toskana in Brandenburg und auch sonst sehr viel Idylle

Havelland und Potsdam

dem Weinberg in die Sonne blinzelt und in der Ferne die Havel glitzern sieht? Wer das Weingut besuchen möchte, sollte zur Sicherheit trotzdem kurz vorher anrufen. Denn je nach Wetter und Anzahl der Gäste öffnet die Besenwirtschaft an manchen Tagen nur kurz oder gar nicht. Eines ist Winzer Wolenski noch wichtig: Die Besenwirtschaft bietet

zwar drinnen Platz für rund 80 und auf der Terrasse für rund 60 Personen und kann auch für Veranstaltungen gebucht werden. Sie ist jedoch keine Gaststätte im eigentlichen Sinne. ›Wir bieten eine kleine Auswahl an Speisen an, die mit dem Wein harmonieren‹, sagt er. ›Aber in erster Linie wollen wir erreichen, dass unser Wein gemocht und bekannt wird.‹

Damit lässt sich der Ausflug verbinden

❷ Mit einer Radtour, zum Beispiel ab Potsdam Hbf., am Nordufer des Templiner Sees und am Ostufer des Schwielow- und Großen Zernsees entlang bis Grube, dort auf die andere Seite der Wublitz wechseln und weitere 5 km an Feldern und Wiesen entlang bis Sie (gefühlt) am Ende der Welt angekommen sind (insgesamt 30 km). Oder ab Bhf. Falkensee bzw. Bhf. Elstal der Otto-Lilienthal-Radtour gen Süden bis Grube folgen, dort ans andere Ufer wechseln (insgesamt 30 km bzw. 23 km).

❷ Mit einem Abstecher zum (bzw. einem Stopp am) Obsthof Marquardt, der direkt am Radweg Otto Lilienthal liegt (11 km entfernt, Ausflug → S. 153)

❷ Mit einer Übernachtung am Ende der Welt, genauer gesagt: in der Pension am Alten Weinberg (die jedoch nicht von den Winzerleuten betrieben wird).

DZ ab 40 €, auch Zelten/Camping im Wohnmobil möglich. Zur Pension gehört ein Landgasthof mit regionaler Küche. www.pension-am-alten-weinberg.de

❷ Nur ein paar hundert Meter entfernt befindet sich die Hofkäserei Hennig, deren schwarzbunte Kühe man vom Weinberg aus erspähen kann. Seit 2009 wird hier handwerklich Käse, Quark und Joghurt hergestellt; ab Hof auch Rohmilchverkauf. Geöffnet Fr 10–18 Uhr. www.hofkaeserei-hennig.de

❷ Mit einer weiteren Verkostung, diesmal von Fruchtweinen und/oder Whisky: auf Schultz'ens Siedlerhof, der fast direkt am Otto-Lilienthal-Radweg liegt (ca. 18 km entfernt, Ausflug → S. 148)

❷ Mit einer Weiterreise aus der havelländischen Toskana bis nach Japan: auf ein Tässchen Tee in den Bonsaigarten nach Ferch (ca. 18 km, Ausflug → S. 142)

Unerwartete Entdeckung: Weinwirtschaft in Brandenburg

Brandenburg bietet nicht nur kulinarische Ausflugsziele zu Hofläden und Manufakturen, sondern auch gute Restaurants. Eine
Auswahl findet sich auf den folgenden Seiten.

Slow Food und mehr in Brandenburg

Prignitz
Deutscher Hof
Rustikal-elegantes Restaurant mit dem
Charme vergangener Zeiten. Gut bürgerliche
Küche mit Fisch und Wild aus der Region.
Dr.–Wilhelm-Külz-Straße 5, 19336
Bad Wilsnack, Tel. 038791/2370,
www.hotel-deutscher-hof.eu

Deutsches Haus
Rund ums Jahr bekommt man hier das Prig-
nitzer ›Nationalgericht‹ Knieperkohl sowie
Kniepersülze, -schmalz, -brot und -rollbra-
ten, welches die Inhaber selbst herstellen.
Gutbürgerliche Küche.
Havelberger Straße 15, 16928 Pritzwalk,
Tel. 03395/304216
www.knieperkohl.de

Ruppiner Seenland
Orangerie im Schloss Ziethen (Slow Food)
Moderne, regionale Küche, die Vertrautes
mit Überraschendem verbindet. Elegantes,
historisches Ambiente in der lichtdurchflu-
teten Orangerie. Große Sonnenterrasse.
Alte Dorfstr. 33, 16766 Kremmen, OT
Groß-Ziethen, Tel. 033055/950.
www.schlossziethen.de

Kranichzug im Linumer Bruch

Kleines Haus (Slow Food)
Gehobene regionale Küche, die Spaß und
Genuss auf den Teller bringt. Themen-
abende mit mehrgängigen Menüs rund
um ein Produkt.
Nauener Str. 58, 16833 Linum, Tel.
033922/90855.
www.kleineshaus-linum.de

Mühle Tornow
Stilvolles Restaurant in einer umgebauten
Mühle aus dem 19. Jahrhundert. Brandenburgische und internationale Gerichte, großer Biergarten am Mühlenfließ, Hofladen
mit regionalen Produkten.
Neue Str. 1, 16798 Fürstenberg (Havel),
Tel. 033080/404850.
www.muehle-tornow.de

Schloss Liebenberg
Kreative saisonale und regionale Küche. Gemüse, Kräuter und Geflügel stammen aus
eigener Produktion, das Wild aus den umliegenden Wäldern. Sonntags 12–14.30 Uhr
Brunch.
Parkweg 1, 16775 Löwenberger Land,
Tel. 033094/700500.
www.schloss-liebenberg.de

**Restaurant Parzival und Seewirtschaft im
Resort Mark Brandenburg**
Küchenchef Matthias Kleber ist in der Region verwurzelt und kennt seine Lieferanten
persönlich. Im Parzival schlemmt man am
Frühstücksbüffet ab 6.30 Uhr und speist
am Abend elegant mit Seeblick, die benach-
barte Seewirtschaft mit offener Küche ist
etwas rustikaler.
An der Seepromenade 20, 16816 Neuruppin, Tel. 03391/40352459.
www.resort-mark-brandenburg.de

Uckermark
Gasthof zum grünen Baum
Geschmackvoll renovierter historischer
Gasthof, man sitzt auch schön im Innenhof.
Kleine Karte mit regionalem Schwerpunkt.

Templiner Str. 4, 17268 Boitzenburger
Land, Tel. 039889/569995
www.boitzenburger.de

Kleine Hofwirtschaft
Die Gastleute Antje und Maik (ehemals
Gasthof zur Eisenbahn in Temmen-Ringenwalde) bieten jetzt ein paar Ortschaften
weiter sehr gutes, regionales Essen in ihrer
rustikalen Hofwirtschaft.
Persdorf 8a, 17268 Milmersdorf, OT
Petersdorf, Tel. 0174/5339793.
www.antje-und-maik.de

Landgasthof Zum grünen Baum
Feine Landhausküche, frischer Blechkuchen,
Picknickkörbe zum Mitnehmen. Lichtdurch-
fluteter Speiseraum, offener Kamin, sonni-
ger Innenhof mit Garten und viel Platz für
Kinder, Hofladen mit regionalen Produkten.
Dorfstraße 57, 17268 Temmen-Ringenwalde, Tel. 039881/44016.
www.landgasthofzumgruenenbaum.de

Gutshaus Friedenfelde
Im Salon des 270 Jahre alten Hauses sitzt
man wie in Omas guter Stube neben einem
Kaminofen. Ausgezeichnete, selbst gebackene Kuchen und Torten, kleine warme
Gerichte von der Tageskarte.
Ort Friedenfelde 6, 17268 Gerswalde, Tel. 039887/697699.
www.friedenfelde.de

Barnim
Probier Mahl (Slow Food)
Moderne regionale Küche mit Anspruch,
zum Beispiel Carpaccio vom Wild aus der
Schorfheide oder geschmorte Molkeschwein-
bäckchen.
Steinstr. 1, 16225 Eberswalde, 03334/
2778400. www.dasprobiermahl.de

Seenland Oder-Spree
Anglerheim (Slow Food)
Der erste Eindruck täuscht: Vor allem die
Fischgerichte sind sehr zu empfehlen,.
Oderstr. 19, 15326 Lebus, Tel. 033604/
5691

*Kunst mal nicht am Bau, sondern in der
Landschaft*

Kaisermühle (Slow Food)
Im verwunschenen Schlaubetal speist man
zum Beispiel gebratenes Hirschfilet mit
Trauben-Porteinsauce und kandierten Pe-
tersilienwurzeln oder Lachsklößchen mit
Bärlauchsauce.
Forststr. 13, 15299 Müllrose-Kaisermühl,
Tel. 033606/880.
www.hotel-kaisermuehle.de

Landgasthaus Brennerei (Slow Food)
Landgasthaus mit modern interpretierter
regionaler Küche, etwa Wildschwein ›Bloo-
dy Mary‹ mit gebackenen Blumenkohlrös-
chen. Opulentes Picknick im Schlosspark
möglich (mindestens 24 h vorher bestellen).
Schinkelplatz, 15320 Neuhardenberg,
Tel. 033476/6000.
www.schlossneuhardenberg.de/essen-
trinken/Brennerei

Am Fischerkietz (Slow Food)
Feinschmecker- und Weinrestaurant mit
leichter, moderner Regionalküche. Einmal
im Monat ›Sonntagsbraten‹ für die ganze
Familie, unter der Woche Business-Lunch.
Am Fischerkietz 6, 15344 Strausberg, Tel. 03341/497900.
www.restaurant-fischerkietz.de

Restaurantempfehlungen

Strohgesellen am Straßenrand

Breiers Kräutergarten (Slow Food)

Gesunde Regionalküche, die mit dem kreativen Einsatz von Kräutern und Blüten aus dem eigenen Garten begeistert. Mitbegründer der Wirte- und Erzeugergemeinschaft OderCulinarium. Hofladen, Kräuterseminare, Kochkurse.
Rathsdorf 21, 16269 Wriezen-Rathsdorf, Tel. 033456/70049.
www.breiers-kraeutergarten.de

Alte Schule

Feine, auf die Jahreszeiten abgestimmte Landküche, wie etwa Saiblingsfilet, Brandenburger Ente oder Dry Aged Steak sowie exzellente Weine in einem 150 Jahre alten einstigen Schulhaus.
Kolpiner Str. 2, 15526 Reichenwalde, Tel. 033631/59464.
www.restaurant-alteschule.de

Fisch-Haus

Hotel-Restaurant im reetgedeckten Haus auf einer Halbinsel am Glubigsee. Eigene Fischerei und Räucherei, Hummerbecken, Wild aus heimischen Wäldern.
Am kleinen Glubigsee 31, 15864 Wendisch Rietz, Tel. 033679/75073.
www.fischhaus-goedicke.de

Schlossgut Altlandsberg

Im historischen Kellergewölbe wird Deftiges aus der Region und hausgebrautes Bier serviert, außerdem Kaffee und Kuchen. Regelmäßige (kulinarische) Veranstaltungen, z. B. Nachtwächterrundgang mit Schlossherrenmahl.
Krummenseestraße 1, 15345 Altlandsberg, Tel. 033438/154528.
www.schlossgut-altlandsberg.eu/restaurant

Köllnitzer Fischerstuben

Das Restaurant am Großen Schauener See gehört zu einem Fischereibetrieb mit Räucherei. Wintergarten mit Seeblick.
Groß Schauener Hauptstraße 31, 15859 Storkow/Mark, Tel. 033678/61084.
www.koellnitz.de

Spreewald
17fuffzig im Bleiche Resort & Spa

Der 29-jährige René Klages wurde in der Bleiche im Spreewald erstmals Küchenchef - und nach nur zehn Monaten mit 1 Stern Michelin ausgezeichnet. Klages und sein Team überzeugen mit einer ausdrucksstarken, durchdachten und auf das Wesentliche reduzierten klassisch-modernen Küche.
Bleichestraße 16, 03096 Burg im Spreewald, Tel. 035603/620.
www.bleiche.de

Speisenkammer (Slow Food)

Küchenchef Marco Giedow hat von seinen Wanderjahren Einflüsse aus der ganzen Welt mit zurück in die Heimat gebracht. Das Ergebnis: eine gehobene, weltoffene Spreewaldküche.
Waldschlösschenstraße 48, 03096 Burg (Spreewald), Tel. 035603/759659.
www.speisenkammer-burg.de

Kolonieschänke

Der Vier-Seiten-Hof blieb auf eine über 200-jährige Gasthaustradition zurück. Auf der Karte: Rohmilchquark vom Biogut Ogrosen mit Burger Leinöl, Kartoffeln und Salat. Pulled Pork vom Wildschwein oder vegane Hirsebällchen mit dreierlei Texturen.

Eigene Wasser-Karte. Backhaus und Hofladen.
Ringchaussee 136, 03096 Burg (Spreewald), Tel. 035603/6850.
www.kolonieschaenke.de

Feine Küche & Brauhaus im Spreewaldresort Seinerzeit
Spreewälder Küche in gemütlicher Atmosphäre, im Winter knistert der Kachelofen. Terrasse mit Ausblick. Im Brauhaus neben schmeckt das frisch Gezapfte und das einmalige ›Schlepziger Hutessen‹.
Dorfstr. 53, 15910 Schlepzig, Tel. 035472/66 20, www.seinerzeit.de

Restaurant Suez
Fisch und Wild aus dem Spreewald stehen hier auf der Karte, dazu regionale Klassiker wie Spreewälder Sahnequark mit kalt gepresstem Leinöl aus Lübbenau. Große Terrasse direkt am Fließ.
An der Dolzke 4, 03222 Lübbenau, OT Spreewalddorf Lehre, Tel. 03542/8888610.
www.restaurant-suez.de

Pension Zum Schlangenkönig
Küchenchef Michael Krause interpretiert Spreewälder Klassiker neu, z. B. Grützwurst in Pralinenform mit Knusperkruste.

Kunstwanderweg im Fläming

Kreative saisonale und überwiegend regionale Küche.
Waldschlösschenstraße 14, 03096 Burg (Spreewald), Tel. 035603/75930.
www.zum-schlangenkoenig.de

Elbe-Elster-Land
Goldener Hahn (Slow Food)
Viel beachtetes und ausgezeichnetes Restaurant. Dank offener Küche kann man Frank Schreiber und seiner Mannschaft dabei zuschauen, wie sie beispielsweise Rehrücken mit Hagebutte, Wirsing, Kürbisbaumkuchen und Pilzen zubereiten.
Bahnhofstr. 3, 03238 Finsterwalde, Tel. 03531/2214
www.goldenerhahn.com

Fläming
Fliederhof
Hier werden Beelitzer Spargel, Riebener Kartoffeln, Fisch aus Blankensee und andere Produkte aus der unmittelbaren Umgebung verarbeitet. Und natürlich Flieder, etwa zu Prosecco oder Torte.
Stückener Dorfstr. 21, 14552 Michendorf, OT Stücken, Tel. 033204/62900.
www.fliederhof-syring.de

Gasthof Zur Linde
Regionale Jahreszeitenküche, z. B. Flusskrebs-Menüs im Mai, kreative Variationen vom Teltower Rübchen im September. Auch vegane Gerichte. Kochkurse, opulentes Landfrühstück, schöner Garten, kinderfreundlich.
Kunersdorfer Str. 1, 14552 Wildenbruch, Tel. 033205/23020
www.linde-wildenbruch.de

Kochzimmer Beelitz
Mit einem Michelin-Stern ausgezeichnete Küche, geschmackvoll-zurückhaltendes Interieur, schöne Terrasse mit Blick ins Grüne. Toll: spezielles Kindermenü, zu dem ein Besuch in der Küche gehört.
Berliner Str. 195, 14547 Beelitz, Tel. 033204/709366.
www.restaurant-kochzimmer.de

Restaurantempfehlungen

Landlust Körzin (Slow Food)

Küchenchefin Ulrike Laun setzt auf geradlinige, leichte, manchmal südländisch angehauchte Gerichte, die Produkte stammen überwiegend von kleinen Erzeugern und aus der eigenen Jagd.
Körzin 19, 14547 Beelitz,
Tel. 033204/60171.
www.landlust-koerzin.de

Hammers Landhotel (Slow Food)

In rustikal-eleganter Atmosphäre genießt man hier Kalbssteak mit Thunfischsauce, Bison-Burger mit Thaispargel oder auch Matjesfilet mit Kräuterkartoffeln. Gut sortierter Weinkeller.
Genshagener Str. 1, 14513 Teltow-Ruhlsdorf, Tel. 03328/41423.
www.hammers-landhotel.de

Restaurant Philippsthal

Frische, leichte Aroma-Küche, z. B. sautierter Oktopus mit eingelegten Ingwer-Gurken oder Rehkeule aus dem Fläming, in märkisch-ländlicher Atmosphäre. Großer Hofgarten mit Tenne, kinderfreundlich.
Philippsthaler Dorfstr. 35, 14558 Nuthetal, Tel. 033200/524432.
www.restaurant-philippsthal.de

Havelland und Potsdam

Alte Überfahrt

Auf der Insel Werder genießt man in historisch-elegantem Ambiente eine kreative gehobene Küche, etwa geschmortes Lamm mit Aubergine, Steinpilz und Holunder oder Barsch mit Pumpernickel, Gurke, Sauerrahm.
Fischerstr. 48b, 14542 Werder (Havel), Tel. 03327/7313336.
www.alte-ueberfahrt.de

Meierei – Brauerei Potsdam

Gasthausbrauerei in einem 1792 von König Friedrich Wilhelm II. erbauten architekturgeschichtlichen Denkmal. Großer Biergarten am Ufer des Jungfernsees, preisgekrönte Biere und begleitend eine kleine Auswahl deftiger Speisen.

Im Neuen Garten 10, 14469 Potsdam, Tel 0331/7043211.
www.meierei-potsdam.de

Zum Rittmeister

Brandenburgisch-Preußische Küche, modern und leicht interpretiert, ergänzt durch internationale Klassiker. Dazu frisch Gezapftes aus der hauseigenen Brauerei.
Seestraße 9, 14542 Werder (Havel), Tel. 03327/4646.
www.zum-rittmeister.de

Schloss Ribbeck

Birnen gibt es hier noch immer, etwa sautiert zur gebratenen Kalbsleber oder als fruchtiges Dressing zum Sommersalat. Gehobene Regionalküche in stilvollem Ambiente.
Theodor-Fontane-Straße 10,
14641 Nauen, Tel. 033237/859015.
www.schlossribbeck.de

Landgut Stober

Im behutsam restaurierten Geflügelhaus und Kälberstall ist ein helles, modernes Restaurant direkt am See entstanden sowie im Keller mit Kreuzgewölbe eine Weinstube. Auf Nachhaltigkeit bedachte Bio-Küche.
Behnitzer Dorfstr. 27-31, 14641 Nauen, Tel. 033239/208066.
www.landgut-stober.de

Bistro im Kräutergarten Kloster Lehnin

Umgeben von duftenden Kräuterbeeten, befindet sich das hübsche Bistro mit lauschiger Sonnenterrasse, das von April bis Oktober zur Einkehr nach einer Besichtigung des Klosters lädt.
Klosterkirchplatz 1–19, 14797 Kloster Lehnin, Tel. 033207/32823.
www.kraeuter-werdin.de

Die Autorin

Julia Schoon lebt und arbeitet als freie Journalistin, Autorin und Bloggerin in Berlin. So oft sie kann, packt sie jedoch ihren Rucksack auf den Rücken oder in ihren Bulli, um sich Brandenburg, Deutschland und den Rest der Welt anzuschauen: Sie campt auf Bauernhöfen in Brandenburg, trifft Brauer im Bierland Franken, entdeckt die vielseitige Landschaft und Küche Montenegros und taucht in Neuseeland mit Maori nach Grünlippenmuscheln. Darüber schreibt sie u.a. für zitty Brandenburg und zitty Essen und Trinken, für die Reiseteile verschiedener Tageszeitungen und Magazine sowie auf ihrem Blog: www.jaegerdesverlorenenschmatzes.de. Sie veröffentlichte bereits zwei Bücher bei anderen Verlagen: ›Delikatessen weltweit. 99 Spezialitäten, die Sie (lieber nicht) probieren sollten‹ und ›So schmeckt Neuseeland. Ein kulinarischer Roadtrip zum Lesen und Nachmachen‹.

Die Autorin Julia Schoon

Thematisches Register

Erreichbarkeit

Diese Ausflugsziele lassen sich besonders gut mit öffentlichen Verkehrsmitteln erreichen.

Anmeldung

Bei diesen Ausflugszielen ist eine (zum
Teil frühzeitige) Anmeldung entweder
generell oder für Teile des Angebots
erforderlich.

Für Kinder

Diese Ausflüge eignen sich besonders
für Kinder.

Am Wasser

Diese Ausflugsziele liegen entweder direkt am Wasser oder bieten Badestellen oder Bootstouren in unmittelbarer Nähe.

Landwirtschaft

Auf diesen Betrieben kann man Landwirtschaft hautnah miterleben.

Radfahren

Diese Ziele lassen sich im Rahmen einer Radtour besuchen oder können mit einer Radtour kombiniert werden.

Übernachten

Hier gibt es Übernachtungsmöglichkeiten (Zimmer, Ferienwohnungen, Hütten oder Campingmöglichkeiten).

Wandern

Diese Ausflüge kann man mit einer Wanderung verbinden.

Wellness

Im Rahmen dieser Ausflüge kann man Wellnessangebote genießen.

Workshops

Diese Ziele bieten Kurse, Workshops oder spezielle Führungen an, bei denen man etwas lernen oder selbst ausprobieren kann.

Alphabetisches Register

A

B

Bildnachweis

Agentur C: 89, 90
Bauernkäserei Wolters: 73, 74
Braumanufaktur Potsdam, Falko Suckrow: 140, 141, 142
Becker, Peter: 5m., 110
Behling, Katharina: 116
Belaschk, Carmen: 104, 106
von Blythen: 92, 93
Bolz, Johannes: Umschlagklappe hinten, 5o., 44, 67
Camping Dreetzsee: 21, 58, 59
Chill, Bernd: Titel
Claus, Mona: 4u., 120
Confiserie Felicitas: 5u.
Engels, Susanne: 133
Event Express, Sascha Radke: 60
Forellenhof Rottstock: 134
Glina Whisky: 148
Gragert, Katja: 143
Gut Hesterberg: 40
Gut Temmen: 64, 65
Hirschhof Hildebrandt: 42, 43, 158/159
Kanow-Mühle: 13
Kläber, Thomas: 4m., 118, 119
Kühnapfel, Sandra: 153
Lambriev-Soost, Cornelia: 12

LianeM/shutterstock.com: 112, 113
MAFZ: 10
Muehlenverein Hollaendermuehle e.V, Straupitz: 107, 108
Ökodorf Brodowin: 7, 14, 78, 79
Riegel, Katrin: 85, 86
Seenland Oder-Spree e.V., Florian Läufer: 84
Schäkel, Wilhelm: 28/29, 32, 33
Schönbrunn, Istvan: 36
Schoon, Julia: Umschlagklappe vorne, 4o, 4u., 6, 15, 16, 18, 19, 22, 27, 34, 39, 45, 46, 47, 50, 51, 52, 53, 54/55, 61, 62, 63, 69, 66, 71, 72, 77, 80/81, 87, 88, 94, 95, 98/99, 102, 103, 111, 122/123, 126, 127, 129, 130, 132, 131, 146, 147, 149, 151, 151, 155, 157, 158, 159, 160
Schoon, Jürgen: 136, 137, 144, 161
Storch, Henning: 37
Trescher Verlag: 23
U.J. Alexander/shutterstock.com: 11
Wagner, Katrin: 48, 49
Warnecke, Kolja: 76

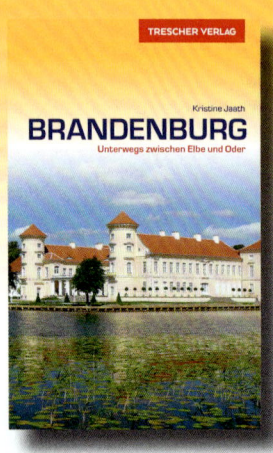

Kartenlegende

🚢	Autofähre	🗼	Leuchtturm	★	Sehenswürdigkeit	
🚉	Bahnhof	🛒	Markt	♟	Burg	
$	Bank	☪	Moschee	♁	Kirche	
🍸	Bar	🏛	Museum	†	Friedhof	
⛲	Brunnen	🏞	Naturschutzgebiet	Å	Zeltplatz	
🏰	Burg/Festung	🎵	Oper	▲	Berggipfel	
🏯	Burgruine	P	Parken	∘—∘	Seilbahn	
🚌	Busbahnhof	P	Parkhaus			
☕	Café	✉	Post			
⛺	Campingplatz	🍴	Restaurant			
⚱	Denkmal	🏺	Ruine/Ausgrabungs-			
⛪	Dorfkirche		stätte			
⛴	Fähre	⛵	Segeln			
✈	Flughafen	★	Sehenswürdigkeit			
⚓	Hafen	🚠	Seilbahn			
🕳	Höhle	🏖	Strand			
🏨	Hotel	🛒	Supermarkt			
@	Internetcafé	✡	Synagoge			
🎬	Kino	🎭	Theater			
⛪	Kirche	🚪	Tor			
⛪	Kloster	ℹ	Touristeninformation			
🏯	Klosterruine	🗼	Turm			
✚	Krankenhaus	🦁	Zoo			

▤ (gelb, rot)	Autobahn
▤ (gelb)	Schnellstraße
▤ (gelb)	Hauptstraße
▭ (hell)	sonstige Straßen
E 65	Europastraße
A 65	Autobahn
243	Bundesstraße
▬▬▬	Eisenbahn
⊖	Grenzübergang
····	Staatsgrenze
■	Hauptstadt
●	Stadt/Ortschaft

Kartenregister